KB270341

20세기 최고 CEO들의
경영철학 산책 ❷

百年管理思想精要
編著 : 趙文明 黃成儒
Copyright ⓒ 2002 by 中華工商聯合出版社
All rights reserved

Korean Translation Copyright ⓒ 2007 by Sanzini Pub
Korean edition is published by arrangement with 中華工商聯合出版社
through EntersKorea Co.,Ltd, Seoul.

이 책의 한국어판 저작권은 (주)엔터스코리아를 통한
중국의 中華工商聯合出版社와의 독점 계약으로 산지니출판사가 소유합니다.
신 저작권법에 의하여 한국 내에서 보호를 받는 저작물이므로
무단전재와 무단복제를 금합니다.

이 도서의 국립중앙도서관 출판시도서목록(CIP)은
e-CIP 홈페이지(http://www.nl.go.kr/cip.php)에서
이용하실 수 있습니다.(CIP 제어번호 : CIP 2007001134)

POINTS OF MANAGEMENT
THOUGHTS IN 100 YEARS

20세기 최고 CEO들의 경영철학 산책 ②

20세기를 움직인 40가지 경영사상

자오원밍·황촨루 지음 | 최정희 옮김

산지니

Chapter 07

Chapter 08

Chapter 05

21

데이비드 맥클랜드 · *David McClelland*

성취동기이론

데이비드 맥클랜드 (1917~)

미국의 저명한 심리학 교수이다. 웨슬리안대학을 졸업하고 하버드대학에서 석사학위를 취득하였으며 예일대학에서 박사학위를 받았다. 이후 하버드대학 심리학 교수로 취임하였다. 유럽과 아시아 각국에서 강의를 했으며 미국 및 외국의 정부조직 고문으로 활동하였다.

맥클랜드는 경영학에 있어 격려이론 방면에 주로 공헌했는데, 인간의 욕구와 동기 및 어떻게 하면 인간의 잠재력을 불러일으킬까에 대해 연구하였다. 매슬로우가 제시한 욕구단계론에 의문을 제기하면서 인류의 수많은 욕구는 생리적인 것이 아니라 모두 사회적인 것이라고 주장하였다. 주요 저서로는 『성취동기는 길러질 수 있다』, 『성취욕구』, 『권력의 양면성』 등이 있으며, 그의 사상은 관리업무에 상당한 의의와 실용성이 있다고 알려져 있다.

핵심사상

- 개인성취욕구사상은 관리자가 후천적 교육을 통해 아랫사람의 성취감을 육성하고 고무시킴으로써 조직 효율을 향상시키는 것이다.
- 관리자의 적극적인 권력사상 :
  권력의 획득은 개인화 동기와 사회화 동기로 나뉜다. 적극적인 사회화 동기는 조직이 공동목표를 세우는 데 도움을 준다. 또한 피관리자에게 유리한 영향을 미치며 피관리자를 임무 완성의 수단이 아닌 동력으로 여긴다.

인성과 조직 속 개인의 욕구를 이해하는 것은 경영학에 있어 영구불변의 주제이다. 맥클랜드는 1966년 그의 저서 『성취를 이루도록 하는 것』을 통하여 개인의 성취욕구사상을 제시하였다. 그는 사람에게 권력욕구, 친화욕구 및 성취욕구라는 세 가지 기본욕구가 있다고 말하였다. 그는 세 가지 욕구에 대해 상당히 많은 연구와 실험을 진행하였는데 이 욕구 사상은 경영에 매우 중요한 역할을 한다.

1. 권력욕구

비교적 큰 권력욕을 가지고 있는 사람은 다른 사람에 대해 영향력과 통제를 행사하는 데에 지대한 관심을 보인다. 이런 사람들은 일반적으로 리더의 지위를 추구하며, 변론하기 좋아하고, 입담이 좋으며, 솔직하고, 이성적이고, 능력 있으며, 요구를 잘 하고, 연설하기 좋아한다.

2. 친화욕구

친화욕구가 높은 사람은 다른 사람들과 우호적인 관계에 즐거워하며 거절당하는 것에 고통을 느낀다. 조화된 사회관계를 유지하려고 노력하며, 타인에게 친절하고, 타인의 사정을 잘 이해하며, 남을 돕는 것에서 기쁨을 느낀다.

3. 성취욕구

성취욕이 강한 사람은 성공에 대해 강렬한 욕구를 가지며 실패를 몹시 두려워한다. 도전받기를 원하며 자신을 위해 어느 정도 난이도가 있는 목표(도달하지 못할 목표는 아닌)를 세우고, 위험에 대처할 때는 현실주의적인 태도를 취한다. 업무를 수행함에 있어 개인적으로 책임을 지려고 하며 진행하고 있는 업무에 대해 명확하고 신속한 피드백을 기대한다. 쉬는 것을 별로 좋아하지 않으며 장시간 일하는 것을 선호하고 실패를 하더라도 크게 상심하지 않는다. 이러한 사람들은 일반적으로 자신을 표현하기를 좋아한다.

■■■ 성취욕구가 높은 사람의 특징

통상적으로 기업가가 되고자 하는 사람은 성취욕구와 권력욕구는 높지만 친화욕구는 비교적 낮다. 소기업 사장은 성취욕구가 매우 높고, 대기업 회장은 권력욕구와 친화욕구가 비교적 높다. 중상층에 해당하는 사장들의 성취욕구는 그들의 상사보다 훨씬 높다. 이는 회장이라는 직위는 이미 정상에 달한 지위이고 부하들의 경우 아직 올라갈 정상이 있기 때문이다.

실제로 성취욕구를 중시하는 사람은 중시하지 않는 사람보다 승진이 빠르다. 그러나 다른 주관자들은 성취욕구의 자극 외에 다른 자극도 필요로 한다. 예를 들면 비교적 높은 친화욕구를 가진 사람은 사람과 사람 사이의 협조를 중요하게 생각하는 것 등이다.

맥클랜드는 성취욕구가 높은 사람은 일반적으로 다음과 같은 특징을 가진다고 말한다. 그들은 독립적으로 문제를 해결할 수 있는 작업 환경을 가지고 재능을 마음껏 발휘할 수 있기를 바란다. 그들은 이러한 환경만 마련된다면 다른 방면에서 원조가 없어도 적극적으로 일을 진행한다. 자신의 능력만으로 문제를 해결할 때 비로소 만족스러운 성취감을 느낀다. 만약 다른 사람의 도움이나 우연한 기회로 문제가 해결된다면 만족을 느낄 수도 성취감을 느낄 수도 없다. 따라서 이들에게 어느 정도의 도전적인 업무를 맡기고 어느 정도의 자주권을 부여한다면, 그들의 적극성은 더욱 발휘될 것이다.

성취욕구가 강한 사람들이 자신이 맡은 일에 대해 어떻게 일을 더욱 잘 처리할까를 늘 고민한다는 사실을 경영자는 반드시 염두에 두어야 한다. 실제로 심리학자들은 종종 샘플 추출 방식으로 사람들이 즉흥적으로 '일을 훨씬 잘 처리하였다' 라고 느끼는 빈도수를 측정하고서는 이를 개인의 '성취욕구 지수' 를 측정하는 근거로 삼는다. 항상 일을 잘 처리하고 싶어 하는 사람들은 확실히 강한 성취욕구를 가지고 있어서 적극적으로 직업을 찾아 나서며 능동적으로 도전적인 목표를 설정한다. 그리고 좋은 운수를 만나는 것을 달가워하지 않고 만족스러운 성취감을 체험하기를 좋아하며 개선의 효과와 결과가 잘 드러나는 일에 종사하는 것을 즐거워한다. 그런데 사람들은 왜 항상 일을 더 잘 처리하려고 하는 것일까? 이러한 성취감은 태어나면서부터 생기는 것이 아니라 성장하면서 받는 교육 때문이다. 가정에서 부모가 자녀를 위해 적당한 난이도의 목표를 세우고 자녀가 그 목표에 도달하도록 열정적으로 격려하고 도와주는 것과 같은 것이다.

수많은 정부 정책과 기업 정책은 모두 사람들이 압박을 받으면 업무에 더욱 노력하게 된다는 가설을 기초로 삼는다. 개괄적으로 보자면 완전히 틀린 말은 아니다. 하지만 부분적으로 일리가 있는 말이지 전체적으로는 옳다고 할 수 없다. 한 지역의 실업 노동자들이 동일한 압박을 받았을 때 이론적으로 본다면 그들은 반드시 일을 구해야 하나, 성취욕구가 강한 사람만 구직에 노력하고 다른 사람들은 그렇지 않았다. 이는 사람들의 욕구가 서로 다르고 동기가 다르며 행위 방식 역시 서로 다르기 때문이다.

어떤 심리 실험에서는 참가자에게 업무 파트너를 선택하라고 요구했을 때 성취욕구 지수가 높은 사람은 전문 기술 수준이 높은 사람을 기꺼이 선택하면서 절친한 친구는 선택하지 않았던 반면, 친화욕구가 강한 사람은 친구를 선택하고 여정된 업무에 능숙한 전문가는 선택하지 않았다. 후자는 결코 '동기 결여' 때문이 아니라, 그들의 동기가 성취욕구가 아닌 친화욕구에서 기인했기 때문이다.

또한 성취감과는 다른 욕구 즉 권력욕구라는 것도 있다. 성취욕구와 권력욕구는 모두 '뛰어남'을 표현하기 때문에 때때로 명확히 구분되기 어렵다. 하지만 이 두 가지에도 엄연히 다른 점이 존재한다. 권력욕구가 강한 사람은 정치에 관심이 있어서 다른 사람들을 지휘하고 통제하려고 하고 위로 혹은 아래로 전달되는 정보의 루트를 통제하여 영향력을 행사하고 권력을 장악하고자 한다. 이런 사람은 성취욕구가 강한 사람과는 달리 자신의 일상 업무 개선이나 성취를 위한 노력에 관심을 두지 않는다.

자세히 분석해 보면, 목표를 성취한 사람이라고 해서 반드시 성취욕구 지수가 높은 것은 아님을 알 수 있다. 성취감이 아닌 업무의 성질이 그들의 다른 개성과 특징을 요구하기 때문이다. 군대의 고위급 장교와 정치가가 개인의 성과가 아닌 전체적인 권력관계에 더 깊은 관심을 기울여야 하는 경우와, 과학자가 눈앞의 성과에 연연해하지 않고 장기적인 연구의 이익을 고려해야 하는 경우 등이 그 예이다. 이와 반대로 기업경영인 특히 실질적인 책임을 지는 관리자나 판매원 등은 일반적으로 성취욕구 지수가 높다.

한 사람의 욕구와 동기가 어느 유형에 속하느냐를 정확하게 판별하는 일은 결코 쉬운 것이 아니다. 상식으로 판단하는 것은 정확하지 않을 수 있고 당사자 자신의 말도 반드시 믿을 만한 것이 아니기 때문이다. 어느 장군은 성취(사실상 그는 이미 성취하였기 때문에)를 가장 강렬하게 원하고, 기업가는 회사의 이윤(그는 확실히 회사에 돈을 벌어 줬기 때문에)에만 관심이 있으며, 실업 노동자는 취업(그는 확실히 취업이 필요하기 때문에)이 너무 절박하다고 한다. 하지만 꼼꼼히 살펴보면 이런 그들의 표명은 반드시 실제 상황을 반영한 것이 아닐 수도 있고, 그들이 진정으로 관심을 두는 것은 완전히 다른 일일지 모른다는 것을 발견하게 된다. 이것을 소위 '잠재욕구' 혹은 '잠재동기'라고 한다.

성취욕구가 강한 사람은 항상 어떻게 하면 일을 더 잘할까를 생각하기 때문에 자주 일에서 목표한 바를 이룬다. 회사에 이런 직원들이 많다면 경영은 순조로울 것이고 빠르게 발전할 것이다. 국가의 입장에서 봤을 때, 기업의 발전이 빠르다면 전체 국민경제 역시 빠르게 성장한다. 국가가 둘 사이의 상관성에 대해 적극적으로 고민한다면 실제적으로 큰 경제적 성취를 얻을 수 있음을 알려준다.

■■■ 직원의 성취욕구 배양

개인에 대한 성취욕구를 인식하는 것도 중요하며 직원들의 성취감을 육성하는 방법을 찾는 것도 중요하다. 맥클랜드는 아래의 방법을 제시하였다.

(1) 교회 참가자들은 성취감이 강한 사람의 방식으로 사고하고 이야기하며 행동한다.
(2) 참가자들을 격려하여 향후 2년 동안 비교적 높고 상세하고 정확한 목표를 설정하도록 한다.
(3) 각종 방법을 사용하여 참가자들이 자신에 대해서 더욱 잘 알도록 한다. 예를 들어 그룹에서 자신의 행위를 설명하고 자신의 심리와 동기를 분석하여, 묵은 관습과 태도를 벗어버리고 성취목표를 정확히 인식하는 행위 등이다.
(4) 다른 사람의 희망을 서로 이해하고 성공과 실패를 공유하며 주위 환경을 철저히 변화시켜 참가자들이 단체 의식을 증진시키도록 한다.

이러한 방법들은 이미 미국 회사, 멕시코 기업 및 인도 기업의 경영인들이 여러 차례 실시했었다. 수학적 통계를 보면 훈련 받은 사람이 2년 후에 이룬 성취가 조건이 비슷하지만 훈련 받지 않은 사람에 비해 현저히 높았다. 전자의 능동성과 창업정신이 보편적으로 향상되었기 때문이다. 이 방법은 특히 잠시 곤경에 처한, 손실을 회복하고 이윤을 높여야 하는 기업에 적합한데, 이때의 경영인은 기업가 정신을 더 많이 표현해 내야 하기 때문이다.

성취감을 가지고 성취를 이룬 창업형 인물은 최전방에 서서 사람들을 이끄는 것을 부끄러워하지 않지만, 그들 가운데 극소수만이 대중을 인솔하여 전진하는 리더가 될 수 있다. 성취욕구가 강한 사람은 남의 도움을 받지 않고 혼자 독단적으로 나아가는 습성이 있어서 다른 사람이 관련되는 것을 불필요하게 생각하기 때문이다. 성취감이 강한 아이는 장난감 집 쌓기 놀이를 할 때 혼자서 높이 쌓는 것(성취)을 좋아하며 스스로 일의 결과가 어떨지 판단하기 때문에 다른 사람과 함께하는 것을 원치 않는다. 기업의 판매직원 및 소기업 사장 겸 이사 같은 사람들은 이와 유사한 행위와 성격 특징을 가지고 있다.

성취감만 가지고선 문제를 완전히 해결할 수 없다는 것은 실천을 통해 증명된다. 기업 규모가 계속 확대되면 분업, 협조, 감독, 통제를 책임지는 사람이 필요하지만, 개인 성취욕구가 강한 사람이 꼭 이 업무를 맡을 필요는 없다. 훌륭한 영업사원이 훌륭한 영업간부가 될 필요는 없으며 성취가 큰 개인이 기업을 성취로 이끌 필요도 없다. 경영인의 책임은 자신의 업무성취뿐만 아니라 대중으로 하여금 성취를 얻을 수 있도록 독려하는 데에 있기 때문이다.

다른 사람의 성취감을 이끌어내는 데는 완전히 다른 동기와 기교가 필요하다. 따라서 성취욕구 연구가 점차 조직 환경 분위기의 연구로 방향을 전환하고 있다. 환경을 창조해 내기 위해서는 사람들에게 성취 기회를 제공하고 성취한 사람에게는 보상이 이루어져야 한다. 성취욕구가 강한 사람이 단독으로 일을 하고 싶어해도 현대 기업에서 이는 실제로 불가능하다. 그들도 조직 환경의 제약을 받으며 타인으로부터 관리와 통제 및 지도를 받기 때문이다. 더욱 중요한 것은 경영자와 리더의 심리와 성격 특징 및 욕구 구성 등을 연구하는 것이다.

경영자의 첫 번째 임무가 다른 사람에게 영향력을 행사하는 것이기 때문에 권력에 대한 욕구는 그들의 주요한 성격적 특징 중 하나가 된다. 영도와 권력은 밀접한 개념으로 권력동기를 연구하는 것은 기업경영에서 영도 방식을 이해하는 데 도움이 된다. 만일 성취욕구가 창업정신에 대응한다면 권력욕구는 기업 영도, 사회 지도, 정치 영도 등에 대응한다.

■■■ 적극적으로 권력에 다가섬

성취와 권력의 두 가지 메커니즘 사이에는 뚜렷한 구분이 있다. 일반적으로 사람들은 부의 성취를 영광으로 생각하지만 다른 사람들로부터 권력욕이 강한 사람이라고 불리는 것은 달가워하지 않는다. 만일 당신이 업무를 더욱 잘 하고자 하거나(성취욕구) 친구를 더 사귀고 싶어(친화욕구)한다면 그것은 좋은 일이다. 그러나 당신이 다른 사람에게 영향력을 행사하고자 하거나 통제하고자 한다면(권력욕구) 사람들이 싫어할 것이다.

일반적으로 사람들은 권력의 부정적인 면만 본다. 그럴 경우 권력을 정확히 볼 수 없다. 권력에는 긍정적인 면도 있다. 사람들은 서로 영향을 미치지 않고 살 수 없기 때문에 조직 내에 모종의 권력 관계를 수립하지 않을 수 없다. 따라서 누군가는 경영과 전체의 목표 및 영향과 통제의 루트를 생각해야 한다. 그러므로 우리의 임무는 권력의 양면성을 이해하는 것이다. 어떤 상황에서 권력이 나쁜 것이 되는가? 어떤 상황에서 좋은 면이 나타나는가? 어째서 사람들은 권력을 위험하게 생각하는가? 권력의 어떤 면이 사람들에게 받아들여지고 어떤 면이 사람들에게 반감을 사는가? 권력 행사에 언제가 적합하고 언제가 부적합한가? 서로 다른 유형의 권력욕구와 권력동기가 존재하는가? 등등이 그 예이다.

맥클랜드는 이에 대해 명확한 해답을 제시하였다. 권력의 일면은 개인화된 동기다. 머릿속이 개인화된 권력 관념으로 가득 찬 사람은 오로지 상대를 패배시킬 마음뿐이다. 그들의 눈에 비친 생활은 '제로섬 게임'이거나 '너의 승리는 곧 나의 패배'로 점철된다. 가장 적당한 비유는 약육강식, 너 죽고 나 살자, 승자는 왕이요 패자는 적이라는 소위 '밀림의 법칙'이다. 통치자의 지위에 천거되어 위협을 느끼는 사람들에게 종종 나타나는 심리이다. 그 행위는 자신의 노력을 과시하고 타인을 정복하며 특권을 요구하고 운에 기대어 도박을 하는 등으로 나타난다. 만일 이런 원시적인 권력광의 특성이 정치 지도자에게서 나타난다면 그 결과는 좋지 않을 것이다. 이것이 권력의 일면이다.

권력의 또 다른 일면은 사회화된 동기인데, 경선을 거쳐 공직에 오른 사람들에게 이따금 이러한 특징이 나타난다. 그들은 대중의 이익을 빌미삼아 권력을 행사하는 데 항상 모순적인 심리 상태―자신의 개인 역량에 의심을 품으면서도 매번 승리할 때마다 그 승리가 곧 다른 이의 실패를 의미한다고 의식한다.—에 처해 있다. 이런 사람들은 공식적으로 조직된 영도 업무 및 비공식 장에서의 구성원 역할에 적합하다.

권력의 양면성에 대해 혹자는 두 종류의 다른 권력 동기라고 하는데, 그 실질적인 특징과 표현 형식은 어떤 것인가? 그 둘의 구분점은 어디에 있는가? 이에 대해 맥클랜드는 이것과 상관없는 이론에서 시사받게 된다. 전통적인 사회심리학과 정치학의 논법에 의거하면 지도적 인물은 비범한 매력을 가지고 있어서 추종자들이 반드시 복종하며, 그에게 충실하며 그의 명령대로 행하고 그를 위해 헌신해야 한다고 느끼게 해야 한다. 지도자란 초자연적인 역량을 가진 초인이며 그의 권위와 권력은 모든 것을 초월하여 존재한다고 생각한다. 전통적인 견해를 지지하는 사람은 히틀러와 레닌이 이러한 지도적 인물의 예라고 주장한다.

그들의 견해는 옳은 것인가? 과거에는 지도자가 피지도자에게 어떠한 영향을 미쳤는지에 대한 견해가 부정확하였다. 지도자는 자신의 매력에 의지하여 추종자들에게 복종을 강요해서는 안 된다. 피지배자들이 자신감과 능력을 증강시킬 수 있도록 도와야하고 열정을 자극시켜 목표와 사명을 뚜렷이 깨닫게 해야 한다. 지도자의 개인적인 매력의 개념을 제일 처음 제시한 베버 역시 지도자가 추종자들을 '자극' 하는 방법으로 이끌어 가야 한다는 것을 인정하였다. 따라서 지도자는 군중의 요구와 희망을 제대로 파악하여 공동의 의지와 목표를 형성하고 모두를 단결시켜야 한다. 영도의 과정은 강압도 설복도 아닌 자아의 인식이다. 과거에는 지도자이 대한 인상과 묘사가 개인화된 권력 동기와 개인 통치의 특징을 반영하였다. 개인 통치는 매우 작은 무리에 유효할 수 있으며 대형 조직에서는 사회화된 방법으로 영향력을 행사해야 한다. 사회화 권력과 사회화 지도 방식은 진정한 지도자란 반드시 모든 피지도자를 자각적인 지도자 즉 자신이 자신을 이끄는 사람으로 변화시켜야 한다는 모순된 명제를 포함한다.

실제 생활에서 개인 통치와 사회화 지도는 아주 미세한 차이를 지닌다. 어떤 지도자는 각기 다른 상황에서 두 가지의 권력 관념을 교차적으로 표현한다. 그러나 어떠한 지도자든 모두 적극적인 행동을 취하고 주도적인 작용을 발휘해야 하며, 그렇지 못할 경우에는 지도자가 될 수 없다는 사실이 더 중요하다. 하지만 주동과 주도 작용이 지나치면 독재자의 모습이 되기 쉽다. 능력이 있고, 군중에게 공동목표를 심어주고, 구성원의 열정을 자극시켜 주는 지도자에게는 이러한 위험성이 더 많다. 이러한 조건하에서는 지도자와 피지도자가 모두 지도자가 가장 옳다는 편견을 만들어 갈 가능성이 있기 때문이다. 그리고 지도자의 태도 역시 부지불식간에 민주형에서 독재형으로 변모하고 만다.

위와 같은 변화를 방지하기 위한 방법 중 하나는 지도자가 군중을 존중하고 군중의 희망과 요구를 존중하며 군중을 피통치의 수단으로 삼아서는 안 된다는 것이다. 다른 하나는 민주제도를 정립하여 지도자를 견제하는 것으로, 지도자가 선거 유권자의 이익을 대표하지 못하면 적시에 견제하게 하는 것이다.

지도자는 권력의 긍정적인 면을 강화해야 한다. 너무 많은 사람들이 유력하고 사회화된 지도 방식의 실행을 개인 통치와 혼동하고 있다. 일반인들은 지도자의 기본 직책이 '의사결정' 즉, 개인의 권력과 위세를 등에 업고 '독단적으로 처리' 하는 데에 있다고 오해하고 있다. 사회화된 지도자는 교육자가 되어 피지도자가 공동목표를 수립하여 단체의 성원들끼리 광범위하게 교류하며 목표를 실현할 수 있는 적절한 방법을 찾을 수 있도록 해줘야 한다. 동시에 그들에게 자신감을 부여하여 모두가 스스로 강자라고 느껴 목표를 달성할 능력을 가지게 하는 것이다. 권력을 행사하는 영향력 있는 지도자는 누구에게도 위협적이어서는 안 되고 사회에 해가 되지 않아야 하며 사회에 이익을 가져다주어야 한다.

절대다수의 사람들은 심리적인 면에서 두 종류로 나눌 수 있다. 소수의 사람들은 기회와 도전을 찾아다니며 일의 성취를 얻고자 노력하는 반면, 다수의 사람들은 이에 아랑곳 하지 않는다. 기업의 성장은 직원의 성취욕구와 밀접한 관계를 가지기 때문에, 교육을 통해 직원의 성취욕구를 배양하고 향상시켜야 한다.

권력의 긍정적인 면을 사회화된 권력이라 부르는데 군중이 공동의 목표를 확정할 수 있도록 도와주며 능동적으로 목표에 도달할 수 있는 길을 제공하여 군중 성원 스스로가 강자라고 느끼고 목표를 실현할 능력을 가지도록 하는 것이 주요 특징이다. 사회화 권력의 행사자는 타인 혹은 군중을 위해 이익을 도모하고자 영향력을 행사한다. 지도자는 피지도자를 동력으로 삼아야지 수단으로 삼아서는 안 된다. 설령 독재적인 지도자라 하더라도 추종자에게 최종 목표를 위해 분투할 힘이 있다고 느끼게 해야 하며 그렇지 않으면 성공할 수 없다. 모르는 사람들은 권력의 긍정적인 면을 권력의 부정적인 면으로 해석하는 경향이 자주 있다. 사실 적나라한 통치는 오히려 적절한 지도의 유효성에 미치지 못한다. 맥클랜드의 긍정적인 권력 사상은 경영자에게 권력을 재인식하고 운용하는 데 색다른 견해를 제공하였다.

22 모리타 아키오 · *Morita Akio*

기술혁신을 통한 발전

모리타 아키오 (1921~1999)

1921년 1월 26일 일본 아이치 현의 한 양조업 집안에서 태어났다. 어렸을 때부터 현대 과학 기술에 관심을 보여 중학교에 진학할 때 벌써 전축, 라디오 등의 신 발명에 빠져들어 직접 전축과 무선 전기 수신기를 조립하기도 하였다. 모리타는 오사카 제국대학의 물리학과에 진학하였는데, 대학 4년 동안의 학습은 이후 전자 산업에서의 활약을 위한 견고한 기초가 되었다.

1946년 모리타 아키오와 이부카 마사루는 자본금 527달러를 빌려 조수 20명을 고용하여 도쿄통신공업회사를 설립하였다. 이것이 바로 일본 최대 전자회사인 소니의 전신이다. 소니는 500여 달러로 시작하여 40여 년의 발전을 거쳐 마침내 일본 전자 산업의 선두를 차지하였다. 이 기적을 이루어 낸 일등공신은 회사의 창립자이며 '소니의 거물' 이라는 칭호를 가지고 있는 모리타 아키오이다.

핵심사상

> ■ 기술 창조로 발전을 추구하는 사상 :
> 모리타 아키오는 기업의 미래는 창조의 시대이며 창조를 주
> 도하는 시대라고 말하였다. 이후 기업에서 지식은 기업경영
> 의 첫 번째 요소가 되었다. 부단한 기술 창조를 유지해야 기
> 업은 발전의 원동력을 유지할 수 있다. 모리타 아키오는 이
> 렇게 말한다. "창조하지 않으면 죽는다."

"기업의 본능은 바로 자신의 제품을 유행이 지난 것으로 만드는 것이다. 만약 우리가 우리의 것을 이렇게 만들지 않으면 우리의 경쟁상대가 우리의 제품을 뒤떨어진 물건으로 만들어 버릴 것이다." 일본 소니의 창립자 중 한 사람인 모리타 아키오가 한 말이다. 때문에 점차 치열해져 가는 경쟁에 직면하여 적극적이고 능동적으로 제품을 창조하여 기업의 시장 경쟁력을 증강시켜 나아가야 한다. 이것이 현대 기업 시장 경쟁의 중요한 한 부분이며 기업 제품 창조의 의의이다.

창조라는 말은 오스트리아계 미국인 경제학자 슘페터가 제일 처음 선보였다. 슘페터는 창조이론을 응용하여 경제 발전을 해석했다. 그는 '창조'는 바로 "기업가가 생산 요소에 실행하는 새로운 결합이다."라고 말하였다. 여기서 가리키는 기업가는 일반적 대표가 아니라 창조적인 사상과 모험정신 그리고 선견지명을 가진, 슘페터가 말하는 '기업가 정신'을 가진 대표여야 한다.

■■■ 기술 창조의 요건과 내용

모리타 아키오는 각 기업들은 경쟁상대의 상황을 잘 파악하여 제품 기술 발전 전략과 주요 목표를 세우고 효과적인 기술 창조 메커니즘을 구축하여 그 능력을 키워야 한다고 주장한다. 아래의 몇 가지 사항에서부터 출발하여 기업 기술 창조의 발걸음을 재촉해야 한다는 것이다.

(1) 기업의 기술 개조는 창조적이고 자주적인 개발과 결합시켜 나가야 한다.
(2) 기업과 과학 연구소의 결합을 가속화한다.
(3) 기술의 창조와 시장의 창조를 결합한다.
(4) 기술 창조는 기업 내부의 기술, 조직의 창조적 실현과 서로 결합되어야 한다.

각 기업은 자신의 상황에 맞게 이상의 네 가지 문제에 주의할 때에 기술 창조에서 과학성, 합리성, 유효성을 보증할 수 있다. 아울러 기술 창조는 기업을 시장 변화에 적응시켜 경쟁력을 향상시키고 발전의 뒷심을 강화시키며 효율과 이익의 근본적 보증을 강화시킬 뿐만 아니라 기업의 왕성한 발달 원동력이 될 수 있다. 기업이 치열한 시장 경쟁 속에서 승리의 기초로 삼을 수 있는 것은 기술 창조 능력이다. 기업의 기술 창조 능력은 아래 두 가지 내용을 포함한다.

(1) 새로운 생산 요소나 기존 생산 요소의 새로운 용도를 발견하여 노동 생산률을 크게 향상시키고 생산 원가를 내린다.

(2) 기존 생산 요소의 사용 효율을 높이는 동시에 노동 생산률을 향
상시켜 생산 원가를 줄인다.

기업의 기술 창조 능력은 신제품과 새로운 서비스를 끊임없이 내어 소비자들의 욕구를 충족시키는 것뿐 아니라 소비가 활발한 곳을 능동적으로 양성하여 사회 대중의 소비 흐름을 적극적으로 이끌어 낼 수 있는 데에서 구체화된다.

시장 경쟁에서 성공을 이룬 기업의 대부분은 기술 창조 능력 향상과 강화의 결과를 중시한다. 소니가 바로 전형적인 예이다. 생산의 목적이 물론 소비자의 수요를 만족시키는 데 있기는 하지만, 생산자의 입장에서는 소극적으로 소비자가 선호하는 것이 무엇인지 혹은 상황이 어떻게 돌아가는지를 조사하는 것에 그쳐서는 안 되며 새로운 제품으로 소비를 유인해야 한다고 모리타는 주장하였다. 그렇기 때문에 소니는 항상 신제품 및 각종 가능한 용도를 집중적으로 모색하여 소비자와의 직접적인 교류를 통해 그들에게 신제품을 사용하도록 가르쳐서 시장 개척을 이루었다. 최초로 단파 라디오를 발명한 것에서부터 고주파 트랜지스터 반도체 개발, 테이프레코더, 트리니트론, 3.5인치 컴퓨터 플로피디스크, 고성능 카메라, HDTV 시스템의 연구 제작에 이르기까지 수십 년 동안 소니는 기술에 있어 항상 선봉에 있었다. 이 외에도 소니가 발명한 휴대용 카메라와 소형 캠코더는 텔레비전 뉴스의 취재 및 방영에 세계적인 대 변혁을 가져왔다.

■■■ 창조의 평가 기준

기업에서 창조는 매우 중요하다. 그러면 무엇으로 기술 창조 능력 평가의 지표를 만들어야 할까? 기업의 기술 창조 능력을 평가하는 중요 지표는 기업의 기술 연구와 개발(R&D) 비용이 판매액에서 차지하는 비중이다. 국제적으로는 기업의 기술 연구와 개발 비용이 판매액에서 차지하는 비중이 2% 정도면 기업이 생존을 유지할 수 있지만, 비중이 5%에 달하는 기업이 시장에서 높은 경쟁력을 가진다고 일반적으로 인식한다. 통계 자료에 따르면, 1996년 일본 대기업의 연구 개발 비용의 투입은 그 판매액의 5%~8%를 차지하여 전년 대비 5.8%의 증가를 보였으며, 그중 신제품 개발의 응용 연구가 매우 큰 비중을 차지하였다. 반면 중국의 중대형 기업의 경우, 기술 개발 비용이 판매액에서 차지하는 비중이 1990년의 1.38%에서 1995년의 1.19%로 낮아져 중국 기업의 기술 창조 능력이 국제 시장의 치열한 경쟁에서의 요구를 만족시키기에는 아직도 멀었다는 사실이 확실히 드러났다.

위와 같은 비교를 통해 볼 때 중국은 국제 시장에서 경쟁력을 가지는 대기업과 그룹들이 부족하여 국제 시장의 치열한 경쟁에서 실력을 행사하기 어렵다는 것을 알 수 있다. 또한 중국은 전국적으로 연구 및 개발 경비가 부족하고 연구 개발 경비와 과학 연구원의 분포가 연구소와 대학 등 비생산적인 영역에만 집중되어 있다. 현재의 경영 체계는 연구 개발이 생산 판매와 심각한 부조화 상태이고, 기업(특히 국유 중대형 기업)에는 기술 창조를 독려하는 메커니즘이 부족한데다 이윤이 한정적(부분적으로는 기업이 장기적인 적자 상태에 처해 있다)이기 때문에 기업의 자아 개발 및 자주적 창조 능력이 심각하게 부족하다. 이후 기업은 국가 기술 창조의 주체가 되지 못하고 치열한 시장 경쟁에 발을 들여놓기 힘들게 될 것이며 시장 경쟁에서 이윤을 내지 못하여 이윤이 감소하게 될 것이다. 더욱이 기술 창조 능력 향상과 강화에 제약을 가져와서 기업의 발전 심지어는 생존조차도 위협 받게 될 것이다.

기술 자본이 밀집해 있고 기술 선도형 기업임이 확실한데다 최근 영업 상황이 중국 내 동종 업계에서 최고를 달리고 있는 중국의 몇몇 대형기업 경우에도, 기업 자체의 기술 창조 능력의 향상 및 강화에 대한 갖가지 요소들의 제약과 중국 내 시장 개방으로 인해 국제 시장의 치열한 경쟁 압력을 확실히 느끼기 시작하였다. 기술 창조 투자를 늘리고 완전한 기술 창조 메커니즘을 구축하지 못한다면 치열한 시장 경쟁 속에서 도태되어 버릴 것이라는 것도 깨닫게 되었다.

기술 창조가 기업에 가지는 중요한 의의는 쉽게 볼 수 있다. 기업은 기술 창조 없이는 영원히 뒤쳐지게 된다. 기업의 기술 창조는 자주적 기술 창조를 핵심으로 하여 기술 도입을 보완적으로 취하는 것이다. 하지만 기술 도입은 자주적 기술 창조 능력을 효과적으로 보충해주기는 하지만 대체하지는 못한다. 기업은 기술 도입에만 전적으로 의존해서는 안 되며 자주적 기술 창조에 초점을 맞춰야 한다. 자주적 기술 창조 능력은 기업의 생존과 발전에 기초가 되므로 기업이 발전하려면 반드시 먼저 자체 기술 창조 능력을 향상시키고 강화해야 한다.

■■■ 기술 창조의 기초 체계와 메커니즘

기업이 기술을 창조하려면 반드시 완전한 기술 창조 체계를 구축해야 한다. 완전한 기술 창조 체계란 창조와 연관된 기업의 각 부문이 하나로 연결되어 운행되는 것이다. 이는 기업의 기술 창조가 계속 유지될 수 있는지를 결정짓는 열쇠이다. 현재까지 수많은 기업의 연구 개발 부문, 생산 제조 부문 및 마케팅 부문의 체계가 완벽하지 않아 시장 수요에 근거한 상호협조가 잘 이루어지지 않았다. 그로인해 종종 시장에서 요구하는 제품은 기술이 비축되지 못하고, 제품 공정 설비는 제때에 돌아가지 못하며, 이미 생산에 들어간 신제품은 마케팅 부문에서 핵심 아이디어를 내놓지 못하는 등의 일이 발생한다.

시장 정보는 창조의 의사결정에 근거를 제공하지 못하기 때문에 기업은 재빠르게 시장을 유도하여 시장 점유율을 높이는 것을 목표로 하여 초기 개발, 생산 제조, 시장 개척에 대한 동시적 공정과 경영모델을 구축해야 한다. 대기업과 그룹은 기술 개발 시스템을 완벽하게 구축하고 연구 개발의 서로 다른 기능에 근거한 순차적 연구 개발 기구를 세워야 한다. 그룹 혹은 기업의 총사령부는 응용연구를 주로 하는 기술센터 혹은 중앙 연구소를 세워야 하며, 자회사나 지사는 제품 개발 연구를 주로 하는 연구소를 건립해야 한다. 그리고 하청업체들은 기술 개발 연구를 주로 하는 실험실을 마련해야 한다.

생산 제조 시스템에서 가장 중요한 것은 기술 개혁과 기술 창조의 관계를 제대로 처리하는 것이다. 기술 개혁의 중점은 기술 창조 능력을 증강시키는 것으로 이동해야 한다. 기술 개혁은 기술 창조와 동시에 계획되고 실시되어야 하며 기업의 생산 설비가 기술 창조의 요건에 부합되도록 노력해야 한다. 영업 시스템은 기술 창조 의사결정과 시장 개척을 동시에 진행하도록 하여 제품 연구 개발과 동시에 적극적으로 판매 촉진 계획을 진행함으로써 제품이 시장에 출시되자마자 소비자들에게 쉽게 다가설 수 있도록 해야 한다. 또한 소비자와 정보의 피드백을 통하여 끊임없이 완벽한 신제품이 되도록 한다.

신제품 개발시 관련 부서끼리 조직을 짜서 공동으로 시장을 조사하고 공동으로 연구를 설계하며 공동으로 시험생산 및 시장 개척을 진행한 후에, 공동으로 소비 추세를 확인하여 제품 사용의 상황을 이해하고 품질을 부단히 개선하는 등 생산 공정을 안정시켜야 한다. 동시에, '생산, 판매, 연구 개발의 일체화' 라는 심사 방법을 실행하여 각 부서가 연계를 강화하고 능동적으로 협력함으로써 제품 창조의 상품화 주기를 단축할 수 있어야 한다. 몇몇 기업은 부서 상호간 협조를 위해 제품 혹은 브랜드 이사를 세우는데, 그들은 사장을 대표하여 창조 프로젝트의 발기자, 연락책, 추진 실시자의 역할을 담당한다.

기술 창조 시스템을 구축하는 동시에 완벽한 운행 메커니즘을 구비해야 한다. 메커니즘은 능동적으로 진화하는 특징을 가지고 있기 때문에 훌륭한 운행 메커니즘이 있어야지만 기술 창조 체계는 순조롭게 운행될 수 있다. 메커니즘은 하나의 집합체로서 몇 개 혹은 몇 층으로 구성될 수 있다. 현재 기업이 기술 창조를 전개하는 상황에서 보면, 정보 집산 메커니즘, 창조 의사결정 메커니즘, 기술 개발 메커니즘, 인재 개발 메커니즘, 창조 독려 메커니즘, 투입 보장 메커니즘 등이 필수불가결하다. 여기에서 가장 급한 것은 정보 집산과 인재 개발 메커니즘을 구축하는 것이다.

지식 경제 시대는 정보의 시대이고, 정보 시대의 정보는 중요한 생산 자원이다. 우리는 어떤 한 가지 유용한 정보가 훌륭한 제품을 만들어 내거나 심지어는 거대한 산업을 형성하는 것을 종종 볼 수 있다. 끊임없이 변화하는 무한한 정보의 바다에서 유용한 정보를 얻어낸다면,

기업은 기술 창조의 주도권을 거머쥐게 되는 것이다. 기업을 이끌어 가려면 정보의 가치를 이해하고 현재의 '폐쇄형' 상태를 발 빠르게 변화시켜 정보 네트워크를 구축하여 국내외 관련 과학 기술 발전 상황, 시장 수요 변동, 경쟁상대의 상황을 기업이 제 손바닥 보듯 훤히 알게 하여 창조 의사결정을 정확히 하도록 해야 한다.

기술 연구를 강화하기 위해 소니는 매월 한 차례씩 전체 수뇌부와 각 부서장들이 참가하는 연구 개발 보고회를 개최하여 5~6가지 중요한 기술 개발 계획을 토론한다. 여기서 각각의 개발 계획조의 구성원은 개발 계획의 제목, 목표, 예산, 시간 및 일정 배치 등의 내용을 상세하게 종합 보고한다. 새로운 구상과 발명을 독려하기 위해 소니는 내부적으로 매년 한 번씩 기술 교류회를 개최하는 데, 전 직원이 참가할 수 있다. 교류회장에는 각 사업부와 개발 연구조의 전시 진열장이 즐비해 있다. 이 모든 것이 소니의 과학 연구와 기술 발명을 촉진시키는 힘이 되었고, 소니 제품의 기술을 극대화시켰으며, 소니를 광전자학, 수학 기술, 비디오 기술, 레이저 기술 등의 첨단 기술 영역에서 세계 제일의 위치에 오를 수 있도록 하였다.

■■■ 기술 창조의 모험과 책략

제품 창조에는 각기 다른 책략 선택과 시장에서의 모험이 있다. 기업이 구체적으로 어떠한 제품 창조 책략을 선택하여 사용하는지 상관없이 모두 인력, 재력, 물력과 지력을 대량으로 투입하여 상당한 시장의 위험—고액의 제품 창조 비용과 신제품 개발의 높은 실패율—을 감수해야 한다. 그렇기 때문에, 갈수록 많은 기업들이 제품 창조를 개진

해나가는 추세이다. 제품 창조는 실패율이 매우 높은 고 위험성 기술 활동이다. 자료에 따르면 기업이 완전히 새로운 제품을 개발하는 데 실패할 확률은 대략 20~80% 사이라 한다. 그중 소모품업계의 신제품 개발 실패율이 가장 높아서 대략 40%~80% 사이이고, 공산품업계와 서비스업계의 신제품 개발 실패율은 각각 20%와 18% 내외이다.

신제품 개발 실패가 기업에 주는 가장 직접적인 타격은 바로 거액의 자금 투입이 '수포로 돌아가는' 일이다. 많은 기업들이 제품 개발 실패의 기록을 가지고 있으며 이 때문에 상당한 경제적 손실을 입었다. 그 예로 미국 텍사스 주 한 시험기구 회사는 가전제품 품목에서 실패로 6.6억 달러를 지불해야 했으며 포드 자동차는 운이 나빴던 '에드셀' 소형 자동차 때문에 3.5억 달러의 손해를 봤다. 듀퐁은 '새로운 합성피혁'의 개발 및 시장 확대로 1억 달러 가까이 손해를 봤다.

제품 창조에 있어 높은 실패율을 가져오는 요인에는 여러 가지가 있다. 기업이 처한 구체적인 환경이 각기 다르기 때문에 그에 따른 영향도 서로 다르다. 귀결해 보면 아래와 같은 몇 가지 주요한 요인에서 기인한다.

(1) 발전 전망이 있는 신제품 구상의 결여이다. 독특한 제품 구상은 제품 창조의 기점이다. 시장 공급량이 매우 풍부한 오늘날 철강 같은 제품의 창조 구상이 발휘할 공간은 이미 넉넉하지 않게 되었다.

(2) 시장의 과도한 세분화이다. 시장 경쟁이 점점 치열해지면서 시장이 과도하게 세분화되었다. 기업들은 제품 개선의 정도를 더욱 다양하게 하여 세분화된 시장의 고객 수요를 만족시켜야 한

다. 세분화된 시장은 기업의 입장에서 볼 때 판매 수량과 판매 이윤이 감소된다는 것을 의미한다. 이는 신제품이 시장에 진출한 후 필연적으로 투자금 회수에 위험성을 가중시키게 된다.

(3) 거액의 제품 창조 원가가 필요하다. 신제품이 성공적으로 시장에서 자리잡기 전에 기업은 이를 위해 거액의 창조 원가를 투입해야 한다. 좋은 제품을 구상하기 위해 기업은 먼저 자금을 투입하여 수많은 구상들을 다시 추려내야 하며, 구상의 실현 과정 즉 제품 개발 과정에도 상당액의 자금이 소요된다. 또한 신제품을 확대하고 진행하기 위한 생산적 투자와 시장 영업 투자가 발생한다. 이 외에도 기업은 이미 버려진 수많은 구상들과 투입된 연구 시험 등의 비용을 부담하여야 한다. 고액의 제품 창조 원가는 의심할 여지없이 신제품의 가격 경쟁력과 고객 유치력에 영향을 미칠 것이다.

(4) 자금 부족 문제이다. 설령 우수한 제품 구상을 가지고 있다고 해도 모든 기업이 원하는 대로 그것을 제품으로 전환시킬 수는 없다. 제약 요소 중 중요한 한 가지가 바로 고액의 제품 창조 원가와 그에 대응하는 자금 수요로, 수많은 기업의 제품 창조 활동이 이로 인해 좌절되곤 한다. 오늘날 많은 기업들이 이 요인으로 인해 서로 전략적으로 연맹을 결성하며 더 나아가서는 합병을 하기도 한다. 제품 창조 비용과 창조의 고위험성은 기업의 제품 창조 능력과 제품 원가에 커다란 영향을 미치고 시장 경쟁력에 영향을 준다. 그런 이유로 몇몇 기업들은 서로 협력하여 공동으로 창조 비용을 분담하고 공동으로 창조 위험을 감수하여 중복되는 창조 활동을 줄여 나간다.

(5) 개발 속도 가속화로 주기가 단축되었다. 기업은 경쟁상대와 비교하여 더욱 우수하고, 빠르게 신제품을 창조해 내도록 강요받는다. 경쟁 결과 제품 창조 수단이 부단히 새로워지면서 제품 창조의 속도가 빨라지게 되었다.

(6) 제품 생명 주기가 단축되었다. 제품 개발 속도의 가속화에 비례하여 신제품이 시장에 진출한 후 경쟁의 압력으로 시장의 생명 주기 역시 단축되는 추세를 보인다. 어떤 한 기업이 성공적으로 신제품을 개발하였다고 하면 그 경쟁상대는 재빠르게 모조품을 만들거나 개선적으로 모방하는 등 각종 방법으로 이 신제품이 만들어낸 새로운 시장을 나눠 가지려 할 것이다. 이는 제품 창조의 생명 주기를 크게 단축시키고 기업이 누려야 하는 초창기의 개발 이익의 시간을 줄인다. 예를 들면, 과거 소니가 개발해낸 신제품이 시장에 진출했을 때부터 시장 경쟁자가 대량으로 모조품을 만들었던 대략 3년 동안, 소니는 창조의 리더로서 받는 이익과 창조 투자금 회수를 비교적 충분히 누릴 수 있었다. 그러나 지금은 그 경쟁자가 6개월의 시간만 들이고도 소니의 제품과 흡사한 제품들을 만들어낼 수 있게 되어 소니는 투자금을 회수할 시간이 거의 없게 되었고 창조 수익을 충분히 누릴 수 없게 되었다.

위에서 언급한 각종 위험 요소의 분석에서 우리가 알 수 있는 것은, 제품 창조에 위험을 가져오는 원인이 생산 방면, 기술상 그리고 시장 영업 과정에서 오는 원인 등 다방면에 걸쳐 있다는 것이다. 미국의 어느 전국적인 공업 단체가 이 문제에 대해 통계 분석한 결과, 초기의 시장 분석상의 착오와 시장 진출 시기 파악의 오류 그리고 판매 부진 등 시장 영업 업무의 실수 때문에 생긴 제품 창조 실패율이 63%에 이르렀다. 이는 제품 창조가 결코 기술 범주의 활동에만 속한 것이 아니라 상응하는 영업 전략과 영업 기교의 협력이 필요하다는 것을 보여준다.

소니는 곧바로 합리적인 전략을 이용하여 제품의 판로를 개척하였을 뿐 아니라 일종의 소비 모델드 만들었다. 소니의 예에서 영원히 현상에 만족하지 않는 창조 정신을 엿볼 수 있다. 이러한 창조 정신을 위해 그들은 '그들을 먹여살려주는' 소비자들에게 끌려 다니지 않았다.

가장 전형적인 예로 1955년 제1대 트랜지스터 라디오가 시험 제작에 성공하여 모리타 아키오가 이것을 미국 시장에 내어놓기로 결정했던 사실을 들 수 있다. 당시 미국은 집이 크기 때문에 누구나 다 커다란 라디오를 갖고 싶어하지 이렇게 작은 것은 관심 없어 할 것이라고 하였다. 그러나 모리타는 집이 크다면 반드시 방도 많을 것이고 사람 손에 한 대씩 들고 있으면 서로 간섭하지 않고 각자의 방에서 자기가 좋아하는 프로그램을 청취할 수 있을 것이라 생각하였다. 후에 사람들은 정말 습관을 바꾸어 이 조그마한 라디오가 매우 잘 팔리게 되었다. 이와 비슷하게, 소니가 생산한 '워크맨' 역시 점차 세인의 주목을 받게 되면서 카라얀, 메타, 마샬 등 유명 지휘자들과 아이작 스턴 등 유명 연주가들도 잇달아 이 제품을 주문하였다. 워크맨은 수천 수백만 사람들의 음악 감상 방식을 변화시켜 사람들이 서로 간섭하지 않고 음악의 선율을 마음껏 감상할 수 있게 하주었다.

　　모리타의 사상이 우리에게 보여주는 것은, 기술은 인류 생존의 대사에 관계하며 21세기로 가는 교량 역할을 한다는 것이다. 소니를 방문해보면 도처에서 "소니, 연구가 소니를 뛰어나게 만든다."라는 표어를 접할 수 있다. 이는 회사가 좌우명으로 삼는 격언이자 새로운 것을 추구하도록 노력하게 하는 동력인 동시에 소니 성공의 비결이다.

23

크리스 아지리스 · *Chris Argyris*

개인과 조직의 융합과 단체 원동력

크리스 아지리스 (1923~)

미국의 행위과학자이다. 심리학 학사학위를 취득하였고 예일대학과 하버드대학의 명예 박사학위를 취득하였다. 1971년 하버드대학 교육학과 조직행위학 제임스 코넌트(James Conant) 강좌 교수로 임명되었다. 현재 하버드대 경영대학 기업경영학과에서 교수직을 맡고 있다.

미국의 IBM, 셀 그룹, 뉴저지 스탠더드 오일, 레버 브라더스 등의 회사 고문으로 있었으며 프랑스, 영국, 독일, 노르웨이, 네덜란드, 이탈리아, 그리스 등의 정부로부터 경영인 배양과 교육방면의 고문으로 초빙되었다. 또한 연구에서 많은 성과를 거두었는데 주요 저작으로는 『개성과 조직』, 『이해조직행위』 등이 있다. 경영학에 대한 주요한 공헌은 '개성과 조직'의 개념을 제기한 것이다. 이 개념을 '미성숙-성숙' 사상이라고 부르기도 한다.

핵심사상

> ■ 개인과 조직의 융합사상 :
> 개개인은 조직 속 하나의 부품이 아닌 독립적인 존재이다.
> 경영자는 이런 독립성을 존중해야 한다.
> ■ 단체원동력사상 :
> 단체에서 서로 간의 의존성이 높을수록 구성원의 만족감, 동
> 기와 내구력이 높아진다. 단체의 규모와 규범은 단체와 개인
> 의 행위에 영향을 준다.

■■■ 개인과 조직의 모순

개인과 조직의 융합 사상을 깊이 이해하고 응용하려면 아지리스의 '미성숙-성숙' 이론부터 알아야 한다. 사람에게 있어서 개성의 발전 과정은 영아가 성인으로 성장하는 것과 마찬가지로 미성숙에서 성숙으로 이르는 일련의 연속된 발전과정을 거친다.

어린 아이의 취미는 항상 변화하는데 이는 당장 눈앞의 사물에만 흥미를 가지기 때문이다. 그는 자기중심적이며 타인의 요구를 모르고 자신의 요구가 타인에게 어떤 영향을 끼치는지도 모른다. 그러나 그는 자신의 대부분의 행동이 남의 통제를 받으며 대부분의 희망이 타인에 의지하여 실현되는 위치에 있는 것을 달가워한다. 만약 자신을 정확하게 분석할 수 있고 자신의 분투목표를 계획할 수 있으며 그 목표를 추구하기 위해 남들과 같거나 더 중요한 책임을 감당할 수 있다면, 그는

성숙한 개성을 가진 성인이 된 것이다. 이러한 과정을 거치면서 피동에서 주동으로, 의존적인 데서 독립적인 것으로, 절제하는 능력이 부족하던 데서 자각과 자제를 할 수 있게 되는 데로 나아가게 된다. 이 발전 과정에서 각자가 처한 위치가 바로 자기실현의 정도를 표현한다고 할 수 있다.

상술한 발전과정을 거치고 나면 심리적 진취성은 충분히 발휘될 가능성을 가지게 된다. 개개인은 므두 나름대로의 필요를 가지며 그 필요를 획득하는 과정에서 도전에 직면할 경우 최선을 다해야 한다. 그러나 조직의 고유한 특징이 개인의 개성 발전을 저해하면서 조직과 개인의 조화될 수 없는 모순을 형성하기도 한다.

공식적인 조직이란 공동의 목표를 효과적으로 실현하기 위하여 구성원 사이의 상호관계와 직책범위를 규정하는 일정한 조직체계이다. 조직구조, 구성원의 권리와 의무는 모두 경영에 의하여 규정된다. 조직의 각종 활동은 관련 규정과 규율을 지켜야 한다. 모든 조직은 다음과 같은 특징을 가지고 있다. 조직은 이성적이어야 하고, 전문화된 분업을 실행하여야 한다. 조직은 피라미드식 구조를 통하여 전체를 관리한다. 공식조직의 기본성질은 사람들로 하여금 '미성숙' 단계에 머물게 하고 자아실현을 방해한다.

공식조직과 성숙한 개성 사이의 모순은 무엇일까? 공식조직의 원칙이 개성에 미치는 영향에 근거하여 경영자는 반드시 공식조직과 성숙된 개성 사이에 존재하는 근본적인 모순을 이해해야 한다. 공식조직의 원칙은 직원들에게 다음과 같은 작업환경을 만들어준다.

(1) 리더가 모든 것을 결정하고 직원은 물어볼 권한이 없다.

(2) 직원은 의존적, 피동적, 종속적 위치에 처해 있다.

(3) 직원은 단기적인 소견만 있고 장기적인 계획이 없다.

(4) 직원은 몇몇 간단한 기능만 가진다.

(5) 작업조건은 직원에게 심리장애를 일으킨다.

여기에서 볼 수 있는 바와 같이 공식조직과 성숙된 개성의 발전은 서로 모순된다. 그러나 영아의 개성 요구와는 서로 들어맞는다. 사실상 공식조직에서 성숙한 성인이 근무시간 8시간 동안 성숙하지 못한 행위방식으로 움직인다 하더라도 그는 승진을 하고 높은 월급을 받을 것이다. 이런 모순은 아래의 조건에서 더욱 가열된다.

(1) 직원의 개성이 끊임없이 발전하고 성숙한다.

(2) 공식조직구조가 더욱 명확하고 엄격하게 변한다.

(3) 직원의 직무가 낮게 쓰인다.

(4) 작업임무가 더욱 기계적으로 변한다(예를 들면 조립라인상의 작업 같은 경우).

사실, 개성의 부단한 발전으로 말미암아, 어떤 조직이라도 완전하게 공식조직의 기본 원칙을 따를 수는 없으며, 실제 상황에 근거하여 항상 변화한다는 것을 수많은 예들이 증명해준다. 때로는 성숙하지 못한 개성, 심지어 지체장애인이 어떤 작업에서는 뛰어난 성적을 보인다는 사실은 흥미롭다. 1917년 한 공장은 지능이 6살부터 10살 사이에 해당하는 여성 지체장애인 24명을 고용하였다. 이 여성들은 의외로 일을 매우 잘하였기 때문에 회사에서는 전쟁이 끝난 후 계속 그녀들을 고용하였다. 게다가 이 회사의 다른 공장들에서도 유사한 상황의 여성 노동자 40명을 고용하였다. 더 흥미로운 사실은 지능이 낮은 여성노동자들에 대한 관리인들의 평가가 항상 높았다는 것이다. 중요한 보고 문건에서도 여러 차례 "회사 상황으로 인원을 감소할 때 비정규직 근로자들을 정규직 근로자보다 쉽게 정리할 수 없다. 그녀들은 시간과 규범을 더 잘 준수하고 유언비어들을 전파하는 데 참여하지 않기 때문이다. 그녀들은 정상인들과 같이 작업장의 모든 제조공정에서 일들을 훌륭히 완성한다."고 말한 바 있다.

상술한 예는 경영자들이 경경을 할 때 심사숙고하게 한다. 즉 공식조직의 요구와 건강한 개성의 발전은 조화되지 않는다. 만약 전통적인 공식조직 원칙(전문화된 분업, 여러 계층과 등급으로 나뉜 피라미드식 구조, 리더에게 집중하는 원칙)을 응용하여 하나의 사회조직을 건립하면서 개성이 성숙한 직원(상대적으로 독립적이고 적극적이고 주동적이며 자신의 재능을 충분히 나타내는 등의 특징을 지닌)을 조직에 투입하면 혼란과 불안을 초래하게 된다. 공식조직은 직원이 의존적이고 피동적인 위치에 처하길 요구하여 그들의 재능 중 중요하지 않은 일부만 발휘하게 하는데, 이는 건강한 개성의 발전과 모순되기 때문이다. 조직의 혼란과 불안의 정도는 개성의 발전과 공식조직의 요구 사이의 부조화 정도와 정비례한다.

상술한 혼란과 불안은 직원의 좌절, 실패, 단기적 행동과 사상적 모순을 초래한다. 만일 직원이 성숙된 자아실현을 추구한다면 결과는 아래와 같을 것이다.

(1) 자아실현이 어려워 직원은 좌절감을 느끼게 된다.

(2) 자신의 필요에 따라 목표와 실현 방법을 정할 수 없기 때문에 무능함과 실패를 느끼게 된다.

(3) 미래를 결정하고 조절하지 못함으로써 단기적인 계획밖에 세울 수 없다.

(4) 그 외에도 여러 가지 사상적인 모순에 빠지게 된다. 왜냐하면 건강한 개성을 가진 사람은 업무 도중 자주 좌절, 실패에 부딪치거나 눈앞의 이익만 보는 것을 원하지 않지만 현재의 작업은 이런 특성을 가지기 때문이다. 만약 현재의 조직에 만족하지 못하여 새로운 직장을 찾는다 하더라도 결코 쉬운 일이 아니다. 새로운 직장을 찾았다고 해도 그 상황은 다를 바가 없다.

공식조직의 원칙은 각각의 등급과 계층, 상사와 부하직원으로 하여금 경쟁과 압력을 느끼게 한다. 또한 서로 비교하고 심지어 서로 적대시하며 국부적인 목표만 추구하고 더욱 광범위하고 전체적인 이익을 살피지 못하게 한다.

(1) 상사에 대한 의존성과 종속성, 그리고 고위직의 유한성으로 인해 직원은 승진의 기회를 갖고자 필사적으로 자기를 드러내려고 하며 상호 경쟁하고 심지어 적대시한다.

(2) 공식조직의 원칙에 의하여 부하직원은 자신의 본업에 충실하기를 요구받으며 본업만 잘 하면 상을 받게 된다. 때문에 직원은 자기의 국부적인 작업만 중시하고 전체적인 이익은 홀시하게 된다.

(3) 직원은 국부적인 이익만 추구하기 때문에 부서를 넘어서는 활

동은 리더의 통일된 조절에 의해 조직의 전체성을 유지한다. 리더의 조절은 부하직원의 의존성과 종속성을 더욱 증가시킨다. 이는 하나의 순환이 되어 결국 부하직원의 의존성과 종속성을 유지시키거나 증가시킨다. 동시에 리더의 주목을 받기 위하여 부하직원들 사이의 적대와 경쟁은 더욱 심해진다.

직원이 작업 중 좌절과 실패로 장기적인 미래를 예측할 수가 없고 사상적 모순이 생성되면 그들은 아래의 방법을 선택하게 된다.

조직을 떠나거나 조직의 계층 진급 단계를 따라서 진급하거나 명백한 저촉행위를 일으킨다. 예를 들면 정신을 집중하지 않고 타인을 침범하며 모순된 심리를 표출하고, 퇴보하고, 조직목표를 무시하며 자아설계를 한다. 조직의 내용과 목표에는 전혀 흥미도 관심도 없으며 작업할 때에도 자신의 욕구가 만족에 이르길 바라지 않는다. 각 개인은 어려운 일을 피하고 집단은 작업속도를 늦추며 생산량을 제한하고 고의로 오류를 범하며 기만하고 게으름을 피운다. 비공식적인 단체를 형성하여 저촉행위, 조직에 대한 냉대와 수수방관을 부추긴다. 물질적인 요소가 더욱 중요해지고 인간과 기타 비물질적인 요소는 중요도가 감소되어간다.

이 외에도 경영인들은 상술한 직원의 행위에 대하여 압력을 가하며 리더의 작용을 강화하는 류의 조치를 취하면서 반응한다. 허위적인 직원 참여와 교류를 더 많이 실시하는 등의 경영인의 반응은 직원으로 하여금 더욱더 의존성과 종속성을 보이게 한다. 그리고 의존성과 종속성은 다시 격한 직원들의 저촉행위를 야기할 수 있다. 이러한 과정은 바로 원래 경영인들이 교정하고 방지하려 했던 행위인 것이다.

이러한 순환을 끝낼 방법은 없을까? 그 관건은 직원이 작업과정의 의존성과 종속성을 감소시킬 수 있느냐에 달려있다. 작업내용을 확대하고 직원을 중심(민주적 방법과 직원 참여 식으로)으로 효과적으로 지도한다면 상황은 크게 개선될 수 있다. 하지만 이는 직원이 조직에 흥미를 갖고 있는지, 조직의 활동에 적극적으로 참여하기를 원하는지의 여부에 달려있다. 개성발전과 조직 요구 사이의 모순은 가장 기본적이고도 가장 오랜 기간 존재해 온 문제로, 조직의 지도자가 직면한 영구적인 과제이다.

■■■ 단체원동력사상

개인의 미성숙과 공식조직의 모순을 어떻게 보충할 것인지에 대하여 아지리스는 단체원동력사상으로 명확하게 답변해 준다.

단체원동력사상에서 말하는 단체란 비공식조직이다. 공식조직과 마찬가지로 단체는 세 가지 요소를 포함하는데 첫째 활동, 둘째 상호영향, 셋째 정서(마음가짐)이다.

이 세 가지 요소 중 '활동' 은 사람들의 일상생활과 작업과정의 모든 행위를 가리킨다. '상호영향' 은 조직에서 상호작용하는 행위를 말한다. '정서' 란 내재적인 보이지 않는 심리활동으로 예를 들면 태도, 정감, 의견, 신념 등을 포함하는데 이들은 서로 독립적인 것이 아니라 밀접히 연관된 것이다. 그중 한 항목이 변하면 기타 요소에도 변화가 생기게 된다. 단체에서는 각 구성원의 활동, 상호영향과 정서가 합쳐서 단체행위를 구성한다.

단체는 균형 상태에 놓인 각종 힘의 '장' 으로, '생활 장소', '자유

운동장소'라고 불린다. 이 힘의 장은 단체가 활동하는 환경 그리고 단체성원의 개성, 감정 및 상호간의 견해 등과 관련 있다. 단체성원은 목표를 향하여 움직일 때 긴장상태에서 벗어나려 한다. 각종 힘들이 균형 상태에 놓여있다는 것은 상대적인 것이다. 사실상 단체는 영원히 '안정된' 균형 상태에 놓여있을 수 없으며 끊임없이 상호 적응하는 과정에 놓여있다. 이는 강기슭에서 흐르는 강의 흐름에 비유할 수 있다. 보기에는 상대적으로 정지되어 있는 것 같지만 사실은 끊임없이 천천히 운동하고 변화하는 중인 것이다. 단체행위는 상호영향을 미치는 갖가지 힘의 복잡한 결합이다. 이러한 힘은 단체 구조에 영향을 줄뿐 아니라 개인의 행위도 수정할 수 있다.

단체는 공식조직의 목표 외에 자신의 목표를 가지고서 단체의 존재를 지키며 단체가 지속적으로 작용을 발휘하게 해야 한다. 연속적으로 과도하게 공식조직의 작업 목표를 추구하는 것은 단체행위의 응집력과 효율에 손상을 줄 가능성이 있다. 때문에 리더는 단체의 조화를 위해 상당한 시간과 방법을 투자히야 한다. 단체내부에서 심리적인 압박감을 털어 놓는 것은 공식조직의 작업 목표를 실현하는 데 유리하다. 서로 간의 신뢰성이 높은 단체일수록 의견과 감정교류가 잘 이루어진다. 이런 단체는 문제점을 분명하게 하여 각종 해결방법을 찾을 수 있으며 단체성원의 만족도, 격려와 응집력도 비교적 높다.

단체는 비록 비공식적인 조직이지만 무조직의 오합지졸의 무리는 아니다. 사업단체는 구조가 있고 단체의 구조는 단체 구성원의 행위를 만들어 내어 사람들로 하여금 단체내부의 개별 행위와 단체 자체의 성적과 효율을 해석하고 예측할 수 있게 한다. 단체구조의 변수에는 어떤 내용들이 포함되어 있을까? 주로 공식적 리더, 역할, 규범, 지위, 단체규모, 단체 구성원 등을 포함한다. 단체규모의 크기는 구성원들의 참여 정도와 인원수를 결정하는 주요한 요인이다. 이 밖에도 단체 구성원의 권리와 지위가 비교적 평등할 경우, 참여인원수가 현저하게 증가할 수 있다.

비공식조직으로서 단체는 규모에 있어 어떤 요구 조건을 가질까? 비공식조직의 실질은 사람과 사람 사이의 상호관계와 작용에 있기 때문에 기본단체는 규모가 작아야 성원들이 서로 일상적으로 왕래할 수 있다. 작업임무를 완성하고 단체를 유지하기 위해서는 어느 정도 규모가 좋을까에 대해 여러 차례 연구한 바가 있다.

이 연구들의 결과는 아래와 같다.

1. 높은 품질의 복잡한 책략의 결정을 주요임무로 하는 단체일 경우에는 7명에서 12명 정도가 적당하며 한 명의 공식적인 리더가 있는 게 좋다.
2. 모순과 충돌을 해결하고 협의를 얻는 것을 주요임무로 하는 단체일 경우에는 3명에서 5명의 성원이 제일 좋으며 공식적인 리더가 없어도 된다. 이러면 모든 구성원이 충분하게 의견을 발표하고 토론을 진행할 수가 있다.
3. 단체가 높은 수준의 결의도 해야 하고 협의도 봐야 할 경우에는 5명에서 7명으로 구성하면 가장 적합하다.

그러면 태만은 왜 일어날까? 아마 다른 구성원들이 응당 자신이 해야 할 직책을 다하지 않는다고 생각하기 때문일 것이다. 만약 다른 사람들이 게으름을 피운다든가 무능하다고 생각되면 아마도 자신의 노력을 덜 기울이게 되며 그래야 공정하다고 느끼기 때문이다. 또 다른 한 가지 해석은 단체 책임의 분산이다. 단체 활동의 결과가 구체적인 어느 한 사람의 작용으로 귀결되지 않기 때문에 개인의 투자와 단체의 산출 사이의 관계가 모호해진다. 이런 상황에서 개인은 단체에 대한 노력을 덜 기울이게 된다. 다시 말해 개인이 자신의 공헌을 가늠할 수 없다고 느낄 때 단체의 효율은 낮아진다는 것이다.

사업단체의 이런 사회적 태단화 현상은 조직행위 학자들에게 중대한 의미를 지닌다. 만약 경영인이 단체의 힘을 빌어서 사기를 높이고 사업단체를 강화시키려고 한다면 그들은 개인의 노력 정도를 가늠할 수 있는 방법을 제공해야 한다. 그렇지 않으면 단체가 가져올 생산율의 하강 정도를 받아들일 수 있는지를 가늠하여야 한다.

공식조직이 순서와 작업표준을 지니듯 단체는 규범을 지닌다. 규범이란 단체의 구성원이 바라는 헝위의 표준으로, 모든 구성원이 반드시 지켜야 하는 것이다. 그러나 단체규범은 구성원들의 모든 활동을 규정하지는 않는다. 단체가 구성원들의 행동을 허 혹은 불허할 수 있는가의 범위만 결정한다. 단체규범은 공식적으로 규정할 수 있으나 대부분은 비공식적으로 규정된다. 단처규범을 위반한 사람들은 늘 각종 방식으로 착오를 지적받기 때문에 단체규범을 준수하게 된다. 이런 비공식적 압력은 경영 당국이 사용하는, 사람들로 하여금 조직 규칙에 부합할 것을 강요하는 제재보다 종종 더 강력하다. 단체규범은 대부분 서면화되지 않았기 때문에 새로운 성원은 차츰차츰 이 규범을 배워나가게 된다. 이 규범은 보통 한 사람이 얼마만큼의 힘을 써서 일을 해야 하는가, 어떤 사람에 대하여 우호적이어야 하는가, 경영층과 어느 정도까지 합작해야 하는가, 개혁을 래야 하는가 등을 규정한다.

　　개인의 특성과 조직의 특성 사이에는 조화될 수 없는 모순이 있다. 공식조직은 직원들의 발전에 장애를 불러온다. 이것이 바로 우수 직원들이 공식적인 대기업을 퇴직하는 원인이 된다. 이런 인식에 근거하여 아지리스는 경영자들을 위하여 한 가지 해결방식을 제공하였다. 단체라는 비공식조직을 이용하여 중간에서 모순을 완화시켜 개인과 공식조직이 융합에 이르게 하는 방법이다.

24

프레데릭 허츠버그 ·
Frederick Herzberg

동기-위생이론과
KITA 동기부여 모델

프레데릭 허츠버그 (1923~)

미국 유타대학 경영학 교수로, 동기문제를 연구하는 유명한 학자이다. 피츠버그 주립대학에서 심리학 박사학위를 취득하였다. 주요한 학술저작으로는 메스너, 슈나이더만과 공동집필한 『동기위생이론』『동기화와 인간성』『경영선택』『효율과 인간성』 등이 있다. 그는 또 각종 학술잡지에 「직원에게 동기부여하는 방식에 대한 재논의」 등 논문 100여 편을 발표하였다. 여러 차례 미국과 그 외 30여 개 국가의 고급자문위원과 경영교육 전문가로 초빙되었다. 저명한 '동기-위생이론', 즉 '2요인이론'을 제기하고 '직무의 풍브화' 이론에 대한 선구적 연구로 경영학계에서 큰 명성을 얻었다.

핵심사상

- **동기-위생이론 :**
  동기요인은 작업 그 자체와 관계되는 요인으로, 구성원의 작업에 대한 만족감을 높여 줄 수 있다. 위생요인은 작업의 환경요인으로, 구성원의 작업에 대한 불만을 초래할 수 있다.
- **KITA(Kick In The Ass) – 동기부여 모델**

만약 고용주 혹은 경영자로서 조직의 효율을 높이려면 반드시 각 구성원의 개인효율을 높여야 한다. 그 사람이 누구인지, 무엇을 할 수 있는지, 무엇을 하고 있는지, 조직이 무엇을 어떻게 했는지에 상관없이, 구성원들은 임무의 세분화와 재설계를 진행할 잠재력을 가지고 있으며 이를 풍부하게 하고 행정절차나 경영인과의 인간관계를 잘 처리하며 동기와 만족도에 영향을 받지 않는다. 도대체 직원으로 하여금 전에 없던 만족감을 어떻게 느끼게 할 것인가? 허츠버그의 경영사상에서 그 답을 찾을 수 있다.

허츠버그가 경영사상에 미친 영향은 매우 독특하다. 그는 이론과 거기서 파생된 작업을 풍부하게 만드는 기술이라는 두 측면에서 공헌하였다. 허츠버그의 원시적인 사상은 학자와 경영자의 인식과 많은 차이점을 가진다. 그는 처음으로 노동자의 동기에 영향을 주는 두 가지 공통된 변수(동기요인과 위생요인)를 제기하였다. 하지만 위생요인이 동기요인보다 중요하지 않다고는 주장하지 않았다. 경영자의 관심을 유발하는 명제는 '급여, 수당 그리고 노동조건 등의 분야에 대한 투자는 유한한 수익만을 얻을 뿐이다.' 라는 것이다.

■■■ 동기요소와 위생요소

강좌와 단기훈련교재에서는 직원을 격려하는 가장 좋은 방법이 심리발전의 기회를 주는 것이라 한다. 이 관점은 많은 경영자들에게 흡인력 있게 다가간다. 이것은 상당히 매력적이며 조직구성에 금방 응용할 수 있다. 허츠버그의 이론은 동기요소 두 가지만 강조하기 때문에 경영자에게 쉽게 가르칠 수 있다. 또한 그는 작업을 풍부하게 하는 기술절차를 상세하게 해석하였다.

그는 기업 관련 요소를 만족과 불만족 요인으로 구분하였는데, 만족 요인은 구성원이 직무에 만족할 수 있도록 하는 것으로 동기요인에 해당된다. 성취, 찬양, 직무 그 자체, 책임감, 향상심 등으로 인간의 심리 성장 요인이다. 동기요인이 만족을 얻으면 개인 혹은 집단은 성숙한 방식으로 성장할 수 있으며, 작업 능력을 부단히 향상시킬 수 있다. 불만족 요인은 이러한 요인이 부족할 때 흔히 생기는 불만스러움과 소극적인 정서를 가리키는 것으로 즉 위생요인이 된다. 위생요인은 금전, 감독, 지위, 개인생활, 안전, 직무환경, 정책과 대인관계 등을 포함한다. 구성원의 불만은 모두 작업환경 혹은 작업관계 등과 같은 문제이다. 이러한 상황을 개선하면 불만을 제거할 수 있고 작업효율을 유지할 수 있지만, 개인의 능력이나 노동 열정을 고무시키거나 제고시킬 수는 없다. 그러나 동기는 사람의 적극성을 끊임없이 높이는 요소이다.

허츠버그는 조직구성원은 모두 잠재적인 동기요인의 추구자인 동시에 위생요인의 추구자라고 주장한다. 위생요인 추구자란 어떤 불행한 역사적 경험으로 인해 위생수준상 장애를 느끼는, 심리적인 건강이 부족한 개체를 말한다. 그들이 난관을 극복하도록 돕는 것이 바로 경영인의 임무이다. 이 점은 공교롭게도 메이요의 '인간관계론'의 관점과 일치한다.

허츠버그 사상의 뛰어난 면은 그가 '동기이론'을 사용하였다는 데 있다. '동기이론'은 경영자가 높은 효율의 작업환경을 창조하기 위하여 권리와 이익관계를 중요시한다. 이 이론은 회사 경영시 생산효율을 위한 두 종류의 동기요인을 명확하게 열거하였다. 그중 하나는 인간의 '동물적' 본질의 기초 위에 구축한 것으로 환경이 조성하는 재난을 인류는 어떻게 피할 것인가에 관심 있다고 생각하는 것이다. 때문에 회사는 반드시 건설적으로 작업과정의 위생요인을 처리하여야 하며 작업계획, 체력작업의 요구 및 개인직위 등에 특별히 주의하여야 한다. 인간의 또 다른 기본요구는 작업과정에서 발전을 추구한다는 인간의 본질에서 비롯한다. 아래의 표는 위생요인 추구자와 동기요인 추구자의 특징을 보여준다. 이러한 특징을 이해하는 것은 현실적 경영과정에서 '동기-위생요인이론'을 이용하는 데 도움이 된다.

✻ 위생요인 추구자와 동기요인 추구자의 특징

위생요인 추구자	동기요인 추구자
1. 환경요인에 영향을 받는 동기	1. 작업내용에 영향을 받는 동기
2. 작업환경에 불만이 많고 갈수록 강해진다. 예를 들면 노임, 감독, 작업조건, 직위, 작업안전성, 회사의 정책과 경영방식, 대인관계	2. 낮아지는 위생요인에 대한 높은 인내심을 보인다.
3. 위생요인의 개선은 강한 만족감을 생성할 수 있다.	3. 위생요인의 개선에 대한 반응이 빈약하다.
4. 위생요인 개선시 얻는 만족은 단기적이다.	4. 유사
5. 위생요인이 개선되지 않을 경우 강한 불만을 초래한다.	5. 위생요인 개선이 필요할 때 경미한 불만이 생성된다.
6. 작업 성취시 얻는 만족감이 매우 낮다.	6. 작업 성취에서 큰 만족을 얻는다.
7. 종사하는 작업의 종류와 성격에 전혀 무관심하다.	7. 하고 있는 작업에 대한 만족을 표현할 수 있다.
8. 작업과 생활에 대해 하찮게 여긴다.	8. 작업과 생활에 적극적인 태도를 나타낸다.
9. 작업 과정 중에 업무능력을 향상시키지 못한다.	9. 작업 과정 중에 업무능력을 향상시킨다.
10. 외부 영향을 쉽게 받는다. 　a. 극단적인 개인주의와 보수주의. 　b. 모방경영신조 　c. 일을 함에 있어서 사장보다 더 사장 같다.	10. 신앙에 대한 태도인 엄숙함과 확고함을 지닌다.
11. 재능으로 일에 성공할 수 있다.	

위생요인을 추구하는 자를 고용했을 경우 어떠한 결과가 생성될지를 이해하기 위해서는 이러한 사람의 특징을 좀 더 논의할 필요가 있다.

우선, 위생요인을 추구하는 사람과 동기요인을 추구하는 사람은 상반된다. 그들이 받는 동기는 작업환경에서 오는 것이지 작업자체가 아니다. 작업과정에 나타나는 위생요인에 대한 그들의 불만족은 일상적인 것으로 나날이 가중화되는데 이것이 그들 생활의 중심이기 때문이다. 그래서 이런 부류의 사람은 위생요인의 개선에 매우 민감하다. 노임을 올려주면 그들은 당신을 세상에서 제일 좋은 보스로 생각할 것이다. 그러나 위생요인에 대한 만족은 단기적이다 —물론 이러한 단기적인 만족이 동기요인을 추구하는 사람에게는 필요하지만—왜냐면 이는 동물적인 본능이기 때문이다.

다음으로, 위생요인을 추구하는 사람은 작업의 성취에서 만족을 잘 느끼지 못하며 자기 작업의 종류와 성격에 전혀 관심이 없다. 그들은 보호를 받고 상처 입지 않는 것이 우선이기에 생활에 대해서 적극적인 태도를 가지지 않는다. 작업을 진행하는 과정에서 업무의 향상을 추구하지 않으며 더욱 편한 환경만을 추구한다. 설령 노임, 작업조건과 같은 잠시적인 만족으로 그들의 동기를 부여해도 자발적인 동력은 생성되지 않는다. 때문에 많은 회사들이 끊임없이 동기를 부여할 수밖에 없다고 생각한다.

세 번째로, 위생요인을 추구하는 사람은 극단적인 개인주의자이거나 보수주의자이다. 그들은 기계적으로 경영신조를 모방하는데 사장보다 더 심한 경우도 있다. 하지만 작업과정에서 얻은 성과를 그들의 재능으로 볼 수 있는가하는 질문이 따라온다. 바꿔 말해 어느 구성원이 위생욕구를 만족시키고자 작업을 잘 한다면 동기욕구를 만족시키고자 작업을 잘 완수하는 것과 무슨 차이점이 있을까?

이 경우 두 개의 답안이 나올 수 있다. 하나는 담당한 작업에서 위생욕구를 추구하는 사람이 가장 중요하다면 이 사람은 기필코 회사를 파산에 이르게 할 것이라는 것이다. 이러한 사람은 단기간에 동기를 부여받거나 외재적인 상을 받았을 때에야 비로소 동기부여를 받는다. 때문에 회사에 돌발 상황이 일어나고 위생요구를 돌볼 경황이 없을 때 위생요구를 추구하는 사람들은 수수방관할 것이다. 두 번째는 위생요구를 추구하는 사람들은 자신이 받은 동기 부여방식을 점차 자신의 하급자에게 주입하여 자신들이 하급자가 배우고자 하는 모델이 되어버리는 것이다. 위생요구를 추구하는 사람이 고위직에 있을 경우 자신이 통제하는 분야에 외재적 포상을 추구하는 분위기를 조성할 수 있다. 그들이 지닌 이와 같은 재능으로 인해 분위기를 통제하는 영향력은 크겠지만 장기적으로 기업경영에는 유효하지 않다.

우리는 이상의 논의에서 다음과 같은 결론을 얻을 수 있다. 작업의 만족 혹은 불만족을 초래하는 요인은 동일한 것이 아니다. 다시 말해 경영자는 작업조건의 개선, 환경과 설비의 겉치레, 휴식시간의 증가, 음악을 틀어주는 것과 같은 몇몇 요인만을 가지고 직원이 만족을 얻고 동기문제도 해결되었다고 생각해서는 안 된다. 동기요인은 작업의 만족감을 증가시키는 데 유리하고 위생요인은 작업의 불만족감을 감소하는 데 그친다.

이것이 경영자에게 의미하는 것은 무엇인가? 회사에서 제정한 방침과 집행, 감독, 고용주와 직원 사이의 내부관계 및 전체적인 작업환경 등의 요인은 작업의 기본조건에 불과하다는 사실이다. 마치 공공식수가 사람들로 하여금 '건강'을 얻게 할 수는 없고 단지 '병에 걸리지' 않게 할 따름인 것과 같이, 위생요인은 동기부여를 할 수는 없으며 단지 사람들의 불만족을 피하게 한다. 동기요인은 성취 기회를 얻고, 작업 승인을 받으며, 더욱 큰 책임을 담당할 기회를 가질 수 있고, 작업의 성격을 제고하거나 변화시킬 수 있는 것 등을 포함한다. 이들 요인은 자신의 작업이 자아실현과 인격발전에 대한 요구의 원천이라는 사실을 표명한다.

경영자는 반드시 작업에 있어서 불만을 증가시키는 요인은 외재적인 것이거나 비본질적인 것임을 알아야 한다. 그것들은 환경, 동료 및 회사의 규정 등과 관련된다. 반대로 동기요인은 작업 그 자체에 있어서 내재적인 또는 본질적인 것이다. 당신이 경영자여서 고용원이나 관리인에게 동기를 부여하려면 의미가 있다고 여겨지는 작업을 하게 하여야 하며 그들에게 성취감과 발탁과 승인을 얻을 기회를 주어야 한다.

■■■ 과학적인 동기방법-KITA(동기부여모델)

어떤 사람이 일을 하고 있을 때 가장 간단한 동기부여방식은 무엇일까? 대부분의 사람들은 "발로 한 대 걸어차!"라고 말할 것이다. 이것이 바로 KITA 동기부여모델인데 여기에는 아래와 같은 세 가지를 포함한다.

첫째는 체벌로 과거에 많이 사용한 방법이다. 거칠고 속된 방법으로 직원의 마음속에서 기업의 좋은 형상을 없애버린다. 그리고 체벌은 사람의 식물신경계에서만 작용하기 때문에 소극적인 반응을 가져오거나 경영인에 대한 직원의 폭력적인 충돌을 일으키게 한다. 체벌과 대응되는 두 번째 방법은 심리적인 압박을 가하여 동기를 부여하는 것이다. 이러한 소극적인 심리압박방식은 무형이지만 지속할 수 있다. 심리적 영향은 대뇌에 직접적으로 작용해서 신체상의 강렬한 반응은 감소된다. 한 사람이 느낄 수 있는 심리적인 고통은 거의 무한하기 때문에 심리적인 압박을 실시할 수 있는 범위도 광범위하다. 직원이 심리적인 압박을 받았다고 불만을 표시한다면 그는 망상에 빠진 사람으로 여겨질 것이다. 왜냐하면 그가 확실히 해를 입었다는 증거가 없기 때문이다.

이러한 두 가지 부정적인 동기부여모델에서 어떠한 결과를 얻었는가? 예를 들어 내가 당신을 발로 찼다면(신체적 혹은 심리적으로) 누가 동기를 받은 걸까? 당신은 차여서 부득이하게 일을 할 뿐이다. 때문에 부정적인 동기부여 방식은 진정한 동기를 부여할 수 없고 기계적인 운동을 야기할 뿐이다.

세 번째는 긍정적인 동기부여 방식이라고 할 수 있는데 직원에게 '미는' 방식이 아닌 '당기는' 방식을 사용하는 것이다. 예를 들면 내가 당신에게 "회사를 위하여 이 일을 하세요! 상금과 높은 지위 등을 보장하겠습니다."라고 말하는 것이다. 대부분의 경영인은 이것이 바로 동기부여라고 생각한다. 만약 어느 기업이 이러한 동기부여모델을 사용한다면 대량의 '유인물'로 끊임없이 직원을 유인해야 한다. 작은 강아지 한 마리를 뛰게 하려고 끊임없이 강아지의 눈 앞에서 과자를 흔드는 것과 같이 말이다. 이러한 모델이 보편적으로 사용되는 까닭은 이것이 전통적이고 미국적인 방법이기 때문이다.

어떤 회사는 다음과 같은 방법을 이용하여 동기부여에 대한 신화를 창조하였다.

1. 작업시간의 감소

어떤 이는 열심히 일하도록 동기를 부여하는 가장 좋은 방법은 그들로 하여금 작업에서 벗어나게 하는 것이라고 생각한다. 그래서 지난 50~60년간 사람들은 줄곧 작업에 투자하는 시간을 줄였다. 심지어 일주일에 반나절만 작업하도록 하기도 한다. 이와 유사한 것으로 여유시간을 이용하여 많은 문화생활을 하게 하는 것이 있다. 이 방법의 핵심적인 사상은 서로 어울릴 수 있는 사람이라야 작업도 같이 할 수 있다는 것이다. 그 결과 이들의 작업시간은 짧아진 것이 아니라 반대로 더욱 길어졌다.

2. 노임의 증가

노임의 증가로 동기가 부여될 것인가? 그렇다. 게다가 노임의 증가는 사람들로 하여금 열심히 다음의 노임 증가를 추구하게 한다.

3. 복리후생의 제공

미국 기업은 이미 노임의 25%의 돈을 이곳에 사용하지만 사람들은 여전히 동기부여문제에 불만을 표하고 있다. 사실상 사람들이 현재 가지는 돈이 많아졌고 각종 복리후생도 좋아졌으며 작업시간은 감소되었다. 그러한 부가적인 복리는 더 이상 장려가 아니라 직원이 응당 누려야 하는 권리가 되었다. 때문에 더욱 많은 돈을 부가적인 복리에 사용하지 않는 한, 직원은 공장에서 시계바늘을 뒤로 잡아당긴다고 느낄 것이다. 직원의 경제적 욕망과 나태에 대한 욕망이 무궁무진하다는 것을 기업인들이 인식하게 되면 그때서야 비로소 행위과학자에게 도움을 청한다. 기업가들이 사람을 어떻게 대해야 하는지를 모르는 이런 문제를 다룰 때, 행위과학자는 과학적인 연구의 결과가 아닌 인성적 습관에 기반해서 접근한다.

4. 대인관계훈련

30여 년의 실천은 비용이 높은 대인관계 훈련계획을 초래했다. 재미있는 것은 30여 년 전에는 어떤 일을 시킬 때 직원들에게 한 번만 부탁을 하면 됐는데 지금은 적어도 세 번은 반복해야 한다는 사실이다. 이러한 실패는 지도자 혹은 경영인이 대인관계시 애써 표현한 상냥함과 친절함이 내심으로부터 우러나온 것이 아님을 말해준다. 이는 새로운 대인관계 동기부여 모델-민감성훈련의 응용을 초래한다.

5. 민감성훈련

민감성훈련에서 가장 전형적인 문제는 자신을 이해하는지, 타인을 믿는지, 진심으로 타인과 합작하려 하는지이다. 이 방법이 실패한 원인을 어떤 사람은 민감성훈련을 정확히 하지 못해서라고 돌린다. 편한 조건, 경제적 수단, 양호한 인간관계 등으로 동기를 부여할 경우 일시적인 효과만 가져온다는 사실을 기업의 인사 이사들은 이미 인식하였다. 문제점은 경영인들의 노력에 대한 직원들의 몰이해에 있다. 이러한 인식은 새로운 영역인 커뮤니케이션을 개척하였다.

6. 커뮤니케이션

경영인들이 하는 일을 직원들이 이해하는 데 도움을 주고자 많은 커뮤니케이션 연구 전문가들이 경영계획에 참여하였지만 여전히 동기부여 효과를 이루지 못하였다. 이는 전문가들로 하여금 어쩌면 경영인은 직원들이 무엇을 생각하고 있는지를 모르고 있다고 느끼게 하였다.

7. 투웨이 방식 교류

경영인은 유행 조사, 계획 건의, 소그룹의 계획 참여 등 여러 가지를 사용하여 투웨이 방식의 교류를 이루고자 했다. 예전에 비해 경영인과 직원이 함께 교류하는 기회가 많아지고 서로간의 의견을 청취할 기회도 많아졌다. 하지만 이 방법은 동기부여 효과를 크게 거두지 못하였다. 행위과학자들은 더 나아가 사람은 자아실현을 원한다는 것을 발견하였다. '자아실현론' 을 지지하는 심리학자와 대인관계 심리학자가 공동으로 새로운 동기부여모델을 제기하였다.

8. 작업참여

작업참여는 '근로자에게 감투를 씌워 주는' 일이다. 목걸이시계를 생산하는 조립라인에서 근로자가 하루에 하는 일은 1만 개의 너트를 조이는 것이지만 사람들은 그가 세계에서 제일 유명한 시계를 만드는 중이라고 말한다. 작업참여는 노동자로 하여금 어느 정도 자신의 작업에 책임을 지게 하는 것이다. 그 목적은 노동자에게 성취감을 제공하기 위해서이지만 그것은 진정한 성취라 할 수 없다. 왜냐하면 진정한 성취는 작업자체가 진정한 성취감을 제공할 수 있냐에 달려있기 때문이다. 그래서 이 사상도 동기부여 효과를 얻지 못하였다.

9. 고용인과 상담

이 방식은 30년대 초 웨스턴 일렉트릭사가 진행한 호손실험에서 최초로 응용되었다. 당시, 상담이란 직원이 자신의 어려움을 다른 사람한테 하소연함으로써 자신의 심리부담을 감소시키는 것이었다. 이 방법은 나중에 비난을 받게 되었는데 기업조직의 정상적인 작업을 방해하였다는 것이 원인이었다. 상담에 참여한 고문인사들이 자신이 들은 문제를 해결하려고 하였고 자신의 직책이 경청자임을 잊어버린 것이다. 하지간 심리자문에 관련되는 상담은 이런 부정적인 영향을 받지 않고 한층 개선되어 날로 번창해가고 있다.

80년대에 미국의 전보전화회사를 비롯한 많은 회사는 상술한 두 가지 이론을 이용하여 경영의 곤경에서 벗어났다. 허츠버그의 사상은 회사의 장려와 보수 계획에 상당한 영향을 끼쳤다. '자조(自助)' 이익 경향이 날로 선명해지면서 사람들은 일정한 범위 안에서 자신이 요구하는 이익유형을 선택할 수 있게 됐다. 실제로 그들은 스스로가 동기부여된다고 느껴지는 요인을 선택할 수 있다. 실현되는 방법은 다르지만 사람들이 자아발전, 직업경영과 자율학습을 강조하는 것은 모두 허츠버그의 영향을 받았다고 볼 수 있다. 결국 동기는 개인의 마음에서 생기는 것이지 조직의 어떠한 규율에 의하여 만들어지는 것이 아니다.

많은 조직들이 임금과 업적의 관련성, 직원의 주식 보유 계획, 연중 이익 분배와 같은 경제요인이 동기부여의 유일한 요인이라고 믿는다. 하지만 쥐를 대하는 방법으로 지적인 인간을 대하는 것으로는 그의 장점을 발휘하게 할 수 없다. 다행히 허츠버그는 이상의 이론을 통해 우리에게 본질적으로 더욱 명확하고 적절하며 가능한 방법을 제기해주었다.

25

워렌 베니스 · *Warren G. Bennis*

개방적 리더십과 적응형 조직

워렌 베니스 (1925~)

현대 미국의 저명한 조직이론가이자 조직발전이론을 이끈 선구자이다. 미국 MIT공대에서 박사학위를 받았으며 모교에서 수년간 교직을 맡으면서 저술에 몰두하는 동시에 조직컨설턴트작업에 종사하였다.

교육, 저작, 고문, 경영 등의 영역에 공헌하였는데 저작으로는 논문 「조직의 발전과 관료조직의 운명」을 포함하여, 베스트셀러인 『리더』, 그리고 최근에 출판한 『조직의 천재』, 『창조적 협조의 비밀』 등이 있다. 여러 방면에서 워렌 베니스는 현대 경영사상가의 대표 중 하나라고 할 수 있다. 오늘날 리더십 문제의 전문가로서, 미국 대통령의 고문으로서, 그의 저작은 널리 환영받고 있다.

핵심사상

- 리더는 다방면적이며 리더의 직위는 모든 사람에게 열려있다. 리더에게는 공통점이 있는데 그것은 주의력을 끄는 능력, 교류 능력, 신임을 얻는 능력 그리고 자아경영능력이다.
- 낡은 관료구조는 필연적으로 멸망할 것이며 이를 참신한 유기-적응형 조직이 대체할 것이다.

워렌 베니스는 현대 경영사상가의 대표자 중 하나로 맥그리거의 제자이다. 현대 리더학의 저명한 전문가이며 미국 대통령 4명의 고문 역할도 맡았다. 베니스는 각종 직업에 종사하면서 수많은 체험을 하였지만 늘 리더십이라는 주제와 연을 끊지 못했다. "내가 문제를 사고하기 시작할 때부터 리더십을 사고했던 것 같다."고 그는 말한다. 또한 자서전『생활의 창조』에서 이렇게 말하였다. "이는 내가 나를 묶은 것인지도 모르겠다. 1959년 내가 쓴 주요한 논문이 리더십에 관한 것이었으며, 1985년 이후 내 연구의 대부분은 이 주제를 둘러싸고 진행되었다."

이 분야의 출판물과 연구항목의 증가로 인해 리더십이라는 연구 가치가 있는 학술영역이 오랫동안 소홀하게 취급되어 왔다. 80년대에 이르러서야 베니스와 다른 학자들이 리더십에 대한 사람들의 관심을 불러 일으켰다. 베니스도 "그때부터 리더십은 연구의 절정에 오르게 되었으며 리더십의 발전에 대한 관심과 흥미가 미국뿐만 아니라 세계적으로 널리 퍼져나갔다."고 하였다.

베니스의 연구는 인문적인 입장에서 군대에서 비롯된 영웅 숭배에 반대한다는 과제에 관한 것이다. 베니스의 연구는 다분히 인간미 넘치는 것으로, 그는 리더십이란 드문 재능이 아니며 리더는 선천적인 것이 아니라 후천적으로 키워진 것이라고 생각한다. 리더는 일반적으로 보통 사람이거나 아주 일반적으로 보이는 타고난 매력 같은 것은 없는 이들이다. 리더십은 조직의 최고층에 전속된 것이 아니며 각 계층 모두와 연관되는 것이다. 결국, 베니스는 리더십은 통제, 지도, 조정을 의미하지 않는다고 생각하였다.

■■■ 포괄적, 개방형 리더

리더십에 대한 베니스의 제일 유명한 연구에는 미국의 리더 90명에 대한 분석이 포함된다. 우주인 닐 암스트롱, 로스엔젤레스의 유명한 축구팀 감독, 오케스트라 지휘자, 맥도날드의 레이 크락 등을 선택했다. 베니스는 "그들 가운데는 왼쪽 두뇌가 발달한 이도 오른쪽 두뇌가 발달한 이도 있으며, 키도 다르고 체형도 다르다. 말솜씨가 뛰어난 이가 있는가 하면, 언변이 없는 사람도 있고, 자신감에 넘치거나 우유부단한 사람도 있다, 깔끔한 양복차림인 사람도, 흐트러진 머리와 꾀죄죄한 모습을 한 사람도 있으며, 대중을 신임하는 사람도 있고, 독재적인 사람도 있다. 하지만 그들은 공통적으로 당시의 혼란한 상황에 대해 정확히 파악하고 있었다."고 말하였다. 그가 말하고자 한 것은 리더란 포괄적이고 그의 위치는 모든 사람에게 개방되어 있다는 것이다.

리더 90여 명의 공통점은 다들 주의력을 모으는 능력을 갖고 있고 의사소통 관리능력이 있으며 신임을 얻는 능력과 자아관리 능력을 갖고 있다는 점이다. 베니스는 주의력을 모으는 것은 실질상 비전의 문제라고 보았다. 때문에 그가 이용한 리더에 관한 정의는 '사람들이 주목할 만한 비전을 내세우고 점차 실현해 나가는 능력'이다. 성공한 리더는 자신의 비전을 다른 사람들로 하여금 믿고 따르게 하며 이를 그들 자신의 목표로 받아들이게 한다.

비전과 비전을 성공으로 전환시키는 행동은 별개이다. 베니스가 선택한 리더들은 모두 두 번째 능력, 즉 의사를 전달하는 기교인 커뮤니케이션을 장악하였다. 만약 리더의 비전이 400페이지의 책 속에 숨겨져 있거나 서류가 가득한 서랍에 구겨져 있다면 실용성은 떨어질 것이다. 베니스는 직유와 은유 등의 운용, 생동한 표현과 감정, 신임, 낙관 그리고 희망이 효과적인 커뮤니케이션이라고 굳게 믿는다.

베니스는 리더의 세 번째 능력은 신임을 얻는 것이라고 제시하였다. 신임은 '부하와 리더를 함께 붙이는 정감이라는 접착제'로 사람들의 마음속에서 리더의 형상은 일관성이 있어야 한다고 말했다.

베니스가 연구한 리더 90명의 마지막 공통점은 '자아관리 능력'이다. 리더는 비범한 리더십을 드러낼 필요가 없으며 성공이 맹목적으로 남을 따라서 임무를 완성하는 것이라 생각하지 않는다. 이와 반대로 그들이 중시한 것은 강인한 정신과 학식, 용감한 모험, 책임을 감당하는 것 그리고 도전에 직면하는 것이었다. 그중 제일 중요한 것은 지식의 학습이다. 베니스는 "열심히 학습하는 사람은 실패와 착오를 예상한다. 너무 빨리 성공하는 것이 제일 나쁜 것이다. 왜냐하면 역경과 곤경 속에서 학습할 기회를 잃었기 때문이다."라고 말하였다.

리더의 자신에 대한 평가는 적극적이다. 베니스는 이를 '감성적 지혜'라고 불렀다. 리더는 다른 사람의 이러저러한 약점에 개의치 않고 오로지 현실적인 태도로 사물을 대한다. 가까운 사람을 포함한 모든 사람들을 예의바르게 대하며 사람을 믿고 심지어 모험도 무릅쓰며, 일시적인 의견 불일치와 일시적으로 승인을 받지 못한 경우에도 시종일관한 태도에 그 뛰어남이 있다.

집단과 리더의 관계는 베니스 연구의 기본적인 문제이다. "위대함은 위대한 인물에서 비롯된다. 위대한 지도자가 없으면 위대한 집단은 있을 수 없다. 하지만 성공한 조직이 어떤 위인의 그림자의 연장이라고 본다면 이것은 착오이다. 아직은 개인의 역량으로 대부분의 중요한 문제를 해결할 수 있을 만큼 생활이 간단하다고 할 수 없기 때문이다."

실제로 리더를 아주 강력한 영웅이라고 보는 관점은 이미 적용될 수 없다. "일당백의 영웅은 이미 존재하지 않는다. 우리는 창조적인 성취를 얻고자 선택한 새로운 모델로 개인이 문제를 해결하는 방식을 대체하였다. 스티브 잡스와 월트 디즈니와 같은 사람들은 집단을 리드하면서 동시에 자신의 가치를 발견하였다." 베니스는 또 "그들은 실용주의적 몽상가로 독특하면서도 현실적인 비전을 갖고 있다. 아이러니컬하게도 리더는 타인이 자유롭게 남과 다르게 일할 때에야 자신의 꿈을 실현할 수 있다. 일반적으로 리더는 자기의 비전을 이해하기 쉽고 매력적으로 만들어서 새로운 구성원을 유인한다. 리더는 반드시 그 집단에 맞는 리더 스타일을 창조하여야 한다. 많이 쓰이는 모델, 특히 명령과 조절은 더 이상 아무런 작용을 하지 못한다. 리더로서 결단성이 있어야 하지만 고집불통이어서는 안 된다. 그들은 결정을 내릴 때 다른 참여자의 자주권을 제한하지 말아야 한다. 개개인이 모두 참여할 수 있는 분위기를 조성하고 유지하는 것이야말로 리더의 올바른 행동이다."라고 주장하였다.

■■■ 유기-적응형 조직의 탄생

베버는 서양의 고전적 경영이론의 대표자 중 한 명으로 '관료체계' 이론을 내놓았다. 베버는 순수한 관료체계는 효율이 가장 높은 것이라 생각했는데 이러한 이론의 많은 내용이 지금까지 사람들에 의해 지켜지고 있다. 하지만 일부 학자들의 비평을 받기도 하는데 베니스가 그 중 한 사람이다. 대표작『조직의 발전과 관료제의 운명』에서 베니스는 낡은 관료구조의 필연적인 멸망과 새로운 조직구조의 출현을 상세하게 논증하였다.

베니스는 관료제 이론에 대한 도전을 두 가지 측면에서 보았다. 하나는 관료제가 개인목표와 조직목표 사이의 모순과 충돌을 해결할 수 없고 조화의 방법을 찾을 수 없다는 것이다. 지금까지 많은 사람들이 이러한 문제점을 완화시키는 방안을 시험적으로 제출하였다. 그들의 사고방향은 모두 인간의 성장, 만족 등과 같은 윤리도덕표준으로 조직을 충실하게 하고 생산효율로 치우진 편향을 바로 잡는 데 있었다. 두 번째는 환경에서 비롯된 더욱 심각한 도전인데, 과학기술혁명이 야기한 환경의 변화는 조직이 강한 적응능력을 가질 것을 요구한다. 때문에 관료제조직이 내부 환경(협조)과 외부 환경(적응)에 사용한 방법 및 사회과정이 이미 완전히 당대 사회의 현실을 벗어났다. 금후 25년에서 50년 사이에 우리는 관료제의 매장을 목격하고 여기에 참여하게 될 것이다.

관료제가 필연적으로 멸망한다면 어떤 조직이 필요하게 될 것인가? 1996년에 베니스는 이후 25년에서 50년의 조직생활에 대하여 다음과 같이 전망하였다. 물론 전망이라는 것은 예측과 예언 사이에 존재하는 것이다. 전망은 예측처럼 경험과 사실을 기초로 하지도 않으며 예언이 가지고 있는 신비한 힘도 없다. 다시 말해 전망이란 영감의 누설도 과학적인 확증도 아니다.

베니스는 이후의 조직 환경을 이렇게 묘사하였다. "과학기술진보의 가속화는 환경을 점점 불안정하게 만들 것이다. 각종 기업경영의 조건이 변하므로 경영인은 반드시 고객, 주주, 경쟁상대 등의 환경요소와 복잡하지만 적극적인 연합을 세워야 한다. 그 사이의 관계모식 역시 이전 것들과 완전 달라질 것이다. 정부가 통제하는 방식에 대한 거두들의 대항이라는 국면이 대기업의 우세한 지위와 불완전한 경쟁을 초래한다."

현대사회는 '교육사회' 인데 이것이 바로 시대의 제일 중요한 특징이다. 미국 인구의 2/3가 50년 내에 고등교육을 받을 것이고 성인교육, 특히 재직 관리 인원의 양성교육은 왕성하게 발전할 것이다. 50년 전, 교육은 가치를 창조하지 않는 투자로 여겨져 왔으며 전문인원의 월급은 '관리비용' 에 속하는 것으로 여겨졌다. 그러나 오늘날 기업의 성공은 지적 능력 개발에 의해 대부분 결정된다. 또 다른 실질적인 변화로는 인원 유동의 규율과 빈도가 대폭 증가한 데 있다. 사람들이 더욱 동력이 있는 환경을 요구할 뿐만 아니라 변화 역시 예전보다 훨씬 수월해졌기 때문이다.

교육과 직무의 전문화로 사람들은 더 이성적으로 변했으며 지적 능력과 기술 능력에 투자하는 것을 더 중시하게 되었다. 사회의 산업화로 인하여 사람들은 '타인' 을 더 주의할 것이고 일시적인 동료와 이웃에서 친구를 찾지 장기적인 친으관계에 의존하지 않을 것이다. 미래의 작업임무가 독립적으로 더 많은 책임을 감당할 것을 요구하고 교육 수준의 제고가 자주권의 요구를 초래할 것이므로 사람들은 작업에 더욱 전면적으로 참여하고 권력을 부여받을 것을 희망하고 있다.

기업의 임무는 더 복잡해지고 기술적으로 변할 것이며 사전 계획이 더 어렵게 될 것이다. 리더 혼자서 모든 문제를 처리할 수 없을 것이며 반드시 각 방면 전문가의 공동 노력에 의지해야 한다. 이때 중요한 것은 권리를 행사하는 것이 아니라 문제를 인식하고 해결하는 능력이다. 기업의 목표는 더 다원화될 것이며 더 복잡해질 것이다. '이윤증가' 혹은 '생산율 제고' 등만 말하는 것은 기업의 목표를 지나치게 단순화 시킨 것이다. 목표에 도달하려면 적응성, 창조성 그리고 혁신정신 등에 의거해야 한다. 전문화된 분업과 전문인력의 증가로 기업목표를 제정할 때 더 많은 모순과 분쟁이 나타날 것이다.

미래 조직은 구조적으로 아래와 같은 여러 가지 특징을 가질 것이다. 첫째, 임시성이다. 조직은 적응성이 강하고 신속히 변화하는 임시적 시스템으로 변할 것이다. 둘째, 해결해야 할 각종 문제에 대한 기구 설립이다. 셋째, 문제를 해결하려면 각 분야의 전문인력으로 조직된 단체에 의존해야 한다. 넷째, 조직 내부의 작업 협조는 각 작업 단체 간에 서로 중첩되는 부분의 인원에 의거해야 한다. 그들은 여러 직무를 겸임하는데, 동시에 두 개 이상의 단체에 속하는 이들이다. 다섯째, 작업 단체의 구성은 기계적이지 않고 유기적이어서 누군가 작업의 문제를 해결하면 누군가는 리더십을 발휘한다. 자신이 하고자 하는 공식적인 역할이 무언인가를 막론하고 말이다.

상술한 특징을 갖춘 조직구조는 아마도 '유기-적응형' 조직이라 부를 수 있다. 이러한 조직구조가 점차 관료제의 이론과 실천을 대체할 것이다. 미래 사회에서는 상술한 유기-적응형 조직 속에서 40%는 기술 업무에 종사할 것이며, 20%는 관료제의 낡은 조직에서 작업하고 그 외 나머지 40%가 서비스형 조직을 위하여 사회 협동방면의 일을 하게 될 것이라고 베니스는 예측하였다.

유기-적응형 조직에서는 작업의 임무는 더 의미 있고 전문성을 띠게 되고 사람들로 하여금 더욱 만족하게 한다. 또한 전문가는 더 많은 격려를 원하기 때문에 조직목표와 개인목표가 서로 융합되고 근본적으로 내부조절문제를 해결하게 된다.

당연히 전문가가 자기의 업무와 전문기술을 과분한 위치에 두는 것도 문제를 불러일으킬 것이다. 일반적으로 전문기술에 대한 그들의 애정은 조직에 대한 충성에 영향을 줄 가능성이 있다. 사업체의 응집력이 점차 쇠약해지면 사람들의 사업체에 대한 책임감도 낮아질 것이라는 점도 나타날 수 있다.

어떤 사람들은 미래는 여가 활동과 비업무적인 것을 생활의 주체와 정감 그리고 창조성을 기탁하는 대상으로 여김으로써 기술발전이 늦어져 사회적 유동은 점차 안정되는 추세로 갈 것이라고 예언한다. 그러나 베니스는 이 관점에 찬성하지 않는다. 그는 기술의 발전은 '버튼을 누르는 사회'를 만들어 낼 것이지만 이러한 사회에서도 작업은 감소되지 않고 많아질 것이라고 생각하였다. 인류의 주요활동과 임무는 여전히 각종문제의 해결에 있을 것이며 조직이 환경에 적응하는 과정 자체가 사람들에게 강한 감화력을 가져다줄 것이다. 때문에 미래사회의 주요특징 중 하나로 서비스사업에 종사하는 유기-적응형 조직이 대량 나타날 것이다.

유기-적응형 조직은 자유로운 구조이며 베니스가 사상의 자유를 제창한다는 사실은 기억할 만하다. 사람들이 자연을 충분히 인식하고 이성적으로 자연을 다스릴 때는 사람들로 하여금 스스로를 반성하고 자아통제를 하도록 일깨울 필요가 없다. 제한과 압제는 더 이상 미래 조직의 특징이 아니며, 과학과 이성의 성과가 사람들의 기묘한 생각을 합리화하고 정상적인 개성 표현으로 변하게 할 것이다.

시간의 바퀴는 새로운 세기에 들어섰다, 베니스의 예언이 지금 하나하나 현실로 변하고 있다는 사실은 그의 위대한 선견지명과 정확한 통찰력에 경탄하지 않을 수 없게 만든다.

우리들이 본 것처럼 베니스는 분명 이상주의자이다. 그에게서 우리는 무궁무진한 열정과 희망을 느낄 수 있다. "대다수 조직은 모두 무미건조하며 대다수 작업과 생활도 평범하다는 사실은 부인할 수 없다. 때문에 이러한 단체들이 일종의 계시가 될 수 있다. 위대한 단체는 일류 인물의 집합에 불과한 것이 아니라는 사실 말이다. 위대한 단체는 하나의 기적이다. 나에게는 근거 없는 낙관적인 정신이 있다. 낭만주의자가 그 가능성만 믿고 발생 가능성이 있는 일에 대하여 낙관적인 태도를 가진 사람을 말한다면 그것은 아마도 나에 대한 정확한 묘사일 것이다. 개개인은 살아있는 동안 실제적인 공헌을 해야 하고, 작업상의 제도는 이 목표를 실현하기 위한 주요한 도구라고 생각한다. 리더가 단체를 창립하고 인솔하여 마침내는 가장 우수한 조직으로 발전시킬 수 있다고 믿는다."

베니스는 자신감 넘치는 낙천주의자이다. 경영연구에 대한 집착과 호기심으로 후세의 경영자들을 위하여 훌륭한 창조적인 재산을 남겨놓았다. "나에게는 강렬한 호기심이 있다. 72세인 나는 모두를 위하여 더 많은 것을 제시하려고 여전히 생각 중이다. 창조나 재창조 능력이 없는 사람들은 타인의 입장과 관점을 빌려서 자신을 무장하고 타인에 적응하려할 뿐 두각을 나타낼 수 없다." 베니스가 주장한 리더의 특징은 이후 전면적으로 증명되었으며 동시에 그의 새로운 유형의 조직(유기-적응형 조직) 구조에 관한 연구는 경영 실천 속에서 현실화되었다.

Chapter 06

26

프레드 피들러 · *Fred E. Fiedler*

상황에 따른 리더십

프레드 피들러 (1922~)

미국 워싱톤대학 심리학과와 경영학과 교수이다. 네덜란드 암스테르담대학과 벨기에 루뱅대학의 강좌교수를 겸임하였다. 시카고대학에서 박사학위를 취득하였으며 졸업 후에 학교에 남아서 임직하였다. 1951년에 일리노이 주로 이주하여 일리노이대학의 심리학교수와 단체 효능 연구 실험실 주임교수로 있다가 1969년에 워싱톤으로 돌아갔다.

피들러는 미국의 저명한 심리학과 경영학 전문가이다. 그의 연구는 서양 리더학 이론을 새로운 단계에 들어서게 하였다. 그리하여 이전에 성행하던 리더 형태학 이론 연구를 리더 동태학 연구의 새로운 궤도로 진입하게 하였다. 피들러의 이론은 이후의 리더학과 경영학 발전에 중요한 영향을 미쳤다. 주요저서로는 『리더효능이론』, 『상황모델-리더효능의 새로운 방향』 등이 있다.

핵심사상

■ 상황에 따른 리더십 :

환경을 변화시킴으로써 리더의 사상을 변화시킨다. 조직의 성공 및 실패 여부는 대부븐 경영인의 소질, 즉 리더에 의하여 결정된다. 따라서 어떻게 훌륭한 리더를 찾느냐 하는 것은 매우 중요한 문제가 된다. 하지만 더 현실적이고 중요한 것은 어떻게 현재의 환경을 변화시켜 현재 경영자의 재능을 제대로 발휘하게 하느냐이다.

사람들의 연구가 여전히 리더발생학과 리더형태학의 범주에 머물러 있고, 사람들의 주의가 효과적인 리더방식에 집중되어 있을 때, 프레드 피들러는 연구방향을 다른 중요한 문제로 전환하였다. 즉, 민주와 독재라는 두 가지 리더스타일이 각각 어떤 환경에 적응되는가의 문제로 말이다. 피들러는 조직의 성공과 실패가 경영인의 소질에 의하여 결정된다고 주장하였다. 즉 리더에 의하여 결정된다는 것이다. 최고의 경영인(리더)을 어떻게 찾을지는 매우 중요한 문제이다. 그러나 더 중요한 것은 현재 경영인의 재능을 어떻게 잘 발휘하게 하는가이다.

좋은 경영인을 얻기 위한 전통적인 방법은 초빙과 선발, 양성에 기대는 것이다. 피들러는 리더의 개성을 경영 업무 요구에 부합하도록 바꾸는 방법은 진정한 성공을 거둔 적이 없다고 지적하였다. 이에 비하여 조직 환경 즉 리더가 처한 작업환경의 각종 요소를 바꾸는 것이 사람의 성격이나 일하는 스타일을 바꾸는 것보다 훨씬 쉽다. 작업환경을 바꾸어 사람의 스타일에 적합하게 만들어야지 사람의 개성을 억지로 사업의 요구에 맞추어서는 안 된다.

리더는 강한 적응력이 필요하다. 그러나 이를 제대로 감당할 수 있는 리더는 갈수록 찾기 힘들다. 과거 한때에는 도처에서 '천부적인 리더'를 발견할 수 있었다. 소질 있고 전도가 양양한 사람들이 많아 손만 내밀면 잡을 수 있었다. 하지만 이런 상황은 다시 오지 않는다. 기업은 리더가 될 인재를 절대 놓치지 말아야 하며, 공장건물이나 설비를 사용하는 것처럼 그들의 효용을 최대한 효과적으로 사용해야 한다. 기업계의 재무전문가, 고급 연구 요원, 경영생산의 귀재와 같은 사람들은 부족할 경우 다른 인원으로 대체하는 것이 불가능하다. 그들이 맡아야 하는 임무가 하루저녁 사이에 대체할 인원을 찾아내거나 양성해내는 것이 불가능한 일들이기 때문이다. 게다가 그들 역시 넘버투의 역할을 맡길 원하지 않는다. 이런 사람들의 리더 스타일이 작업환경과 맞지 않다면 작업환경을 바꾸어 그들에게 적합하게 만들어야 할 것이다.

■■■ 상황에 따른 리더십

피들러의 상황에 따른 리더십이 설명하려고 하는 것은 작업환경이 적합성을 가지게 하려면 어떻게 작업환경을 고치고 변화시켜야 하는가이다. 어떤 환경에서는 독재식 리더의 업무효율이 높지만 다른 환경에서는 민주형 리더의 경영이 적절하다. 어떤 환경이든 리더의 고유한 스타일과 맞지 않는 객관적인 조건은 바꿀 수 있다. 만약 조직의 최고 리더가 그 가능성을 명확히 알고 있다면 그는 중간급 관리자를 위하여 그들 각자 스타일에 어울리는 작업환경을 설계하여 줌으로써 리더의 효율을 높일 수 있을 것이다.

경영인에게 있어 환경이 유리한 정도를 어떻게 확정할까? 리더의 스타일과 어울리는 환경요인을 어떻게 만들까? 어떻게 해야 리더는 자신의 스타일에 적합한 환경을 설계해 낼 수 있을까? 이들은 모두 경영인이 해결해야 할 문제들이다.

피들러의 연구결과는 다음과 같은 사실을 알려준다. 독재형 리더는 농구팀, 탐험단, 평로(平爐) 작업장 및 기업경영인 단체에서 그 우수함을 보여준다. 그러나 전략을 결정하는 집단과 각종 창조적인 작업 단체에서는 리더가 부하직원과 우호적인 관계를 유지하여야 하므로 민주형 리더가 성과를 내기 쉽다. 사실상 어떤 환경에서나 다 적응 가능한 최고의 리더 스타일이란 존재하지 않는다. 어떤 환경에서 성과를 낼 수 있는 리더(혹은 리더 스타일)는 또 다른 환경에서는 그다지 효과적이지 못하다. 때문에 반드시 각종 환경의 특징을 연구하여야 하며, 조직 환경의 분류 또한 갖가지 환경적 요인에 의해 결정된다는 사실을 알아야 한다. 연구결과는 세 가지 주요한 환경요인의 조건이 특정한 환경에 적응하는 거의 모든 리더십을 미리 결정한다는 사실을 알려준다. 이 세 가지 요인은 다음과 같다.

1. 리더와 부하직원의 관계

리더와 직원의 관계는 제일 중요한 환경요인이다. 그것은 부하직원에 대한 리더의 영향력과 흡인력에 직접적인 영향을 미치며, 리더에 대한 부하직원의 신임, 호감, 충성과 복종심 정도를 반영한다. 가장 환영을 받는 리더는 지휘하는 과정에서 자신이 높은 지위에 있거나 전권을 쥐고 있음을 전혀 표내지 않는 사람으로, 부하직원들은 자발적으로 그를 따르고 명령을 집행한다. 리더와 직원의 관계를 가늠할 때는 단체 구성원에게 단체에서 가장 영향력 있으며 가장 위신 있는 이의 이름을 제출하도록 하는 '사회심리 연구 지명'이라는 방법을 이용할 수 있다. 또한 단체 내부의 민주적 분위기로 이런 관계를 가늠할 수도 있다.

2. 임무구조

사업임무의 구조는 두 번째로 중요한 환경요인이다. 이것은 부하직원의 업무가 어느 정도로 단계화되었는지, 명확화되었는지를 말하는 것이다. 사업의 목표, 방법, 절차가 분명하다면 리더는 구체적인 지시를 내릴 수 있으며 부하직원들의 임무는 오로지 이를 실행하는 것이 될 것이다. 반대로 리더나 부하직원이 모두 무엇을 어떻게 해야 할지 모르는 경우가 있다. 구조가 뚜렷하고 명확한 사업임무는 독재적인 리더에게는 유리하다. 리더가 쉽게 단계화된 작업 명령을 내릴 수 있고 순서에 따라 각 단계 사업의 성과를 체크할 수 있기 때문이다. 작업의 임무가 혼재되어 있고 리더의 통제력이 약해지면 단체에 가벼운 분위기를 제공하게 되며 이는 창조력을 발휘하는 데에 유리하다. 일반적인 상황에서 단체를 리드하여 구조화된 임무를 완성하는 것이 비구조화된 임무를 완성하는 것보다 용이하다.

3. 직위권한

리더가 처한 직위의 고유한 권한이 마지막 환경요인이다. 리더의 직위와 관련되는 공식적인 권한으로 리더가 상급과 전 조직의 각 방면에서 지지를 얻는 정도를 말한다. 예를 들면 그에게 직원을 채용하거나 해고할 권리 및 부하직원을 승진시킬 권한이 있는지 여부와 같은 것이다. 리더의 직위권한은 리더 개인(예를 들면 능력, 수준)으로부터 오는 권한이 아니다. 직위권한이 비교적 강한 리더가 지휘할 경우 직원들은 더 기꺼이 이를 받아들인다.

위에서 볼 수 있는 바와 같이 서로 다른 환경조건은 서로 다른 리더십을 요구한다. 이러한 논리는 사람들의 일상생활의 경험과 일치한다. 단체의 구성원이 리더를 신임하고 존중할 때 그들은 리더의 지도와 도움을 요구한다. 비행경험이 풍부한 기장이 비행기가 곧 이륙하여 상공에 오르려고 할 때 보조들에게 비행기가 이륙하기 전에 또 무슨 검사할 것이 없냐고 물어보는 상황은 상상하기도 힘들다. 이럴 경우에는 민주형으로 의견을 청취할 필요는 없으며 업무 위주의 간단한 명령이 필요하다.

다른 한편, 지원자로 구성된 위원회 의장이 원래부터 환영을 받지 못할 경우 그가 회의 참가자들에게 무엇을 하고 싶은지 묻는다면 다들 그에게 집으로 돌아가는 게 어떠냐고 말할 것이다. 때문에 이때도 민주형 리더가 아닌 업무의 임무를 위주로 하는 리더가 필요하다. 그러나 계획위원회나 과학연구소 같은 곳에서는 일반적으로 민주형 리더가 더 적합하다. 단체 내부에 자유로운 민주적 분위기를 유지해야 서로 다른 의견의 맞대결과 토론을 야기할 수 있기 때문이다. 그렇지 않고 이런 토론을 억눌러버리면 단체성원의 잠재력을 발휘할 수 없다.

환경은 고정불변하는 것이 아니므로 환경요인이 변화하면 거기에 적응되는 리더십도 변화한다. 때문에 어느 경영자의 리더십이 지금 당장 환경의 요구와 일치한다고, 현재의 사업이 순조롭다고 여겨질지라도 그의 사업스타일이 환경의 요구에 따라 변하지 않으면 계속해서 적합한 리더가 될 수 없다.

예를 들면 업무가 매우 분명한 기업에 똑똑하고 능력이 있는 리더가 있어서 직원들이 그를 신뢰하고 있다고 하자. 과거의 업무 성적은 우수하지만 갑자기 기업이 위기에 처한다면 고문을 초빙하여 대책을 상의할 것이다. 과거 순조로울 때에는 경영인은 명령만 내리면 되는 독재형 리더였다 하더라도 고문들과 함께 회의를 할 때는 반드시 화기애애한 분위기의 민주형 리더가 되어야 한다. 이 과정이 리더십이 환경에 따라서 변화하는 예이다.

연구개발계획부서에서는 인간관계가 좋고 너그러운 리더가 부하직원을 위하여 의견과 관점을 자유롭게 발표할 수 있는 분위기를 만들어 주어 그들이 서로 자극을 주며 충분히 잠재력을 발휘할 수 있도록 한다. '신선회(神仙會, 구속 없이 마음을 터놓는 모임)' 식의 자유토론은 실제적으로 이런 사업방식을 제도화한 산물이다. 계획이 세워지면 작업환경은 고도로 구조화되고 리더도 '사업임무를 위주' 로 변화하며, 명령 역시 구체적이고 단계화되므로 직원들은 명령에 따라 움직이기만 하면 된다. 이것도 리더십이 환경에 따라 변화하는 예이다.

이상의 논의를 통하여 다음과 같은 결론을 얻을 수 있다. 경영인을 초빙하고 양성함으로 작업환경의 요구에 맞추는 것은 좋은 방법이 아니다. 오늘날 각 기업들은 다들 훈련을 거친 경험이 풍부한 이를 끌어와 리더로 만들고자 하는데, 이들 대부분은 전문가이며 나이가 많다. 그들의 능력은 이미 더 큰 발전을 가져오기 힘들므로 기업이 이들 전문가들에게 의지해서 운영해나가기는 힘들다.

기업은 인재를 양성하여 일정한 스타일을 가진 경영인이 되게 할 수 있다. 그러나 이런 양성은 대단히 어려운 데다 원가도 높고 시간도 많이 걸린다. 이에 비하여 경영인 자신의 고유한 리더십에 따라서 적당한 업무를 분배하여 감당하게 하는 것이 자신의 업무스타일을 바꾸어 사업에 적응하는 것보다 훨씬 쉽다.

최고 리더는 응당 작업환경을 분석 식별하고 배울 줄 알아야 한다. 그래야 중간 관리자와 하층 관리자들이 자신의 스타일에 적합한 환경에서 일하게 할 수 있다. 환경이 어떤 리더십을 요구하는가 하는 것은 환경이 얼마만큼 리더에게 유리한가에 의해 결정된다. 이런 유리한 정도는 또 여러 개의 환경요인에 의하여 결정된다. 예를 들면 리더와 직원의 관계, 단체성원의 경력의 유사한 정도, 사업업무의 명확성, 부하직원에 대한 파악 등등이다. 이턴 환경요인을 바꾸는 것이 리더를 바꾸거나 그들의 스타일을 바꾸는 것보다 훨씬 쉽다.

■■■ 바꿀 수 있는 환경

상술한 이론에 따라 체계적으로 조직을 설계하지 않았지만 아래의 몇 가지 방면에는 확실히 인위적으로 바꿀 수 있는 환경요인이 있다.

(1) 조직원의 구조를 설계할 때 리더의 직위권한을 바꾸어 관리자와 동급인 직원을 부하직원으로 안배할 수 있으며 그보다 2~3급 낮은 인원을 부하직원으로 안배할 수도 있다. 그에게 절대적인 권위를 부여할 수도 있고 부하직원과 협상한 후에 다시 결정

내리게 할 수도 있다. 최고 리더는 손을 떼고 부서장이 그의 부서를 경영하도록 함으로써 위신을 높일 수도 있고 직접 부서의 구체적인 사무에 참여할 수도 있다. 이것들은 모두 리더의 직위 권한을 높이거나 낮출 수 있다.

(2) 작업의 임무구조를 바꾸어 배정할 때 한 관리자에게 상세한 설명을 단 임무를 내릴 수도 직접 작업계획을 내릴 수도 있다. 그리고 다른 관리자에게는 통속적인 설명만 내리고 범위가 모호한 임무를 내릴 수도 있다. 이런 방법으로 작업임무의 단계화와 명확화의 정도를 바꿀 수 있다.

(3) 리더와 부하직원의 관계를 바꾼다. 작업 인원의 재조직을 통하여 리더와 부하직원 사이의 관계를 바꿀 수 있다. 유사한 인생관, 종교 신앙과 경력을 가지고 있는 사람들을 한 단체로 조직하거나 문화적 수양이 다르고 언어가 다르며 성격이 다른 사람들을 한 단체로 조직하는 경우가 있다. 이때 전자의 리더와 부하직원의 관계는 별 무리가 없지만 후자의 경우에는 상당히 곤란하다.

여기서 예를 든 것은 단지 환경요인을 바꾸는 것들뿐이다. 더욱 중요한 것은 피들러의 상황에 따른 리더십 이론이 제공한 환경 분류의 모델과 몇 가지 원칙으로, 이것들은 단체 혹은 조직사업의 유효성을 예언할 수 있으며 단체작업성과에 영향을 주는 각종 요인들을 관찰하고 분석할 수 있다.

피들러의 상황에 따른 리더십은 경영인을 선발하고 양성한다는 전통적인 관점을 뛰어넘었다. 그것은 조직변혁(즉 조직환경변혁)이 매우 유효한 수단이 될 수 있다는 점을 강조하였으며 리더의 잠재력이 충분히 발휘되어 이용되도록 하였다.

피들러 사상의 주요한 역할은 경영이론으로 경영실천을 효과적으로 지도하는 것이다. 그것은 경영이론과 실천 사이에서 성공적인 매개 역할을 하였다. 피들러는 구체적인 외부 환경을 돌보지 않고 좋은 경영방법만 추구하고 만능모식을 찾는 유교주의를 반대하면서 서로 다른 구체적인 조직에 대하여 서로 다른 조직구조 모델과 기타의 경영기술을 취할 것을 강조하였다. 경영은 환경을 경영이론의 중요한 조성부분으로 여겨야 한다. 그리고 기업의 각 방면 활동은 환경적 요구에 복종해야 하며 경영자의 행위 역시 그러해야 한다고 피들러는 주장한다.

27

앨빈 토플러 · *Alvin Toffler*

사이버 경영

앨빈 토플러 (1928~)

미국의 저명한 미래학자이다. 《포춘》의 편집차장을 지냈다. 다년간 기자생활을 하면서 느낀 사회문제, 특히 인류는 어디로 향하는지에 대하여 연구를 하고 있다. 뛰어난 미래학자인 토플러는 러셀 세이지 재단의 초빙 연구원으로 있었으며 코넬대학교의 특별초청 교수, 록펠러형제기금회의 연구원, IBM과 AT&T 등 세계적인 기업의 고문을 맡은 바 있다. 미래의 가치체계와 사회 방향에 관한 연구에 종사하고 있다. 토플러는 사람을 '미래를 엿보는 눈'에 비유하였다. 주요저술로는 『제3의 물결』이 있다.

핵심사상

> ■ 사이버경영 :
> 급속히 변화하는 불명확한 시장에서 기업은 유연성과 재빠른
> 반응력을 구비하여야 한다. 사이버경영을 이용하면 고객의
> 상품에 대한 성능, 품질 그리고 신뢰에 대한 요구를 만족시
> 킬 수 있으며, 기업의 조직에 대한 유연성과 반응력을 제고
> 할 수 있다.

■■■ 사이버경영의 정의

나이키회사는 세계적으로 유경한 스포츠용품 제조회사이다. 하지만 실제로는 나이키 운동화만 생산하고 나머지 업무 대부분은 전부 외부에서 제공받는다. 나이키회사는 새로운 제품의 연구개발과 시장매출에 집중적으로 힘을 기울이면서 제조에 있어서는 '다단계 파트너'라는 전술을 사용하였다. 그리고 각각의 특징에 따라 다양한 합작방식을 사용하였다. 이러한 전술은 나이키회사의 생산고를 연 평균 20%의 속도로 증가시키고 있다. 지난 7~8년간 나이키는 주주들을 위하여 31%의 이윤을 올린 것이다.

나이키회사는 어떻게 이처럼 놀라운 업적을 이룰 수 있었을까? 앨빈 토플러는 이러한 회사들에 대한 장기간의 연구를 거쳐 저명한 '사이버경영사상'을 제기하였다.

앨빈 토플러는 사이버회사를 다음과 같이 정의하였다. "사이버회

사는 독립적인 제조업자, 고객, 심지어 동종업의 경쟁자로 이루어지는데 정보기술로 연합된 네트워크조직을 통하여 기술을 공유하고 비용을 분담하여 시장의 요구를 만족시킨다는 목적을 달성하는 것이다. 거기에는 중앙부서가 없고 공식적인 조직도 없으며 전통적인 기업과 같은 다단계의 조직구조는 더더욱 없다."

■■■ 사이버경영의 특이성

사이버기업과 전통기업의 경영방식에는 어떤 다른 점이 있는지 여러 방면에서 찾아볼 수 있다.

첫째, 사이버기업은 기능과 업무파트 사이의 분리를 실현하였다. 사이버기업에서 핵심기능은 업무파트와 분리되는 것이다. 핵심기능이란 기업이 갖고 있는 특허, 브랜드, 상표 그리고 전문기술을 포함하는 회사의 주요한 유형 혹은 무형의 자산에 속한다. 사이버기업은 전통기업의 한계를 뛰어넘었는데, 표면적으로는 생산, 영업, 설계, 재무 등의 기능을 갖고 있지만 기업 내부에는 이러한 기능을 집행하는 조직이 없다.

자원이 유한한 상황에서 경쟁의 우위를 차지하려면 기업은 핵심기능만 장악하면 된다. 즉 지식과 기술이라는 가치증가가 높은 부분을 수중에 장악하고 그 외 가치증가가 낮은 부분을 사이버화하여 외부의 힘을 빌려서 조합하는 것으로 경쟁에서 기업자원을 최대로 효율적으로 이용하고자 하는 것을 목적으로 한다. 나이키, 펩시콜라 등과 같은 기업이 주로 이런 경영방식을 사용한다. 그들은 자체 공장 없이 노동밀집형 부분을 사이버화하여 노동원가가 낮은 나라에서 생산하며 기업은 핵심적인 브랜드만 보유한다.

사이버기업의 경우 내부와 외부의 경계가 그다지 분명하지 못하다. 내부의 각 조직단체는 상대적으로 매우 큰 자유와 독립성을 갖고 있어서 그들 사이는 자유로운 조합도, 분해도 가능하다. 사이버기업이 강조하는 것은 수평경영으로, 전통기업의 피라미드식 수직경영모델을 깨뜨렸다. 수직모델과 수평모델을 구분하자면, 수직모델은 가치생산에서부터 가치 확인까지 과정에 많은 중간 부분이 삽입된 형태이며 수평모델은 가치생산과 가치의 확인이 직접 대응되는 형태이다.

둘째, 수직경영에서 수평경영으로의 이동이다. 컴퓨터기술의 발달로 전통적인 관리자의 감독과 조절기능은 이미 네트워크로 대체되었다. 회사경영층의 최고위층과 최하위층은 네트워크를 통하여 교류와 연락을 취할 수 있다. 때문에 회사의 조직구조는 수평화된 발전추세를 보인다. 즉 전통적인 수직경영이 수평경영에 의하여 대체되고 있다.

셋째, 사이버기업에서는 정보가 물질을 지배하지만 전통기업은 이와 반대이다. 옥스퍼드대학 마틴 교수는 10부작인 『사이버기업-신경영혁명』을 통하여 "자본주의의 전통적 생산요소는 자본, 노동력과 토지 등 자연자원으로 묘사되었다. 하지만 오늘날 가장 중요한 생산자원은 이런 것이 아니라 지식과 정보이다. 지식과 정보는 전통적 생산요소의 정합과 개조를 거쳐 회사 발전에 새로운 가치를 창조하였다."라고 역설하였다.

사이버기업의 항목 조작을 가능하게 하려면 반드시 기업모델을 정보기술 발전의 기초 위에 세워야 한다. 그리고 사이버기업이 발달한 정보기술을 사용하여 정보의 흐름이 물질의 흐름을 지배하게 하여야 한다. 여러 가지 공업기술은 기업 간 연계의 확대와 높은 합작 원가라는 문제를 극복하기 어렵다. 그러나 정보기술이 받치고 있는 사이버기업은 대량의 선진적인 네트워크 응용프로그램을 이용하여 사이버경영시장을 확대하고 기업의 교역원가를 대폭 낮출 수 있다. 현재 네트워크의 발 빠른 발전과 보급을 따라서 네트워크 서비스를 제공하는 통신상이 나타나기 시작했다. 그들은 사이버기업으로 하여금 공공네트워크자원을 이용하여 빠른 정보교류를 하게 함으로써 생산과 영업에 대해 정확하게 지도한다.

마지막으로, 사이버기업은 명령조절에서 집중조절로 나아가는 과정을 거친다. 엄격한 등급제에는 명령-조절구조가 존재해서 하층의 노동자와 기술자가 창조적인 작업을 하려면 반드시 책임자의 허가를 받아야 한다. 관리자층이 결정을 내리면 직원은 거기에 따라서 집행한다. 인위적인 제약으로 수많은 참신한 건의가 무시되며, 경영인의 시장에 대한 주관적인 판단에 의하여 회사의 운명이 결정된다. 지식경제 시대의 새로운 기업모델은 끊임없는 정보의 처리능력을 기초로 한다. 정보 파악 시스템, 전자상업, 인터넷 등 기술의 진보로 인간, 조직 사이의 교류가 단순하며 효과적으로 변하고 있다. 고객 중심의 기초 위에 기업은 서로 연맹, 동반자관계를 맺고서 성실하고 효과적인 대화를 진행하고 시장의 요구에 대한 교류를 진행하면서 시장의 기회를 잡고 기업경영의 Win-Win을 실현한다.

■■■ 사이버경영의 기본형식

앨빈 토플러는 사이버기업이 여러 가지 경영형식을 지닌다는 사실을 연구를 통해 밝혀냈다. 사이버경영의 관건은 기업의 핵심기능을 장악하는 것이다. 부가가치가 높은 부문에 기업의 유한한 자원을 집중시켜 경쟁의 우위를 유지하는 것을 토대로 하여 품질, 원가, 주기 등 기타 능력의 평형을 이루기 위해 노력하는 것이다. 시장의 동향에 대해 시시각각 주의를 기울이며 이익이 없을 때는 곧바로 목표를 조절하고 사이버기업의 조직방식을 정돈하여 시장의 빠른 변화에 적응해야 한다. 이러한 사이버기업의 경영에는 다음과 같은 내용이 포함된다.

■■■ 업무 아웃소싱

사이버기업에서 주로 사용하는 경영형식이다. 업무 아웃소싱(out-sourcing)은 여분의 기업 활동을 다른 최고의 전문회사에 하청을 주는 것이다. 최대의 운동화제조상인 나이키는 운동화를 전혀 제조해본 바가 없다. 최고의 비행기제조회사인 보잉사는 객실과 비행기 날개 끝만 생산한다. 이것은 회사가 국제시장에서 핵심적인 경쟁우위를 유지하기 위하여 업무하청을 주는 수단을 사용한 결과이다.

업무 아웃소싱을 결정할 때 핵심적인 경쟁우위를 확정하는 것은 매우 중요하다. 왜냐하면 핵심적인 경쟁우위가 무엇인지를 알기 전에 하청에서 이윤을 얻는다는 것은 거의 불가능한 일이기 때문이다. 핵심경쟁우위는 지식에 의하여 결정되는 것이지 제품에 의하여 결정되는 것이 아니다. 가치사슬 가운데 회사의 어느 부분이 세계 일류의 위치에 놓여있는지를 알고자 할 때에는 반드시 구조 내부의 최대 지능우위가 어디에 있는지를 고찰하여야 한다. 그 후에 가치사슬의 두 개 혹은 세 개의 부분으로 정해질 수가 있는데 각 부분에서 그것들은 세계 최고라고 할 수 있다. 나이키회사의 경우 그것은 운동화의 디자인과 시장 부문이다. 세 번째, 핵심경쟁우위는 반드시 고객 가치의 영역 안에 있어야 한다. 그러므로 물류 유통을 고찰하여 고객의 소비가 가장 높은 부분을 찾아내야 한다. 이러한 부분에서 회사는 최대한도의 이윤을 얻게 된다. 마지막으로 핵심경쟁우위는 회사의 문화에 포함되어야지 리더의 결정에 의지해서는 안 된다. 때문에 핵심경쟁우위가 창건자보다 더 영구적으로 존재하면서 기업의 점진적인 성장을 지탱해 나갈 수 있다.

소니는 창립한 그날 자체 제조능력이 최고가 아님을 깨닫고 핵심적인 경쟁우위를 제품 설계와 세계적인 시장 개척과 판매능력에 두었다. 때문에 소니는 하청업체에 제조 업무를 주고 공급자와 장기적인 업무 하청관계를 맺어 공급자에게 소니의 표준에 미치는 제품을 만들도록 요구하였다. 크라이슬러, 델컴퓨터, 나이키 등 세계적 지명도를 갖춘 회사는 다들 하청과정에서 큰 수익을 얻었고 생산원가를 대략 25%~30%를 낮출 수 있었다.

업무를 아웃소싱할 때 우수한 점은 다음과 같다. 첫째, 원가를 낮춘다. 하청 공급자가 전문화되어 있고 규모의 경제(대규모 생산의 법칙)에 도달해 있기 때문에 당연히 원가는 낮고 효율은 높다. 경제학 측면에서 볼 때 사회 전체의 복리를 증가시킬 수 있다. 둘째, 하청을 사용하면 회사 특히 대기업이 규모를 적당히 축소함으로 민첩성을 유지하여 규모의 경제가 만들어내는 대기업의 약점을 극복할 수 있다. 셋째, 위험을 떠넘길 수 있다. 기술과 시장이 신속하게 변하기 때문에 자신의 핵심경쟁우위가 아닌 다른 업무에 투자하는 것은 거대한 모험이 된다. 이러한 모험은 다른 하청공급자에게 돌리는 것이 가장 좋다. 넷째, 하청은 회사가 높은 효율과 낮은 원가의 전문화된 서비스를 받을 수 있게 하여 회사의 모든 지능과 자원을 핵심 업무에 전념하게 함으로써 회사의 운영원가를 총체적으로 낮추고 영업효율을 높일 수 있다.

■■■ 전략적 제휴

몇 개의 기업이 서로 다른 핵심적인 기술과 자원을 갖고 있고 시장의 흐름과 서로 모순되지 않을 때는 서로 자원을 교환하여 경쟁우위를 창조할 수 있다. 세계 컴퓨터 산업에 있어 소프트웨어의 황제인 마이크로소프트와 칩의 황제인 인텔회사로 조성된 Wintel연맹은 컴퓨터업계의 마이크로소프트와 하드웨어가 조합된 가장 독점적인 연맹이다. 그들은 현존하는 컴퓨터의 기본틀을 결정하였을 뿐 아니라 모든 컴퓨터에 지적재산권을 부착시킨 데다 컴퓨터기술의 미래 방향과 발달 과정을 결정하였다.

두 기업은 전략적 제휴를 결성하여 컴퓨터 산업에 있어 상품기술의 표준을 창조하였으며 나아가 독점적 지위를 차지하였다. 그리고 컴퓨터 산업의 어떠한 제조업자들도 반드시 그들의 그늘 아래 생존하고 그들이 정한 게임법칙을 준수하게 만들었다. 이로써 그들은 날로 높아가는 컴퓨터 산업의 기술혁신의 사회조류에서 경쟁우세를 유지할 수 있게 되었다.

■■■ 사이버판매 네트워크

회사의 총지휘부가 소속 판매 네트워크에 대한 '재산권' 관계를 놓아주어 독립적인 법인 자격의 판매회사가 되게 하는 것이다. 이렇게 할 경우 우선, 총지휘부는 부속사무실에 인건비를 줄 필요가 없고 불필요한 경영원가와 시장개척비용을 지출하지 않아도 된다. 둘째, 각 판매회사는 관계를 이용하여 적극적으로 주식을 모집함으로써 대량의 무이자 자금을 축적하게 된다. 세 번째, 이런 방식은 수많은 영업 인재를 총지휘부 아래로 모이게 하여 실력과 능력을 겸비한 인재 네트워크를 구축할 수 있게 한다. 하지만 사이버판매 네트워크는 총지휘부가 반드시 상당한 시장발전을 이룰 기초가 되는 제품을 보유하여야 하며 자신의 브랜드와 기술적 우위를 안정적으로 유지하여 판매회사가 다른 곳과 손잡게 해서는 안 된다는 사실을 전제로 한다.

모든 연합기업의 상품(중간상품 혹은 최종상품) 판매와 서비스에 대한 사이버기업의 조직은 시장의 요구에서 출발하여야 한다. 핵심기업의 총체적인 계획 하에 조직되는 생산과 서비스는 통일적인 네트워크 경로를 거쳐 높은 평가를 받는 브랜드로 판매되어야 하며 마지막으로 각자의 상품 가치 혹은 점유율에 따라 이윤을 분할해야 한다. 이러한 연합은 작은 기업이나 대기업 내 하나의 작업장이나 서로 다른 지역과 나라로 구성될 수도 있다. 그들은 다들 자신의 기술과 상품에 있어서 전문가로 상품의 설계, 생산, 품질보증 등은 동종업계에서 우위를 차지하고 있다.

그들과 핵심공장은 전통적인 모자관계가 아니라 최종상품으로 묶인 합동과 신뢰의 관계로, 기업 간의 계약관계, 이익관계, 각 구성원의 소속관계, 법인지위, 고유한 채권 보유, 채무불변 등의 형식으로 나타난다. 각 구성원 사이에는 심혈을 기울여 기획한 협동메커니즘과 기능이 완비된 정보네트워크가 존재하며 신속한 운송시스템을 거쳐서 최적의 배치를 실현한다. 롱창 가죽 염색 회사는 근래에 사이버경영 방식을 채택하였다. 브랜드를 중심으로 업무, 지역, 제도를 초월한 200여

가죽 전문점, 과학연구소, 사이버 기업을 통해 제품의 과학기술부분을 제고하고 시장점유율을 확대하여 중국의 가죽 염색 기업에 있어 선두적인 기업이 되었다.

■■■ 사이버경영의 새로운 특징

사이버기업은 전통적 기업과 다른 참신한 생산조직방식으로 성공의 관건 역시 전통기업과 다른 새로운 특징에 있다.

■ 새로운 경영이념

1. 고객은 경영의 중심이라는 관념의 수립

전통적인 대량 제조의 경우 원가가 낮은 고품질의 제품을 만들어 내는 것이 기업의 주요 관심이었다. 하지만 글로벌 시장의 형성과 점점 개성화되는 고객의 요구로 인해 기업은 수요자의 요구를 세분화하고 그에 따라서 생산 제조를 해내어야만 한다. 기업은 능동적으로 수요자의 요구를 분석하고 수요자의 상황을 이해해야 한다. 수요자의 입장에서 출발하여 많은 동료기업의 능력을 이용하면서 수요자를 위해 가장 합리적인 해결 방안을 제공해야 한다.

2. '공동승리' 라는 기업합작관념의 수립

복잡다단한 매출시장에서는 어떤 기업이라도 독자적으로 수요자의 요구를 만족시키기는 어렵다. 시장과 고객을 공유하고 개발, 제조, 인력자원을 공유하는 것이 기업의 유일한 선택이 되었다.

'상대를 패배시켜야 우리가 승리한다.' 라는 전통적인 경쟁관념을 극복하고 이를 '공동승리' 라는 합작관념으로 전환시켜 함께 '사이버기업문화' 를 만들어야 한다. 핸디 박사는 "신뢰가 관건이 되는 추세이다…… 사이버기업은 반드시 신뢰에 의거하여야 제대로 굴러갈 수 있다. 기술만으로는 부족하다."고 하였다.

3. '신속한 반응' 이라는 경쟁이념 건립

시장 요구에 신속히 반응하고 수요자 요구에 맞는 제품을 빨리 만들어낼 수 있는가의 여부가 시장경쟁의 성패에 있어 관건이 되고 있다. 수요자 요구에 신속히 반응하려면 양호한 정보네트워크와 합작동반관계 네트워크를 구축하여야 하며 고도의 생산유연성도 가지고 있어야 한다.

■ 핵심능력의 배양

사이버기업은 일종의 '강점-강점' 의 합작이다. 미래의 경쟁 환경 속에서 '大, 全, 强' 을 전부 만족시키는 것은 불가능하다. 기업이 시장에 발붙이려면 반드시 자신만의 핵심적이고 우세한 능력을 구비하여야한다. 핵심능력을 구비한 기업만이 사이버기업을 조직하거나 참여할 기회를 가지며 경쟁에서 이길 수 있다.

■ 정보사회가 제공하는 새로운 기술과 수단의 충분한 이용

정보사회의 도래는 우리에게 인터넷이라는 강대한 정보수단을 주었다. 인터넷은 이미 세계적으로 보편화되어 있다. 전자상업, 경영정보시스템이 지금 맹렬한 기세로 발전하고 있으므로 이러한 수단을 합리적으로 이용하면 수요자의 요구를 신속히 이해하는 데 도움이 될 것이다. 그리고 기업 간 동태적 합작을 쉽고 재빠르게 이룰 수 있으며 기업의 일상적 기술과 관리 업무에도 도움을 준다.

■ 합작파트너의 선택, 효과 평가 체계 건립

사이버기업은 글로벌 기업을 구성하는 각 회사의 업무 수행 능력에 의지한다. 때문에 적합하고 신뢰도 있는 합작파트너를 선택하여 효과 있는 업무 수행 평가 체계를 건립하는 것은 사이버기업의 생존에 있어 매우 중요하다. 합작 동반자가 제때에 고품질의 제품을 납품하지 못할 경우 사이버기업에 좋은 영향을 미칠 수가 없다. 예를 들면 인텔과 일본의 샤프회사 그리고 NMB반도체회사가 합작하여 내부저장장치를 제조했었는데 NMB가 계획에 맞게 임무를 수행하지 못하면서 모든 계획이 실패로 돌아갔다. 게다가 그객들은 단지 계획에 실패한 한 회사가 아닌 그와 관련된 모든 회사에 불만을 가지고 그들의 제품구매를 포기했다. 이 계획의 실패 이후 일 년 동안 인텔의 시장점유율은 20%나 감소하였다.

새로운 세기의 지식화와 네트워크 발전에 적응하려면 반드시 자신의 사이버기업을 구축하여야 한다. 어떻게 사이버기업을 구축할 것인가의 문제에 대하여 앨빈 토플러는 다음과 같이 제기하였다.

우선 기업의 핵심능력을 유지하고 이를 높여야 한다. 사이버기업은 전략과 구조의 유기적 결합이다. 각각의 회사들은 전략적 제휴를 통해 각자의 경쟁우위를 발휘할 수 있다. 공동으로 한 가지 또는 여러 가지 상품을 개발하며 그들이 공동으로 개발한 제품을 신속하게 시장에 내놓을 수 있다. 사이버기업을 구성하는 각 회사는 모든 원가비용을 공동으로 분담하고 고도의 첨단 기술을 함께 보유한다. 이러한 전략적 제휴에서 두드러지는 것은 기술연맹이다. 각 기업은 핵심기술을 지닌, 기업우위를 상호 보충하는, 그리고 경영에 있어 과감하고 효율 높은 정책결정구조를 요구한다. 즉 사이버기업 구축의 필요조건은 구성 기업이 핵심능력을 서로 조절하고 보충하는 능력을 가지는 것이다. 그러므로 기업의 핵심능력을 배양하고 유지하며 제고시키는 것은 매우 중요한 일이다.

핵심능력은 기업에게 특정경영에 있어서의 경쟁능력과 경쟁우위를 기초로 하는 다방면의 기능, 그리고 보충형자산과 운영메커니즘의 유기적인 융합을 제공하는 것이다. 구체적으로 말해서 핵심능력은 기업의 서로 다른 기술시스템, 경영시스템, 사회심리시스템, 목표와 가치시스템, 구조시스템 등의 유기적인 조합이라고 할 수 있다. 이러한 조합 가운데 표현되는 핵심적인 내용이 기업이 독점한 지식체계이다. 그리고 바로 기업의 독점지식이 핵심능력을 유일무이하고 독특하여 모방하기 힘든 것으로 만든다.

기업의 핵심능력의 위치와 목표선택은 다음 두 가지 문제를 고려해야 한다. 하나는 핵심기술의 현황과 배양 그리고 발전의 문제이고 다른 하나는 핵심능력의 주요한 매개체인 인재배양, 동기부여 그리고 모집의 문제이다. 핵심능력은 기업발전의 원천이므로 반드시 기업 전략의 초점을 이루어야 한다. 기업이 핵심능력과 핵심상품 그리고 시장발전을 하나로 융합해낼 때, 비로소 장기적인 경쟁우위를 얻을 수 있다.

사이버기업의 다른 중요한 측면은 이종문화간의(intercultural) 경영을 실행하는 것이다. 일반적 기업경영이 의거하는 조직문화와는 달리 사이버기업의 경영은 늘 문화적 차이로 장애나 충돌에 직면한다. 일반적인 기업경영은 통일된 문화적 경영에 기초하는 고정된 형식이 조직 내부에 존재한다. 그러나 사이버기업은 단일문화의 경영을 실시할 수 없다. 일시적인 합작 또한 너무 많은 시간을 허비하여 완전한 조직문화를 만들어내는 것을 허용하지 않는다. 때문에 사이버기업의 이종문화간 경영은 아래 세 가지 방면에서 주의를 기울여야 한다.

1. 단체문화 강조

사이버기업은 목표를 위한 하나의 단체로, 합작은 참여자들의 공통된 의무이다. 때문에 목표를 위한 단체문화를 형성할 것을 요구한다. 이런 문화는 합작파트너의 이익을 희생하면서 전체 목표에 복종하는 것이 아니다. 공정기술을 병행하면서 시스템적으로 국부적인 목표와 전체적인 목표의 관계를 고려하며 수시로 조절하고 교류하여 국부적인 목표와 전체적인 목표의 일치를 이루는 것이다. 이를 위해서는 합작파트너를 선택할 때 정보를 충분히 이용하여 그 중 신용과 기술력이 있는 양호한 파트너를 선택, 서로 충분히 정보를 교류하고 협조를 강화하여 단체문화의 형성을 촉진해야 한다.

2. 신뢰관계 형성

합작파트너는 서로 다른 조직에서 일하고 다른 환경을 가지기 때문에 합작 중에 습관적인 방어심리와 행위가 의식적 혹은 무의식적으로 생길 수 있다. 습관적 방어는 사이버기업 내에 무형의 장벽과 함정을 만들어 기업의 정력을 소비하고 합작의 유지를 어렵게 만든다. 때문에 충분한 교류와 존중을 통하여 습관적인 방어심리를 해소하고 신뢰관계를 형성하는 것은 사이버기업을 구축하는 중요한 요인이다.

3. 정보화와 지식화의 촉진

사이버기업은 구성 기업이 각자의 우위를 발휘하기 위하여 조성한 전략적 제휴이다. 정보기술은 각 기업이 서로 교류하는 교량을 만들어준다. 정보네트워크를 통하여 기업은 연맹과 기타 기업의 요구를 이해할 수 있으므로 정보화는 기업연맹의 운영 효능을 제고시킬 수 있다. 사이버기업의 지식화는 합작파트너로 하여금 지식분업을 하게 하며 쌍방향식 교류로 지식을 학습하게 한다. 지식분업은 각자의 영역에서 지식구조의 우위를 충분히 발휘하면서 창조적인 활동을 진행하게 한다. 지식화는 더 높은 단계의 통일에 이르도록 하고, 지식단계의 큰 차이가 만들어내는 교류의 장애가 불필요한 분쟁을 야기하지는 않을 것이다. 때문에 정보화와 지식화의 촉진은 이종문화간의 경영을 실현하기 위해 필요한 전제이다.

한 세기에서 다음 세기로 넘어가는 오늘날, 세계시장의 경쟁은 날로 격렬해지고 상업환경은 지속적으로 변화하며 소비자의 요구도 다원화되고 있다. 따라서 어떻게 하면 시장환경의 급속한 발전에 민첩하게 반응을 할 것이며 수요자의 요구를 제때 파악하여 만족스러운 제품과 서비스를 제공할 것인가가 현재 기업의 긴급한 사명이 되었다. 현대 과학기술과 생산력이 고도로 발전함으로 인해 상품의 개발, 생산과 서비스에 대한 더 높은 요구가 제기되고 있으며 전통적 경영이론과 생산모델에 변혁이 일어났다. 컴퓨터기술, 정보기술, 네트워크기술, 현대통신기술 등 기술의 발전과 인공지능이론이 날로 완전해지고 광범위하게 응용되고 있다. 따라서 사이버 경영 전략은 이미 서양 각 기업의 경영관리에 침투되었으며 외부자원 융합을 특징으로 하는 사이버기업이 빠른 속도로 일어나고 있는 중이다. 앨빈 토플러의 사이버경영사상은 이러한 방면에서 우리에게 개혁의 방향을 알려 준다.

28

기어트 호프스테데 · *Geert Hofstede*

우수한 기업문화의 수립

기어트 호프스테데 (1928~)

네덜란드에서 태어났으며 네덜란드 점령기의 영향을 크게 받았다. 스위스 이메데(IMEDE) 상업대학, 브뤼셀의 고급경영학 유럽연구소와 네덜란드의 마스트리히트 시의 림스부르크대학에서 일했으며 현재 이 대학 조직인류학과 국제경영학 명예교수를 맡고 있다. 림스부르크대학의 이종문화 합작 연구소의 창시자인 동시에 IBM의 수석 국제 직원 심리학자를 역임하고 있다. 《이코노미스트》지에 따르면 그는 "크고 작은 문화의 차이를 하나의 경영문제로 바꾸었다." 호프스테데는 기업문화 연구에 탁월한 공헌을 하였으며 주요저서로는 『문화의 중요성』 등이 있다.

핵심사상

- 기업문화 사상의 수립 :
기업은 살아있는 조직이다. 기업의 가치관, 역사, 영웅과 상징이 결합하여 특유의 기업문화를 형성한다. 이러한 기업문화는 적극적이며 진취적인 기업의 형상을 창출하며, 기업의 전체적인 가치를 향상시켜, 사업을 원활하게 하는 데 도움을 준다.

길에서 커다란 노란색의 M모형을 봤을 때, 맥도날드에 들어가 깨끗한 환경에서 즐겁게 식사를 할 때, 비 오는 날 맥도날드에서 무료로 제공하는 '사랑의 우산'을 사용할 때, 우리의 머리 속에는 '기업문화'라 불리는 신비한 이념이 조용히 자리잡게 된다.

기업문화라는 것은 스스로의 발전 속에서, 그리고 장기적인 생산, 건설, 경영, 관리 실천 속에서 하나의 기업 또는 직업에 점차적으로 양성되고 형성되어 주도적인 위치를 차지하게 되는 것으로, 전체 직원이 동감하며 준수하는 공동의 가치관념, 신념 및 가설을 말한다. 기업문화란 기업 전체 가치관을 핵심으로 하는 행위 규범의 총체이다. 그것은 기업 사회에서 공인된 품격, 소양, 정신, 기풍 및 대중이미지 등의 문화적 축적을 반영하며, 기업 나아가 사회발전에 일정한 영향을 미친다. 기업문화는 기업의 모든 이미지 및 인사 처리의 독특한 방식에 영향을 미치고 이를 대표한다. 직원의 경우 그 기업문화가 몸에 배어 그

특이점이 찾아지지 않지만, 기업 외의 인사에게 있어 기업문화는 그 기업만의 독특함을 알려주는 뚜렷한 특징을 가진다. 어떠한 기업을 탐방하거나 참관할 때 기업 분위기가 따뜻하고 부드러운지 아니면 차가운지, 생기가 넘쳐흐르는지 아니면 죽은 듯 조용한지, 창의성을 중시하는지 아니면 규율을 중시하는지를 쉽게 느낄 수 있다.

기업문화의 기본적인 내용은 크게 세 가지이다. 첫째, 경영의 도를 중요시하는 것, 둘째, 기업정신을 배양하는 것, 그리고 마지막으로 기업의 이미지를 형성하는 것이다. 기업문화에는 기업의 가치관이 스며들어 있을 뿐만 아니라 기업 전체 직원의 생산, 건설, 경영관리, 경제적 생활, 문화생활 등 각종 실천 활동을 주도한다. 회사는 상술한 세 가지 내용을 수립하여 직원을 주역으로 존중하고, 직원의 사상과 도덕적, 과학적, 문화적 자질을 향상시키는 데에 중점을 두어야 한다. 이로써 기업의 전체적인 자질과 종합적 실력을 부단히 향상시킬 수 있다. 아울러 기업 내부의 응집력 및 시장경쟁 아래에서의 생존능력 그리고 자아개발능력을 강화시킴으로써 기업이 빠르고 건강하게 발전할 수 있도록 촉진해야 한다.

노란색의 'M' 표시를 기업마크로 삼은 맥도날드는 전세계 7000여 개의 체인을 가진 패스트푸드업계의 거두이다. 이 회사의 기업문화 핵심인 경영이념은 강한 생존의식을 나타내는데 이를 아래의 $Q \times S \times C + V$로 도식화할 수 있다.

✳ 맥도날드의 경영이념

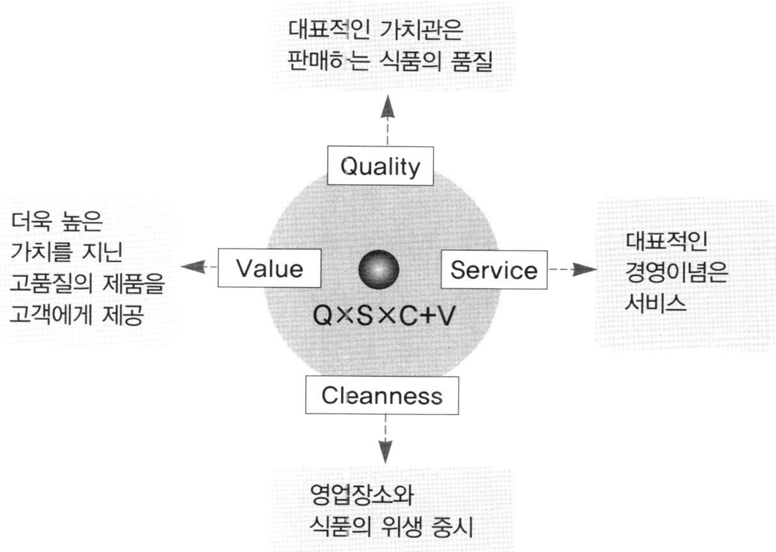

맥도날드는 시종 일관성을 유지하면서 충실히 'Q×S×C+V' 경영이념을 추진하였으며, 이 이념은 전체 조직 내에 스며들어 구체적인 기업행동으로 확장되었다. 예를 들어 체인점의 주인이라 하더라도 자신의 흥미나 생각에 따라 변화를 줄 권한이 없기 때문에 맥도날드의 전체적인 이미지를 유지할 수 있다.

맥도날드는 판촉활동을 할 때 사회 환경 변화에 적극적으로 적응하여 희극성이 강한 광고를 만들어 고객이 매장에 들어서자마자 즐거움을 느낄 수 있게 하였다. 상품서비스의 경우 여러 종류의 청량과일음료를 동시에 출시하지 않고 예약출시현황에 따라 단계별, 중점별, 순서별로 출시하여 고객으로 하여금 새로운 상품에 대한 기대감을 가지고 매장을 자주 찾게 하였다. 매장 내 청결 유지를 위해 직원의 행동규범사항에는 "벽에 기대어 쉬느니 청소하는 것이 훨씬 낫다."는 조항을 두고 있다. 이로 인해 이루어진 깨끗한 환경은 고객에게 산뜻한 즐거움을 느끼게 한다.

기업문화는 여러 가지 주요기능을 갖는데 그 내용은 다음과 같다.

■ 격려기능

적극적이고 진보적인 가치관과 행위규칙은 강한 사명감과 지속적 행위동기를 갖게 한다. 심리학자의 연구발표에 의하면, 사람들이 행위의 의의를 알면 알수록 행위의 사회적 의의 또한 명확해지며 생산 활동의 추진력 또한 생기게 된다고 한다. 아이를 대상으로 한 연구실험을 예로 들어보자. 활발하며 움직이기 좋아하는 취학 전인 아이에게 장시간 아무런 움직임 없이 서있게 하였더니 아이가 너무 힘들어했다. 그러나 놀이 방식을 통해 아이에게 장시간 움직임 없이 서있는 자세의 역할을 연기하게 하면 성인에게 단순히 요구한 것보다 3, 4배 더 긴 시간 동안 서 있을 수 있었다. 기업문화를 세우는 과정은 곧 직원들이 작업 의의를 찾고 동기를 세워서 적극성을 갖게 하는 과정이다.

적극적이며 진보적인 기업정신과 문화전통은 그 자체가 곧 직원의 자기격려의 척도가 된다. 그들은 자기행동을 비교대조함으로써 차이를 발견해내는 데 이는 업무 개선의 추동력이 될 수 있다. 예를 들어 일본 도요타 자동차 회사의 영업사원들에게는 자기경영, 일에 대한 지식 습득, 가치관 정립, 계획성의 배양, 실천능력 양성, 적절한 시간 안배, 끊임없는 학습, 일에 혼신을 기울이는 태도 및 침체된 정서의 회복 등을 포함한 전통이 형성되어 있다. 한 영업사원이 쓴 글을 빌리면 "내가 생각하는 자기경영은 먼저 자신에게 가혹해지는 것이다. 내가 일을 하게 된 첫 해, 난 자주 혼자 낯선 거리를 이리저리 헤매며 괴로움과 외로움을 느꼈다. 때론 영업사원이 괴찮은 직업이라는 것을 실감하기도 하였다. 그러나 이럴 때마다 나는 나 자신을 달래며 말하였다. 내가 힘들 때 다른 사람도 힘들 것이다.…… 만약 영업이 순조롭기만 하다면 자기가 자기를 관리한다는 말은 없어질 것이다.…… 이렇게 맥이 빠질 때는 일요일에 꼭 등산을 갔다. 한 걸음 한 걸음 어려움을 헤치고 나아가 산 정상에 올랐을 때 느껴지는 흥분은 예약주문을 받고 차를 팔았을 때의 흥분과 똑같았다."

기업과 단체 내의 공통된 가치관, 신념 및 행동규칙은 일종의 정신적 지주로서 동질감, 귀속감 및 안전감을 느끼게 하며 상호 격려로 작용한다. 미국 미네소타 채광제조회사의 경우, 많은 혁신적인 개척자들과 무수히 많은 '지하' 혁신모임이 생겨났는데 이들 직원들이 기업의 리더뿐만 아니라 다른 직원들도 자신들의 행위를 지지한다고 굳게 믿었기 때문이다. 이 회사는 70년대 이래 5만여 종의 상품을 생산하고 있으며 매년 100여 종의 신제품을 출시하고 있다.

■ 지도기능

문화는 기업의 생산경영과 의사결정에 정확한 지도이념과 건강한 활력을 가져다준다. 기업경영의 의사결정은 일정한 지도이념과 문화의 분위기 아래서 진행되어야 하며 리더 및 지도층의 개념, 전체 기업이념 및 문화적 분위기를 고려하여 결정하여야 한다. 경영정책은 정해진 환경 속에서 올바른 방향을 유지하게 하며 건강한 발전 목표 및 전략을 선택할 수 있게 한다. 기업 환경이 복잡해지고 다변화할 때 기업 경영자와 직원이 바른 가치관과 신념을 세우지 못한다면 정확한 의사결정을 하기 어렵다. 그러한 예는 국내외에서 많이 찾아볼 수 있다.

예를 들어 미국의 최고 기업가로 칭송받는 아이아코카는 1970년대 포드 자동차 회사가 사양길로 들어선 까닭이 기업의 수뇌인 헨리 포드가 제품에 대한 확신을 잃었을 뿐만 아니라 독단적으로 일을 처리한 때문이었다고 언급하였다. 석유파동 당시, 헨리 포드는 적극적으로 상황에 대처하면서 소형차량 개발을 서두르기보다는 오히려 소극적으로 생산 계획을 줄였으며 중대한 의사결정시에도 다른 사람의 의견을 듣지 않았다. 몇몇 기업의 리더는 이기적인 가치 관념의 영향으로 때때로 대단히 잘못된 의사결정을 하기도 한다. 예를 들면 공명심, 맹목적인 투자, 뇌물수수, 낮은 품질의 고가설비 도입 등이 그것이다. 이것들은 기업에 중대한 손실을 끼친다.

경영자가 의사결정을 할 때에는 참모, 하층간부 및 직원들의 생각에 영향을 받기도하고, 전체 기업이념 및 문화적 분위기에 제약을 받기도 한다. 일부 개혁자는 기꺼이 경영자의 직책을 맡았다가 비극적으로 사직하기도 한다. 이는 결정된 정책이 적절한 문화적 분위기를 만들지 못함으로써 깊이 자리잡은 관습으로 인하여 실패했기 때문이다. 어느 공장장은 기업이윤을 축적하고 싶지 않은 게 아니라, '하부조직'의 장려금과 복리에 대한 요구가 증가하여 할 수가 없는 것이며, 노동에 따라 분배하지 않으려는 것이 아니라 각종 방안이 하부조직으로 내려오면서 왜곡된 것이라고 하였다.

■ 방향제시기능

기업문화의 방향제시기능은 다른 말로 유도기능이라 불리는데 기업문화의 배척성과 긴밀한 관계가 있다. 기업문화의 유도성은 다음 두 방면에서 주로 나타난다.

1. 기업구성원의 심리, 성격, 행위의 유도 작용으로 개체의 가치방향과 행동방향에 유도 작용을 한다.

2. 기업전체가 취할 가치방향과 행동방향에 대해 유도 작용을 한다. 서로 다른 기업문화는 각기 다른 가치관, 조직제도, 사상, 성격, 표준, 행위규범 등 다른 문화체계 기준을 갖는다. 그것은 기업문화와 정보전달, 기업문화의 교화를 통해 기업의 가치관과 규범을 구성원에게 심어줘 구성원이 하나의 기준에 맞춰 느끼고, 알고, 생각하길 요구한다. 정의, 시비, 감정, 도덕을 결정하며 무엇을 해야 하는가, 무엇을 하지 말아야 하는가, 어떻게 해야 하는가 등도 결정한다. 가치방향과 행동방향에서 기업문화체계 기준에 반하는 조직구성원들의 모습이 발견되면, 기업문화는 조율성과 배척성을 발휘하여 기업문화의 통일성을 유지한다.

기업조직의 가치방향과 행동방향에 대한 기업문화의 유도 작용은 더 분명하게 드러난다. 각각의 기업문화는 서로 다른 기업조직체계와 의사결정체계를 가진다. 주위의 환경과 각종 문화정보에 대해서 진취, 보수, 민주, 독재, 방임, 제제 등 서로 다른 규범을 택함으로써 개방형과 폐쇄형 기업이 출현한다. 개방형 기업과 폐쇄형 기업의 문화가치

방향은 큰 차이를 보인다. 개방형 기업은 무엇을 생산할지를 고객이 결정하는 것이라 생각하고 고객에게 봉사한다고 생각한다. 또한 시간은 돈이며 질과 효과 및 이익은 생명이라고 여긴다. 그러나 폐쇄형 기업은 생산이 시장을 결정하고, 고객은 생산에 적응하며, 기업이 무엇을 생산하면 고객은 그것을 소비한다고 생각한다. 게다가 상급조직으로부터 하달된 생산량과 생산액 목표를 채우는 것이 전부라고 여긴다. 이처럼 다른 문화는 다른 유형의 기업을 만들어내며 그 효과가 각기 다르다는 사실을 알 수 있다.

■ 응집기능

응집력은 기업운영이 잘 되는지 안 되는지 가늠할 수 있는 관건이다. 응집력이 강한 기업은 구성원이 일치단결하며 건강한 발전을 위해 힘쓴다. 응집력이 없는 기업은 각종 경영부문에 질서가 없고, 직원은 산만하고 단결력이 없으며 발전에 대한 의욕이 없다. 기업 활동 속에서 직원과 기업은 일정한 상호의존관계를 형성하여 기업에 대한 집단의식을 만들어야 한다. 이러한 의식은 개인의 행동, 사상, 감정과 기업 전체를 하나로 통일시켜 협력을 이끌어 내며, 기업내부조직을 일체화시켜 공통된 목표를 향해 노력하게 만든다. 직원의 공헌을 정확하게 평가하고, 직원의 분투정신과 귀중한 품격을 발굴하고 정련해 내어 기업문화를 형성한다. 이를 선전하고 강화시킴으로써 직원이 자신의 직분을 사랑하고, 기업에 관심을 갖는 자발의식을 갖게 할 수 있다. 또한 직원이 자신의 본 업무에 더욱 매진하고 집단의 이익을 지키며 책임감과 자긍심을 높이는 작용도 할 수 있다.

일반적으로 좋은 기업은 직원들로 하여금 강한 귀속감을 느끼게 하며, 강한 응집력을 갖게 한다. 기업문화의 단체 행위 모식은 먼저 현재 기업의 조직에 대한 귀속감 방면에서 나타난다. 기업이라는 단체 속에서, 개인은 상대적으로 독립성을 갖지만 결코 조직을 벗어난 고립자일 수는 없다. 그러므로 우선은 조직에 속한 개인으로, 단체 사무에 참여하여야 하며, 여러 시책을 이용하여 자신의 능력과 기지를 발휘하여 조직의 발전을 위해 공헌해야 한다. 동시에, 기업도 개인을 격려하고 인정하여 '주인공'이라는 자아개념을 강화시키고, 조직에 대한 귀속감을 강화시켜야 한다.

기업문화를 세우는 것은 아주 중요하다. 어떻게 하면 특색 있는 기업문화를 세울 수 있을까? 기업문화의 건설은 복잡한 시스템 공정으로, 기업문화의 형성과정은 모두 다르고 고정된 공식 또한 없지만, 일부 공통적인 특징을 개괄할 수 있다.

먼저 분석과 계획이 필요하다. 기업 특색이 반영된 우수한 기업문화를 세우고 싶다면 반드시 먼저 기업의 내·외부환경을 이해하고, 기업문화의 주체인 직원의 기본상황을 파악한 후, 기업문화 건설의 구체적인 절차와 방안을 계획해야 한다.

다음으로 가치 관념을 확립해야 한다. 가치 관념은 기업문화의 정신으로, 기업문화의 기본 형태를 결정한다. 가치 관념을 확립할 때에는 기업의 속성, 특성, 연혁, 직원 현황 등의 요소를 고려해야 한다. 예를 들어 IBM사의 경우, 컴퓨터 사업은 판매 후 서비스가 특히 중요하다는 것에 근거하여 'IBM은 서비스'라는 가치 관념을 확립했고 기업 방향을 제시하였다.

또한 기업정신을 정련해야 한다. 기업정신은 기업의 스타일과 면모를 보여주는 것으로, 기업문화를 세우는 실천 속에서 직원을 지도하고 고무·격려하는 적극적인 작용을 한다. 기업정신은 기업의 가치 관념을 선명하게 구현해야하고 기업의 독특성을 나타내야 하며 또한 대다수 직원의 공감을 얻어야 한다. 모토로라의 기업정신은 잠재된 창의력을 '개발' 하는 것으로, 기업이 창조 정신을 얼마나 중시하는지를 보여준다. 많은 기업들은 기업정신을 확립할 때 종종 기업의 실제상황은 고려하지 않거나 직원의 참여도 중요시하지 않은 채, '단결, 실사구시, 개척, 창조, 투쟁, 진취' 등 보편적으로 '규격' 화된 구호만을 제안한다. 1993년 300개 기업의 경영이념을 토대로 통계 분석한 결과, 다음과 같은 5개 단어가 가장 많이 사용되었음이 밝혀졌다. '단결' 이 48%, '창조' 46%, '실사구시' 45%, '투쟁' 40%, '진취' 가 30%를 차지하였다. 이 외에도 '일류를 지향' 28%, '개척' 40%, '각고분투' 29%, '기술' 이 10%를 각각 차지하였다. 이처럼 천편일률적인 것에 무슨 개성이 있다고 말할 수 있을까?

다음으로 경영자 자신이 모범을 보여야 한다. 위가 바르면 명령하지 않아도 따르며, 위가 바르지 못하면 명령한다 할지라도 따르지 않는다는 옛말이 있다. 윗사람의 행동은 아랫사람에게 영향을 끼치므로 행동으로 교육하는 것이 말로 가르치는 것보다 중요하다는 뜻이다. 경영자의 행동은 직원에게는 시범이 되는 것으로 기업문화 건설에도 영향을 미친다. 그러므로 경영자는 반드시 스스로 모범된 행동을 보여야 하며, 언행을 기업문화의 좋은 기초를 다지는 데 사용해야 한다. 마쓰시타의 창업자 고노스케는 줄곧 직접 기업의 생산에 관여했으며 퇴직 후에도 운영에 관심을 보였다고 한다. 그리하여 마쓰시타의 간부들은 다들 항상 생산의 제일선에서 뛰었다.

이익공동체의 설립 역시 중요한 일이다. 어떤 특색을 겨냥한 기업문화는 직원 전체의 공동이익과 의지가 문화적으로 구현될 수 있게, 반드시 직원 전체의 공통적인 가치관과 행동에 근거하여 실현되어야 한다. 따라서 직원 전체의 이익을 대변하는 새로운 공동체를 건립하여, 수많은 직원들이 기업과 함께 숨쉬는 공동운명체가 되어서 힘과 마음을 하나로 합쳐 함께 조직을 만들어가게 해야 한다. 이익공동체를 건립하려면 합리적인 분배제도를 만들어, 경영자와 생산자 간의 이익 관계를 조절하는 것이 가장 중요하다. 즉 적은 것을 근심하지 말고 균등하지 못한 것을 걱정해야 한다. 또한 직원들이 민주적으로 경영할 수 있는 메커니즘을 만들어, 경영에 참여하는 것이 이익공동체 설립의 확실한 보증임을 알게 해야 한다.

마지막으로, 문화적 네트워크를 세워 기업의 좋은 이미지를 수립해야 한다. 문화적 네트워크는 많은 정보를 전달할 수 있고 종종 공식조직이 할 수 없는 역할을 대신한다. 즉 문화 네트워크가 긍정적인 정보를 전달할 때, 무한한 위력을 발휘하여 건강한 문화발전을 촉진시킬 수 있다. 하지만 문화네트워크를 통해 부정적인 정보가 전달되면 강한 파괴력을 드러낸다. 그러므로 어떤 특색을 가진 기업문화를 건설하려면 비공식조직과 단체의 역할을 중시하여야 한다. 각종 협회, 친목회, 동호회 등과 친분을 맺고 이런 모임으로 하여금 정보를 교류하고, 소양을 높이고, 친밀한 관계를 맺으며 놀이를 통한 교육을 통해 기업의 안정과 발전을 촉진시키도록 해야 한다. 이때는 정보 피드백이 이루어질 수 있는 통로를 만들어 언로를 열어둠으로써 기업 발전에 불리한 언론이 자생할 근거를 없애는 것이 가장 중요하다.

기업이미지는 기업문화의 종합적 반영이자 외재적 표현이며 기업문화의 성과를 가늠하는 척도이다. 뛰어난 기업이미지는 사원에게 깊은 영향을 미친다. 직원들로 하여금 기업에 대한 귀속감, 자긍심, 책임감, 자신감 등을 갖게 하여 적극적인 마인드와 동기 부여를 자아내게 한다. 또한 기업의 대외이미지에 영향을 미쳐 상품에 대해 소비자와 투자자(주주)가 소비와 투자에 대한 확신이 들게 하며, 식견 있는 인사를 기업과 제휴하도록 만든다. 그러므로 특색이 있는 기업문화를 설립하기 위해서는 기업의 이미지 수립을 가장 중시해야 한다.

호프스테데 교수의 기업문화 수립개념은 다음과 같은 사실을 알려준다. 기업문화의 의의는 어떤 조직이라도 함께 일하는 것이 중요하다는 것이다. 기업의 창립자들은 기업문화의 가치를 깊이 이해하고 그것을 위해 쉬지 않고 분투했다. 기업문화는 이미 기업의 핵심역량으로 자리잡아 기업을 지배하고 있다. 때론 기업이 순조롭게 발전하게 하며 때론 기업이 재난에 빠지는 결과를 초래하기도 한다. 기업문화는 끊임없이 발전하고 있으며 새로운 문화개념도 끊임없이 생겨나고 있다. 기업문화를 바꾸는 것은 어렵고도 험난한 일로, 직원 전체의 힘든 노동과 고통을 필요로 한다. 기업의 생존과 발전을 위해서는 때로는 이렇게 할 수밖에 없는데 더 이상 다른 선택의 여지가 없기 때문이다.

29

윌리엄 오치 · *William G. Ouchi*

Z이론과 조직문화

윌리엄 오치 (1943~)

일본계 미국인 경영학자이자 미국 캘리포니아대학의 경영학 교수이다. 스탠포드대학어서 경영학 석사학위를, 시카고대학에서 경영학 박사학위를 받았다. 그는 일본과 미국의 전형적인 기업을 대상으로 비교연구를 진행하였다. 오치 교수는 일본의 경영관리효율이 일반적으로 미국보다 높은 것을 발견하고서 미국기업이 일본기업의 특징을 결합하여 자기만의 경영방식을 만들어야 한다고 주장하였다. 이러한 경영방식을 Z경영방식이라 귀결지으며, 'Z이론' 이라는 조직발전이론을 내세웠다. 1981년 미국 에디슨 웨슬리 출판사에서 발간된 『Z이론』은 각국 기업경영계와 경영학자의 주목을 받으며 베스트셀러가 되었다. 그의 조직문화개념은 경영 발전에 심오한 영향을 미쳤다.

핵심사상

> ■ Z조직개념 :
> 종신고용제, 비전문적 경력 및 평가와 진급 등의 특징을 띤 조직을 Z조직이라 일컫는다. Z조직에서 가장 중요한 것은 사람에 대한 신뢰이며, 그 다음은 사람과 사람 간의 미묘함이다. 생산율, 신뢰, 미묘성 이 세 가지는 불가분의 것이다.
> ■ 조직문화개념 :
> 하나의 조직은 남다른 개성이 있어야 하는데 그것이 바로 조직문화이다.

■■■ Z조직의 특징

윌리엄 오치는 과거의 조직이론과 현재의 많은 기업을 연구한 후 새로운 조직개념을 제기하였다. 그것이 바로 경영사상 유명한 'Z형 조직'이다. 오치 교수가 말하는 Z형 조직(기업)은 자신만의 특징과 품격을 지닌 것으로 많은 공통점을 보여준다. 예를 들어, Z형 조직은 보편적으로 장기고용제를 선호한다. 이는 업무의 복잡성이 빚어낸 것이다. 이러한 업무는 보통 실천 속에서 배워야 한다. 기업은 직원들에게 특정 기능을 교육하기 위해 이미 많은 지출을 하였기에 그들이 회사에 남아있길 원한다. 직원은 그들의 기술을 해당기업에서는 제때 사용할 수 있지만 다른 곳에서 동일한 보수와 동일한 직종의 일을 즉각 찾을 수 없기에 남아있게 된다. 이렇게 생긴 종신고용제의 특징은 상대적으로 완만한 평가와 승급과정을 낳았다. 그러나 서양기업이 이와 같은 방법을 채용한다면, 재능 있는 사람을 많이 놓칠 것이다. 그러므로 Z형 조직은 항상 눈에 띄는 성적을 보이는 사람을 승진시킨다.

Z형 기업의 직원은 이 사무실에서 저 사무실로 자주 이동된다. 한 직무에서 다른 직무로 전환하는 것이다. 이러한 방법으로 본 기업에 속하는 여러 기술을 배우게 되므로 설계, 생산, 분배의 과정 속에 더욱 긴밀한 협력을 이끌어낼 수 있다. 이런 '비전문적'인 일에 종사하는 직원은 여러 기술을 배워서 다른 회사에 팔아넘길 수 없다. 장기고용제라는 특수한 방식과 직무를 발전적으로 결합해 낸 경우이다.

·Z형 기업은 일반적으로 풍부하고 현대화된 정보와 회계제도, 공식계획, 목표경영방식 및 기타 모든 공식적인 명확한 통제방법을 가지고 있다. 그러나 이러한 방법들은 정보를 수집하기 위해서만 중시될 뿐, 중요한 의사결정에는 그다지 영향을 미치지 않는다. 따라서 일부 대기업, 병원과 정부조직의 책임자 또는 이에 상응하는 관리자는 정량분석, 컴퓨터모형과 끝없는 숫자에 직면했을 때 판단을 내릴 수가 없어서 종종 곤란에 처하게 된다. 서양기업의 경영은 상당한 사회적 정신기질을 가지고 있다. 즉 이성적인 것이 비이성적인 것보다 나으며, 객관이 주관보다 더 이성에 가까우며, 정량이 비정량보다 객관적이라고 생각한다. 그래서 정량분석이 지혜, 경영, 예민성에 기초해 판단을 내리는 것보다 더 중시된다. 명백히 알 수 있는 사무와 정확한 숫자에 대한 선호는 이미 합리적인 정도를 넘어섰기 때문에 판단과정 속에서 예민성과 주관성을 회복하는 것이 좋다고 지적하는 이도 있다.

Z형 기업은 함축과 명확함 사이에서 평행선을 그리고 있는 것처럼 보인다. 그것은 의사결정시 모든 사실적 분석을 평가하지만 그 결정이 적합한지, 본 기업에 사용할 수 있는지는 신중히 고려한다. 등급제도

(또는 관료제도)와 Z형 기업의 차이는, Z형 기업의 내부문화가 고도로 일치되었다는 데 있다. Z형 기업은 하나의 씨족사회에 비유할 수 있다. 왜냐하면 Z형 기업은 친밀한 사회단체로, 경제활동에 종사하면서 여러 종류의 유대관계로 맺어져 있기 때문이다. 씨족과 관료제도는 다르며, 시장에 모인 사람들과도 차이가 있다.

관료제도와 시장사람들은 씨족 이외의 또 다른 사회 구조로, 사람과 사람 사이의 일을 관리한다. 예를 들어, 시장에서 기사의 서비스나 편직공이 팔려고 내놓은 바구니는 경쟁력 있는 가격을 갖게 된다. 즉 모든 사람이 시장가격에 따라 자신의 상품의 진정한 가치를 알게 된다. 그러나 관료조직 안의 공인은 그들 노동이 제공하는 가치를 정확히 알 수 없다. 이를 비교해보면 씨족이 왜 성공하는지를 알 수 있다. 씨족 안에서는 목표와 경영방식의 완전한 일치로 지지되는 장기적인 작업 관계가 공정한 평형에 이르기 위해서 필수적이다. 몇 년의 시간이 지나야 개인의 행동과 그 보상이 공정하게 판단되어 질 수 있으므로 사무관계는 장기적이어야 하며, 상호간의 신뢰는 깊어야한다.

■■■ 조직문화개념

오치 교수의 또 다른 공헌은 조직문화개념이다. 기업에 있어 경영철학은 특히 중요하다. 기업들은 장기적인 안목을 가지고 운영해야 하기 때문에 의사결정을 할 때에는 상세히 평가해야 한다. 의사결정을 할 때에는 보통 합작과 참여를 바탕으로 전 직원이 목표를 받아들여 이해할 수 있도록 해야 한다. 신념, 태도, 목표, 습관을 지니기 때문에 자신만의 특색을 갖는다는 점에서 하나의 조직은 바로 독립적인 인간과 같다고 볼 수 있다. 조직은 일정 기간 안에 남 다른 개성을 발전시키는데, 이것이 바로 조직문화이다. 어떤 사람은 일관적이며 완전한 개성을 가지고 있는 데 반해 어떤 사람은 충동적이며, 어떤 사람은 안정적이지만 어떤 사람은 변덕스럽다. 어떤 이는 신념을 가지고 있으며, 어떤 이는 그렇지 않다. 이와 마찬가지로 각각의 기업도 기업문화 혹은 개성적인 측면에서 약간의 차이가 있다.

경영철학이 존재하지 않을 경우, 경영철학 또는 문화 수립의 과정은 다음의 몇 가지 형식 중 하나를 선택할 수 있다. 유행하는 방법 중하나는 조사-피드백의 방법이다. 이 방법은 핵심적인 경영관리자를 각각 인터뷰한 후 경영이념과 관련된 개념을 모아서 단체에 '피드백' 시키는 것이다. 이러한 첫 움직임에는 반드시 전략과 방향 및 기업스타일의 형식에 대한 토론이 뒤따르기 마련이다. 그러므로 토론을 통해서 기업이념의 일치를 유도한다. 또 다른 방법은 창립자 혹은 경영자가 일부 유력인물에게 조직성공의 원칙을 정하게 하는 것이다. 그러나 이렇게 형성된 기업이념으로 조직을 통제하고 의사결정의 기초로 작용케 하고자 한다면, 전체 조직의 광범위한 토론을 통해 일반적인 의견을 수렴해야 한다. 기업이념은 조직의 목표, 조직 작업의 순서, 조직의 경제와 사회 환경이 갖는 기업의 제한조건을 반영해야 한다. 이렇게 조직이념은 목표를 규정할 뿐 아니라 수단도 정하게 한다.

■■■ 조직문화의 적용

이러한 기업이념은 미국보다 일본에서 보편적으로 채용되었다. 일본의 주요 기업운영자들은 자신의 기업이념에 대한 책을 내었다. 이 책에는 기업과 관련하여 고용원이 어떻게 생산적으로 노력하여야 경제와 사회에 공헌할 수 있는지 서술되어 있다. 이 외에도, 경영자가 고용원을 돕는 방법과 그들에게 기업의 비전을 제시할 책임도 서술하고 있다.

미국에서는 이러한 기업이념에 관한 저술이 비교적 적다. 미국기업은 공식계획과 비공식적인 구두를 혼합한 방식으로 고용원에게 기업의 기본 가치관과 방법을 전달하여 기업이념을 주지시킨다. 이러한 방법을 이용할 경우, 복잡미묘한 장기적인 관점을 발전시킬 수 있다. 그러나 서문으로 명확히 제시하지 않을 경우 정확한 이해를 할 수 없어, 기업이념에 대한 이해의 부족을 가져온다는 단점이 있다. 만약 일관된 기업이념을 서면으로 제시할 경우, 보편적으로 널리 전파할 수 있을 뿐 아니라 고용원의 모호하고 불분명한 이해를 해소할 수 있다.

후이푸(惠普)회사는 기업이념이 성숙하고 일관된 기업 중 하나이다. 그들은 이 년마다 한 번씩 기업이 당면한 새로운 문제와 활동에 대한 기업의 태도를 수정, 확정짓는다. 그들은 기업이념을 언급할 때, 구체적인 활동과 문제를 기술하지 않고 일관된 기업문화의 기본원칙과 가치관을 기술한다. 이러한 기본 가치관의 하나가 바로 '고용과 해고'로 이루어지는 회사를 만들지 않겠다는 것이다. 이 정책을 관철하기 위해서 그들은 부득불 정부와 체결하는 조건 좋은 여러 가지 계약을 포기할 수밖에 없었다. 정부와의 계약은 일 년 혹은 이 년간 다수의 직원을 고용하고 계약이 만료될 때 직원을 해고하는 것을 의미하기 때문이다. 직원에 대한 회사의 책임감은 이처럼 성공한 기업이 되게 했다.

이 기업은 완벽한 기업이념이 지니는 세 가지 요건을 지니고 있다. 기업과 경제, 사회 환경과의 기본관계는 '고객' 과 '시민의 신분' 과 같은 부분에서 표현된다. 기업의 기본목표는 '이윤', '이익 분야'와 '성장' 부분에서 표현된다. 그리고 기본적 방법과 업무 순서는 '우리 직원'과 '관리' 부분에서 표현된다.

인텔사는 젊은 기업으로, 미국에서 가장 성공한 가장 이윤이 높은 기업 중 하나인데다 《포춘》이 선정한 500대 기업에도 속한다. 인텔은 유사한 심의과정을 채택하여 '비공식적 문화'라는 서술을 만들어냈다. 이 심의과정에는 조사—피드백 과정도 포함된다. 경영진은 조사가 끝난 뒤 자원 조직을 설립하여 기업이념에 관한 더 자세한 초안을 세웠다. 기업이념은 미래가 아닌 현재의 문화에 치중하며 목적이 아닌 수단을 강조하고, 행동과 행위의 적절한 방법을 강조한다. 기업이념은 실현하고자 하는 목표와 관례이다. 이러한 기업이념은 시간이 지나면 많은 관례와 행동방식으로 발전한다. 이렇게 이루어지는 것이 바로 기업문화이다.

기업이념은 초기단계에서는 창시자의 가치관과 성향이 분명 존재한다. 문제 제시와 해결에 어떤 방법을 채택할 것인가와 위기를 어떻게 해결할 것인가는 각종 정책 결정을 통해서 결정되며 이러한 것들이 점차적으로 기업이념을 형성하게 된다. 이런 의미에서 보자면 기업이념은 한 명 혹은 소수의 도덕이념으로 만들어진다. 특수한 사회, 경제적 환경 속에 여러 관념은 일정기간을 거쳐 문화와 경영철학을 형성한다.

기업이념은 몇몇 방면에서는 독특성을 지닌다. 그러나 공통된 요소도 지니는데 기업의 기본역할 혹은 목표에 대한 이해를 반영하고 협력을 통한 목표 실현을 강조한다. 결국 조직의 존재의의는 조직생활에서 개인의 협력을 도출하는 데 있다. 그러므로 모든 조직문화의 내용은 조직 간 협력을 도출할 방법을 강구하는 데 주력하는 것이다.

■■■ Z조직의 운용

Z이론과 조직문화개념의 운용은 현저한 효과를 보인다. 미국 P&G의 한 영업부는 미국 각지와 여러 국가에서 공업용품과 소비품을 판매한다. 이 영업부에 새로 부임한 주임은 몇몇 고위층 경영단과 회의를 거친 후 Z이론을 추진해야 한다는 사실을 알게 되었다. 그들은 먼저 고위층부터 시작하여 토론을 통해 Z이론에 대해 충분히 고찰하였다. 그리고 경영철학에 관한 초안을 작성하였는데 관건은 '상호신뢰와 존중에 기초한 솔직한 정보교류와 의사결정 참여'에 있었다. 이어서 하부조직까지 이를 관철시킨 결과 2년 후 좋은 성과를 얻게 되었다. 품질, 신뢰도, 제품납부 기한 등의 방면에서 88%~90%의 성적을 96%~98%로 올렸으며 연간 이윤도 1500만 달러에서 6000만 달러로 올렸다.

다음은 GM 자동차 회사에 속한 한 공장의 예를 보자. 미국 기업 중 GM처럼 공장 일선에서 철저하고도 진지하게 경영에 참여한 회사는 없다. 1978년 4월 12일 GM은 중요한 회의를 열었다. 경영진 업무품질 회의였다. 이 회의에서 부회장은 "좋은 기업이란 직원이 능력을 발휘할 수 있게 해 주는 기업이다. 이는 인간관계와 관련된 문제이지 기술이나 경제적 고려 혹은 제품과는 상관없다. 모든 초점은 인간의 품성 즉 사람들이 어떻게 또한 왜 서로 협력하여 일을 하여야 하는지에 있다.……결론적으로 사람들이 조직에 필요한 성원일 때 그들은 최적의 상태에 처하며 이러한 인간의 정신에 대한 조직의 도전은 개인의 성장과 발전을 고무시켜 일을 성공으로 이끌게 된다. 단지 수준 높은 윤리와 도덕행위의 표준을 제창, 지지하면 되는 것이다. 이것이 바로 직장생활의 질이 지니는 의의이며 우리가 오늘 여기에 모인 목적이다."라고 말하였다. 이 회사의 공장은 직장생활 품질회의 이후 좋은 성적을 거두었다. 품질은 향상되었고 제품 납입기한의 준수율이 99%에 이르렀으며, 작업효율 또한 96% 이상 올랐다.

기업문화는 기업의 전통과 기풍으로 구성된다. 이 외에도 문화는 진취성, 시간준수, 융통성과 같은 활동, 의견, 행동양식의 가치관을 확립시킨다. 경영자는 직원에게서 이러한 사례를 뽑아 다음 직원에게 전수해야 한다.

Z형 문화는 장기고용, 신뢰, 친밀한 대인관계와 같은 독특한 가치관을 가진다. Z형 기업은 모든 분야, 즉 전략에서 인사에 이르기까지 모두 문화의 영향을 받는다. 제품 역시 이러한 가치관에 의해 결정된다. 이들 가치관에서 가장 중요한 것은 Z형 문화가 직원에게 미치는 영향이다. 사실 Z형 문화의 인도주의적 성향은 기업 이외에도 널리 영향을 미친다.

Z형 문화는 직원의 생활을 전체로 간주하지 따로 생각하지 않는다. 오전 9시에서 오후 5시까지는 기계로 대우하고 그 밖의 시간은 사람으로 대우하고 그렇게 하지 않는다는 것이다. Z형 이론은 인간적인 작업조건을 형성할 뿐 아니라 노동생산효율과 기업의 이윤을 높이며 고용자에게 자긍심을 갖게 한다. 심리적 안정감은 모든 사람들로 하여금 자신이 인간이라고 여기게 하며 더욱 열심히 일하도록 한다. 미국의 기업체 대표들은 줄곧 노동생산효율 성장의 주체가 기술이라고 주장하지만 Z이론은 사람이 주체라고 생각한다. 그러므로 Z이론은 업무

속에서 다시금 사람의 관계를 중시할 것을 요구한다. 그리고 바로 이런 까닭으로 Z형 조직은 성공을 거두었다. Z형 문화가 고용자에게 안정적인 사회 환경을 제공하고 자신감을 갖게 하였으며 나아갈 방향을 명확하게 제시하고 지지하였기에 고용자들은 생활의 다른 부분에서도 만족을 얻게 되었다.

오치 교수가 제창한 Z형 기업은 사회관계와 생산효율 간에 평형을 가져다줄 수 있다. 양자는 원래 밀접한 상관관계를 가지는 것으로 사회와 경제는 국가의 양방면을 대표한다. 만약 사회구조가 일과 조화를 이루지 못할 경우, 경제구조 또한 영향을 받게 된다. 경제조직은 경제적 산물일 뿐만 아니라 동시에 사회적 산물이다. 사회적 시스템과 마찬가지로 사무조직에도 사람 간의 미묘한 협력관계가 존재한다. 조직 내의 개인들과 단체는 인체의 기관과 마찬가지이다. 눈과 양손의 협력 메커니즘이 깨지면 눈이나 손이 아무리 열심히 일한다 해도 공동으로 협력할 때의 효율보다 높지 못하다. 일은 직원 또는 경영자 한 쪽의 일방적인 수고를 바라지 않는다. 양자 간의 협력 메커니즘이 쌍방의 관계를 더 합당하게 조절하는데 이것이야말로 공동의 생산율에 있어 중요한 관건이다. 'Z조직'의 개념은 유교의 조화, 평형의 사상을 융합하여 일본 및 동아시아지역으로 널리 전파되었다.

30

에드가 샤인 · *Edgar H. Schein*

직원의 만족감과
리더의 대인관계 중시

에드가 샤인 (1928~)

　시카고대학에서 문학 학사학위를 받고, 스탠포드대학에서 문학 석사학위를, 하버드대학에서 사회심리 철학 박사학위를 받았다. 미국과 유럽의 여러 기업에서 자문 역할을 했다. 1988년 성과가 인정을 받아 미국기업교육협회(ASTD)로부터 '올해의 경영 컨설턴트' 라는 평가를 받기도 하였다. 전통이론을 확장시켰으며 인성에 관한 이론을 실천에서 응용한 연구는 놀라운 성과를 거두었다. 주요 저서로는 『경력닻(Career Anchors) : 자신의 진정한 가치 발견』『자문 프로세스』(제3판) 등이 있다.

핵심사상

- 만족감이 효율을 결정한다는 개념 :
작업조건과 보수는 생산효율의 높고 낮음을 결정하는 주요 요소가 아니다. 중요한 것은 직원의 사기이다. 이것은 만족감과 관련이 깊다. 직원의 만족도가 높을수록 사기와 생산효율이 높아진다. 따라서 생산효율을 높이는 가장 빠른 첩경은 직원의 만족감을 높이는 것이다. 이것은 신경영자에게 직원의 복잡한 요구를 만족시켜 직원의 행동을 격려할 것을 요구한다.
- 신경영자는 경제기술 전문가여야 할 뿐 아니라, 대인관계에도 능숙해야 한다. 샤인은 경영자로서 인사관리 기술을 훈련을 통해 키워야 함을 강조하였다.

어느 직원이 근무시간과 영어공부시간의 충돌로 불평을 한다면 당신은 어떤 반응을 보일 것인가? 즉각적으로 이 불평을 무시해서는 안 된다. 직원은 이러한 반응을 통해 당신이 직원을 어떻게 생각하는지를 평가하기 때문이다. 그리고 이것은 직원의 작업태도와 열정에 영향을 미친다. 샤인 교수가 제시한 '태도가 효율을 결정한다는 개념'에 따르면 직원의 작업태도와 사기는 작업효율에 영향을 미치는 중요한 요소이다.

A&W는 미국의 유명한 패스트푸드 체인점으로 이 회사를 지탱하는 것은 충실한 직원들이다. 이 회사가 4000명의 직원들을 거느리면서

도 그들을 억압하는 규칙을 제정하지 않았다는 사실은 주목할 만하다. 요식업에서의 번영은 직원들의 노력으로 실현된 것이다. 공정한 지분 분배, 철저한 직원교육, 안정된 복리후생, 광범위한 승진 기회로 직원들의 충성심을 고취시키는 동시에 계속해서 창조성을 유지하였는데, 이직률이 높은 서비스업종에서는 매우 드문 현상이다. 직원들은 회사의 모든 방면에 참여하였다. 요리사, 관리자, 설계사, 디자이너들 모두가 식당의 '역사'를 발전시키는 데 전력을 다하였다. 각 호텔은 모두 자신만의 합작파트너를 가지고 있으며, 일반적으로 A&W의 장기 근무자는 회사지분을 얻을 기회를 가진다. 경영진은 직원이 모두 동업자라고 믿는다. 만약 자신의 후계자를 양성하지 못했을 경우 그 주관자는 승진할 수 없다. 이 회사에서는 직원 대부분이 말단에서 시작하며 경영 관리직까지 승진할 수 있다. 샤인 교수는 직원에 대한 좋은 처우 또한 업무라고 말한다. 그는 '사람들이 만족을 느끼고 존중받는다고 느낀다면 그들은 기꺼이 진심으로 협력한다. 만약 사람들이 만족감을 느끼지 못한다면 모든 것은 헛되고 만다.'고 생각하였다.

샤인 교수가 제기한 것처럼 생산효율을 높이는 주요 방법은 직원의 만족감을 높이는 것이다. 그렇다면 만족도를 어떻게 평가할 것인가? 샤인 교수는 아래의 다섯 가지 요소가 작업 만족도를 결정한다고 제시하였다.

■ 보수

월급은 만족도를 결정짓는 중요한 요소이다. 화이트칼라와 블루칼라 모두에게 월급은 똑같이 중요하다. 보수가 일에 대한 만족을 결정짓는 중요 요소인 까닭은 여러 가지 요구를 만족시켜줄 수 있기 때문이다. 돈이 있으면 음식, 옷, 집을 살 수 있고 개인 여가생활의 향상을 가져온다. 이 외에도 보수는 성취감과 다른 사람의 인정을 받았다는 상징이 될 수 있다. 직원은 항상 관리자가 조직에 대한 자신의 공헌을 인정하는지를 보수로 판단한다.

그러나 부가적인 복리는 직접적인 보수처럼 일에 대한 만족감에 큰 영향을 끼치지 않는다. 직원은 실제로 얻게 되는 간접적인 복리를 낮게 평가하는 경향이 있다. 일반적으로 그들이 부가적인 복리에 대해서 느끼는 바는 실질적인 금액의 33%에 불과하다. 예를 들어 젊은 직원은 생명보험과 상해보험에 대해 일고할 가치도 없다고 생각한다.

■ 직무

보수와 마찬가지로 직무도 일에 대한 만족도에 중요한 작용을 한다. 일반적으로 도전적인 일을 좋아하지 매일 반복되는 간단하고 무미건조한 일을 원하지 않는다. 직무는 일의 만족도에 두 가지 방면에서 영향을 미치는데, 일의 다원화와 작업방법과 작업속도에 대한 자주권이다.

일의 적당한 변화는 큰 만족도를 가져온다. 변화가 작은 일은 직원을 싫증나게 하며 변화가 크고 자극적인 일은 정신적 긴장과 체력소비를 느끼게 한다. 직원에게 작업방법상의 자주권을 주는 것 역시 큰 만족을 느끼게 한다. 반대로 작업방법과 작업 진도를 시종일관 감시하는 것은 높은 불만을 가져온다. 만약 직원의 모든 행동이 상사의 뜻에 의해 결정되고, 심지어 언제 휴식할지조차 상사에 의해 결정된다면 이는 직원의 인격을 무시한 방법이다. 이 외에도 메이요가 호손실험 중 발견한 바에 따르면 직원의 생산율은 하루 동안에도 큰 변화를 보이는데 일반적으로 일과가 시작한 30분과 마지막 30분 그리고 점심식사 전후에 효율이 가장 낮다. 그리고 오전과 오후의 중간 단계의 시간이 효율이 가장 높다. 기계적인 작업속도는 직원 자신의 정력 변화에 따라 일의 속도를 조절할 수 없게 한다.

흥미로운 것은 시간이 지남에 따라 블루칼라가 가졌던 일에 대한 지루함이 화이트칼라의 사무실로 옮겨졌다는 사실이다. 과거의 기계 생산라인이 직원의 사고경직을 가져왔다면 오늘날의 컴퓨터가 직원들에게 같은 결과를 가져왔다.

■ 승진

승진 기회는 일에 대한 만족감에 영향을 미친다. 고위층으로 승진은 권력, 직무, 보수에서 큰 변화를 가져온다. 고위층의 일은 일반적으로 많은 자유를 누릴 수 있는 일로, 도전적인 업무와 비교적 높은 보수를 보장한다.

그러나 특정승진과 관계된 보수는 상황에 따라 다르다. 누군가 이사로 승진을 하였다면 당연히 연봉은 10만 달러로 오를 것이다. 그러나 비서에서 관리직으로 승진한다면 아마도 1천 달러 정도의 연봉이 오를 것이다. 따라서 고위관리자와 노동계층 그리고 사무직원을 비교해 보면, 승진은 고위관리자에게 있어 더 중요한 요인이 된다. 고위관리자는 승진을 함으로써 더 많은 보수를 얻을 수 있기 때문이다.

■ 관리

일에 대한 만족을 갖게 하는 요인 중 하나로 관리가 있다. 구체적으로 말해 관리 방식의 두 가지 측면이 직원의 만족도에 영향을 미친다.

하나는 직원을 중심으로 혹은 직원의 입장에서 관리자와 부하직원이 지지관계를 설립하고 부하직원의 이익과 직원의 만족도를 고려하여 생각하는 것이다. 다른 하나는 의사결정에 직원을 참여하게 하는 것이다. 일과 관련된 정책에 참여하는 것은 비교적 높은 만족도를 보여준다. 직원을 중심으로 삼는 것과 직원의 정책참여는 직업 만족도와 정비례관계이지만, 참여형 관리방식이 항상 직원의 일에 대한 태도를 촉진시키지는 않는다. 예를 들어 작고 친밀한 조직에 속한 직원은 민주형 참여방식을 선호하지만 개인감정이 영향이 미치지 않는 큰 조직에 속한 직원은 독단적인 관리방식을 선호한다.

이와 같이 직원을 중심으로 한 관리방식과 직원의 만족도 사이에는 정비례관계가 존재하지만 여전히 몇몇 부적합한 상황도 존재한다.

■ 작업환경

작업환경도 작업만족도에 영향을 미친다. 예를 들어 작업장의 기온, 습도, 환기, 채광과 소음, 작업안배와 청결상태 및 적당한 도구와 설비 이 모든 것이 직업만족도에 영향을 끼친다.

원리는 매우 단순하다. 첫째, 직원은 좋은 작업환경을 선호한다. 왜냐하면 좋은 작업환경은 생리적인 쾌적감을 가져오기 때문이다. 예를 들어 너무 덥거나 너무 어두운 것은 생리적으로 불쾌감을 불러일으키고, 혼탁한 공기 또는 좋지 못한 환기시설은 생리적 위해를 가져온다. 둘째, 작업환경은 직원의 업무 이외에 생활에도 영향을 미친다. 예를 들어 긴 작업시간과 추가작업은 퇴근 후 가족, 친구와 함께할 시간을 줄어들게 하고 여가를 즐기는 시간 역시 상대적으로 줄어들게 한다. 반대로 비교적 짧은 근무일이나 탄력적인 작업시간을 갖게 되면 그들은 쉽게 '8시간 근무 이외'의 생활을 즐길 수 있게 된다.

그러나 작업조건이 너무 좋거나 너무 나쁘지 않는 이상 일반적인 작업조건의 경우 대다수 직원이 무난하게 받아들일 수 있다. 이외에 작업환경에 대한 지나친 불만은 사기저하의 표현이다. 예를 들어 사무실의 크기에 대한 불만은 관리에 대한 불만이자 부적절한 대우에 대한 반영이지 진짜로 작업조건상의 문제는 아니라는 것이다.

샤인은 직원의 만족도가 작업능률을 결정짓는 관건적 요소임을 지적한다. 관리자는 직원의 불만족 요인을 제거하고 만족할 조건을 전폭적으로 창조해야 한다. 그렇다면 관리자는 어떤 일을 할 수 있는가?

■ 관리자는 부하의 근로의욕을 고취시켜야 한다

관리자는 각 부서에 업무를 분배할 때, 임무를 정확히 전달해야 한다. 부하직원에게 일의 중요성과 다른 일과 갖는 불가분의 관계, 마지막으로 얻게 되는 효과와 이익 및 일이 실패했을 경우 전체기업에 가져오는 손실을 분명히 설명해야 한다. 부하직원이 자신의 일이 의미가 있으며, 책임이 막중함을 느끼게 해서 자연스럽게 일에 대한 흥미를 가지고 열정적으로 의욕적으로 일에 뛰어들게 해야 한다. 주의할 점은 일의 안배를 사람에 따라 다르게 하는 것이다. 이제 막 학교를 나와 사회에 진출한 젊은이에게 경험부족만을 강조하지 말고 대담하게 일을 맡겨라. 그에게 어려운 일을 맡기고 독립적으로 완성하게 하라. 일을 처리하는 과정 중에 나타나는 문제는 자연스러운 것으로 관리자는 절대 그를 비난하지 말아야 한다. 그렇지 않으면 일에 대한 의욕과 자신감을 손상시켜 두려움과 무기력함을 야기한다. 이는 그들의 성장이나 기업 모두에게 불이익이다.

그러나 경험이 풍부한 중견 근로자에게 수월한 임무를 맡기거나 이전에 했던 일을 반복시킨다면 어떠한 매력도 느낄 수 없을 것이다. 마땅히 현재 능력으로 해결 가능한 어려운 일을 맡기고 세부사항에 간섭하지 않으면 그들은 무언의 압력을 느끼며 방법을 생각하고 연구하고 노력하여 일을 완성할 것이다. 일단 성공을 거둔다면 그들은 더욱 큰 희열과 성취감을 느낄 것이다.

말단 직원의 경우 매일 다량의 반복적인 일을 하지만 그들이 하는 일이 회사의 중요한 일임을 알게 하고 관리자는 제때에 그들의 일을 긍정적으로 평가해주도록 한다.

샤인 교수의 말에 의하면 직원 모두가 열정과 의욕을 일에 쏟는다면 기업은 활력이 충만할 것이며 끊임없이 발전해 갈 것이라고 한다.

■ 관리자는 직원으로 하여금 사명감을 갖게 한다

사명감은 직원이 부지런히 일하게 하는 가장 큰 동력이다. 만약 어떤 직원이 회사에 대해 조금의 사명감도 갖고 있지 않다면 회사가 곤경에 처했을 때 과연 그가 같은 배를 타고 함께 풍파를 겪을 것이라 기대할 수 있는가? 경제 발전에 따라 대다수 사람은 의식주를 고민하지 않는다. 생리적인 욕구는 이미 기본적으로 만족되었으며 정신적인 요구가 날로 높아져 사명감을 키우기 위한 조건을 만들고 있다.

관리자는 진심으로 관심을 가지고 직원을 대해야지 표면적으로 몇몇 문구만으로는 대해서는 안 된다. 예를 들어, 어떤 부하직원이 생일을 맞았을 경우 기업 명의로 케이크와 카드 한 장을 보내도 괜찮다. 직원이 병원에 입원하였을 경우 꽃다발을 보내도 된다. 만약 일이 많아 시간이 없을 경우 비서를 통해 대신 안부를 전해도 된다. 이렇게 하는 목적은 기업이 그에게 관심을 가지고 있으며 그가 기업의 가족 구성원임을 느끼게 하는 데 있다. 이렇게 하면 직원은 기업의 일을 자신의 일처럼 여기고 책임을 느끼게 된다. 사명감은 이렇게 무의식 중에 조용히 형성되는 것이다.

■ 들오리가 바로 부하의 본보기다

IBM 이사장인 왓슨은 부하가 모두 들오리와 같은 정신을 갖기를 바랐다. 그는 덴마크 철학자인 키에르케고르 말을 인용하여 "한 무리의 들오리를 길들이고자 한다면 쉬운 일이 아니다. 그러나 길들여진 들오리를 다시 야생으로 돌려보낼 때 들오리의 자생력을 기르는 것은 더욱 힘든 일이다. 길들여진 들오리는 멀리 날지 못하며 스스로 먹이를 찾지 못한다. 놓아주는 것은 사지에 몰아넣는 것이다. 따라서 상업계가 필요로 하는 것은 민첩하게 자유자재로 날개를 펼치는 들오리이다. 그래야지 크게 실력을 펼칠 수 있다." 왓슨의 이 말은 기업이 필요로 하는 직원은 매사에 소심한 태도를 보이며 상부에서 맡긴 일을 완성하는 데 만족하는 직원이 아닌 원기왕성하게 용감하게 돌진하여 일을 하는 직원이라는 사실을 보여준다.

오늘날 기업 내 인재가 용감하게 어려움에 도전하는 것을 원하지 않는 까닭은 사장이 '자리에 있으면 일을 도모하고, 자리에 있지 않으면 일을 도모하지 않는' 사람을 좋아하기 때문이다. 이러한 병폐로 직원들은 주어진 임무만을 조심조심 처리하는 데 만족하고 적극성은 전혀 없는 정신 상태를 가지게 되었다.

기업이 발전하고 업무가 확장되면 개인은 규율만을 지키는 꼭두각시가 되어 변화에 적응하지 못하게 된다. 이것은 경직되고 보수적인 기업의 작업풍토 탓이다.

이러한 문제를 해결하기 위해서 직원들은 기업환경에 대해 깨어있는 의식을 가져야 한다. 최고관리자는 끊임없이 기업의 상황을 직원에게 알려 그들이 의견을 제시하고 생각하고 상하직원의 일치된 협동에 기대어 어려움을 해결하도록 독려해야 한다. 만약 기업 내 직원이 무조건 순종적인, 담력도 기지도 없는 '집오리'로 전락한다면 부하를 모두 잃은 사장이 홀로 천장을 떠받치고 있는 빌딩과 같이 결국은 쓰러질 것이다. 기업이 계속해서 생기로 충만하기 위해서는 많은 인재와 창의력 있는 뛰어난 인물이 필요하다. 이러한 인재의 획득은 대부분 대표의 인재 양성 방식에 달려 있다. 기업 내에 뛰어난 인재와 창의력을 격려하는 분위기가 존재하는지 여부에 달려 있으며 사원이 '들오리' 같은 정신을 갖고 있는지에 달려있다.

■ 직원의 창업정신 중시

미국 기업계에서는 '내부창업 중시'라는 말이 한창 유행 중이다. 본래 의미는 기업의 새로운 파트에서 창업 관리자를 양성한다는 것이다. 기업가의 창업 정신을 직원의 일치된 행동으로 변화시킬 수 있다는 것이지만 이는 의심의 여지가 있다. 모든 창업자가 개인과 기업의 관계를 처리할 때 항상 기업을 우선시한다는 것을 믿기 힘든 것처럼 말이다.

창업정신의 참된 의미는 기업들이 업무의 발전과 확대를 끊임없이 추구하는 것을 근본적인 목적으로 여겨야 한다는 사실이다. 각 분점 설립에는 충분한 이유와 명확한 발전방향이 있다. 즉 각 사원들이 효율과 이익을 발전방향으로 삼고서 자신의 장점을 드러내어 시장을 개척하도록 격려하는 것이다.

투자, 자본관리, 세무관리 업무에 정통하며 실적이 좋은 회사의 재무 파트를 담당한 재무부 사원은 이미 업무를 충분히 파악하고 있다고 생각한다. 기업이 자문센터를 설립하여 국내외업무를 확장할 때 대표는 인맥을 충분히 활용하여 더 많은 고객을 센터에 유치해야 한다. IMG의 금융서비스 부분은 이렇게 세워졌는데 금융 관련 간행물에서 이를 '동일업종 중 가장 뛰어나다'고 칭한 바 있다. 음악계를 대상으로 업무를 성공시킨 IMG는 또 다른 방식의 성공 사례이다. 이 기업경영진들은 스포츠업계를 개척할 당시 진행했던 경영 원칙과 판매 방식 그리고 재무 방면의 정책을 똑같이 음악계에 적용하였다.

그 이유는 첫째, 음악계와 스포츠업계는 똑같이 각국의 금융, 세무 지식과 재무계획의 자문을 필요로 한다. 둘째, 음악과 체육은 똑같이 국가를 초월하는 것으로 언어의 중개가 필요 없기 때문이다. 듣기 좋은 음악과 속도가 있는 조화로운 신체언어는 누구나 보편적으로 받아들일 수 있는 것이다. 셋째, 음악가의 예술적 생명은 운동가의 체육생애보다 길기 때문이다. 넷째, 음악가나 음악활동에 대한 찬조가 갈수록 체육을 찬조하는 기업의 관심을 불러일으키기 때문이다. 다섯째, 음악가의 수입이 점점 늘고 있기 때문이다.

이 기업의 리더는 마지막으로 이렇게 말했다. "음악계에 발을 내디딘 우리 회사의 입장에서 보자면 아직 천부적 음악 재능을 지닌 인재를 발견하진 못했지만 인재를 선발, 교육시키고 경험을 축적하는데 주의를 기울이기만 하면 음악계에서 성공할 수 있을 것이다."

■ 부하와 좋은 감정을 유지

직원관리에 능숙한 관리자는 기업이 우수한 실적을 거둘 경우 자신의 공로라 여기지 않고 모두 부하의 근면함에서 기인한 것이라고 공을 돌린다. 늘 부하직원을 칭찬하며 기업의 성패는 직원의 노력여부에 달려있다고 반복해서 말한다. 실적이 뛰어난 직원은 모두의 앞에서 칭찬하고 필요할 경우 승진과 봉급인상으로 독려한다. 개인적인 일로 힘들어하는 직원의 경우 전력을 다해 도우며 기업의 온정을 느끼게 한다.

이러한 경영자가 설득을 하면 순조롭게 진행될 수밖에 없다. 그가 평소에 직원과 좋은 관계를 유지하고 있으며 직원들의 추앙을 받기 때문이다.

부하를 설득할 때는 자신의 생각을 상대방에게 강요하지 않고 그 일에 대한 부하직원의 생각을 가능한 이해하며 그들에게 제소할 기회를 주어야 한다. 만약 쌍방의 의견이 합일점을 찾기 어렵다면 먼저 자신의 생각에 적절하지 않은 부분이 있는지 검토하고, 자신의 의견이 정확하다고 믿는다면 망설임 없이 경영자로서 권리를 행사하게 된다. 그러나 일의 성사 이후, 직원에게 왜 이런 선택을 하였는지를 설명해야 할 것이다.

타인을 설득할 줄 모르는 관리자는 상대방의 자존심을 쉬이 상하게 하여서 부하로 하여금 더욱 반감을 갖게 한다. 타인을 잘 설득하는 관리자는 깊은 교양을 갖고 있어 때와 장소에 따라 입장을 바꾸어 부하를 완곡히 설득시킬 줄 안다. 이럴 경우, 상대방의 불만을 초래하지 않을 뿐만 아니라 상대방으로 하여금 기꺼이 의견을 받아들이게 한다. 이상적인 설득의 효과를 얻고 싶다면 이야기를 할 때의 상냥한 말투로는 부족하다. 부하에게 관심을 갖고 그들과 자주 교류하며 좋은 감정을 유지해야 한다.

■ 고용의 장점

직원들은 각각 성격, 가정환경, 교육정도가 모두 다르다. 각자 장단점을 가지기 때문에 인재를 고용하고 교육함에 있어 가장 중요한 것은 장점을 찾고 충분히 능력을 발휘할 기회를 주는 것이다. 관리자는 직원의 장점에 주목해야지 단점을 속에 담아두어서는 안 된다. '이 사람은 많은 장점을 가지고 있는데 특히 어떤 부분에 정통하다. 아마도 그 부분의 직무는 혼자서도 감당할 수 있을 것이다.' 라는 생각이 든다면 즉각 그 사람을 파견하면 된다. 일반적으로 부하에게 중임을 맡기면 그는 배로 노력을 기울이며 끊임없이 실력을 쌓아 당신이 생각한 것처럼 일을 잘 감당하게 된다.

부하의 장점을 발견한다면 이를 충분히 활용해야 한다. 또한 부하의 단점을 방임해서는 안 되며 이를 개선하도록 해야 한다. 문제는 관리자가 힘의 90%를 부하의 단점만을 찾는 데 기울이고 단 10%로 장점을 발굴한다는 것이다. 당연히 부하의 장점을 지나치게 중시하고 단점을 살피지 않는 것이 문제를 야기할 때도 있다. 그러나 비교해보면 장점에 신경을 많이 쓰는 것이 더 이익이 크다.

모든 직원의 장점에 희망을 기탁하여 모험을 강행한다면 비록 어려움이 생길 수도 있지만 시도해볼 가치가 있는 좋은 방법이라 할 수 있다.

■ 자신보다 뛰어난 인재 고용

직원을 채용할 때 자신보다 뛰어난 인재를 채용하지 않는 것은 용

서할 수 없는 일이다. 이는 누구나 다 아는 이치이다. 만약 고용된 사람들 모두가 능력이 떨어지는 사람들이라면 기업 발전에 무슨 이득이 있겠는가? 그러나 실제 생활에서는 부장에서 일반직원에 이르기까지 자신보다 능력 있는 사람을 고용하는 것에 대해 심리적으로 불안감을 느낀다.

어떤 기업의 리더는 아첨하는 사람들을 고용해놓고서도 발전이 더딘 것을 이해하지 못하는 경우가 있다. 어떤 리더는 순종적인 사람을 고용하길 좋아하면서 왜 그가 더 많은 고객을 유치하거나 더 많은 업무를 수행하지 못하는지를 알지 못한다. 창의력이 결핍되고 무기력함이 두드러지는 데도 말이다. 한평생 충실하게 비서직을 수행한 사람은 퇴직을 앞두고 자신보다 능력이 낮은 후임자를 선택함으로써 사람들의 마음에 자신에 대한 좋은 인상을 남기기를 원한다.

대표직을 맡고 있는 사람들은 다음과 같은 이치를 분명히 터득하여야 한다. 직원을 채용할 때 전형을 수립하지 못하고 낡은 관습을 타파하지 못한 상태로 뛰어난 인재를 제거한다면, 당신의 기업은 격렬한 경쟁 속에서 이류로 전락할 것이라는 사실을 말이다. 광고계의 대부인 오길비(Ogilvy)는 이사회에서 이러한 이치를 다음과 같이 설명한 적 있다. 이사회에 참석한 이사들의 탁자 위에 조그만 장난감 인형을 하나씩 놓고는 "이것은 당신들 자신을 대표하는 것이오. 그것을 열어보시오."라고 말했다. 이사들이 인형을 열자 그 속에는 작은 인형이 그리고 그 작은 인형 속에는 더 작은 인형이 있었다. 총 4개의 세트로 이루어진 이 장난감 인형의 마지막 인형 위에는 "만약 당신이 계속해서 당신보다 수준 낮은 사람을 고용한다면 우리 회사는 소기업으로 전락할 것이다. 반대로 당신보다 수준이 높은 사람을 고용한다면 우리 회사는 일류기업으로 성장할 것이다."라고 적혀 있었다. 이 사례는 자신을 뛰어넘는 인재의 중요성을 생생하게 설명해 준다.

관리방식과 직원의 태도, 노동생산율이 밀접하게 연관되어 있음을 실제 사례들이 보여준다. 기업은 직원이 현행관리방식에 어떤 의견을 가지고 있는지를 이해하고 이를 관리방식을 개선시키기 위한 근거로 삼아야 한다. 기업은 직원의 정당한 요구를 만족시키려 노력해야 하며 무엇보다 인력에 투자하여야 한다. 이러한 태도는 기업 및 관리자의 권위에 대한 직원의 견해에 직접적으로 영향을 미치는 동시에 간접적으로는 작업효율로 나타나기 때문이다. 직원의 만족도가 바뀔 수 없다고 생각하지 마라. 경영자 자신의 인사관계 처리에 대한 훈련으로 이 모든 것을 개선시킬 수 있다. 일본 기업은 이미 이런 방면에서 가장 앞서고 있다고 할 수 있다. 직원의 태도를 중시하는 태도는 기업의 결정적인 작용에 영향을 미치며 관리자가 거울로 삼을 만한 것이다.

Chapter 07

31 존 나이스비트 · *John Naisbitt*

자본의 운영과 인수합병

존 나이스비트 (1929 ~)

코넬대학을 졸업한 나이스비트는 IBM과 코닥의 임원으로 근무하였으며 쿠알라룸푸르에 있는 전략·국제문제연구소의 회원으로 일해 왔다. 그는 수백만 부의 판매량을 기록한 저술을 지닌 미래학자이기도 하다. 나이스비트는 1982년에 출판한 『메가트랜드』라는 책으로 전 세계적 주목을 받게 되었다. 이 책은 800만 부가 팔렸다. 나이스비트는 『메가트랜드』를 통해서 10가지 '핵심적인 개편'을 제시하였는데 그중 몇몇은 정확한 예언으로 증명되기도 하였다. 나이스비트는 뛰어난 미래학자로서 미래사회 분석방법 연구에 많은 시간을 투자하였다. 이로 인하여 명성은 높아졌으며 경영학계에도 불멸의 흔적을 남겨 놓았다.

핵심사상

> ■ **자본운영과 인수합병 사상 :**
> 기업의 자본 운영전략이란 시장경제 아래에서 기업이 생존과
> 발전을 위해 기업 발전 전략을 나침반으로 삼고, 기업의 외
> 부환경과 내부조건에 대한 분석을 토대로, 기업 합병, 인수,
> 주식참여, 주식조절 등의 활동대상에 대한 중대한 경영활동
> 을 만들어 내는 계획과 결정을 말한다.

1990년대에 있어 각국의 경제 발전을 종합해보면, 세계경제든 중국경제든 그 주요한 흐름은 경제의 재조직이라 할 수 있다. 구체적으로 말하자면 대기업을 조직하여 국제경쟁력을 높이는 것이다. 이렇듯 세계경제가 발전함에 따라 사람들은 우수한 기업을 중심으로 자산연합을 하게 되었다. 그것은 시장경쟁력이 있는 현대 기업연합체의 전략적 조치와 시스템공정의 건립을 목적으로 한다. 즉 대기업전략이란 각 나라의 경제발전이 반드시 걸어야 할 길이라 할 수 있다. 오늘날 대기업의 경우, 규모의 효율이 점점 경쟁의 주요한 수단으로 되고 있기 때문이다. 상품의 품질, 단가, 특히 가격, 성능 등은 모두 규모의 효율에서 그 출로를 찾는다.

한 나라의 시장 활동 역시 규모의 경제 효과를 갖춘 제조업자들 사이에서 독점경쟁형식을 주도적 지위로 삼는다. 경쟁의 층차가 높을수록, 범위가 커질수록, 규모경제의 효과도 강해진다. 하지만 이는 단순

히 수량과 경영범위에서 덮어놓고 큰 것을 추구하는 것을 의미하지 않는다. 품질과 효율에 있어 큰 것을 추구하는 것이다. 이 원리는 매우 간단한데 경제규모는 규모의 경제와 동일하지 않기 때문이다. 경제규모는 집합효과에 치중하고 규모의 크기를 추구한다. 그러나 규모의 경제가 강조하는 것은 적당한 규모, 효율적인 규모, 우위를 나타낼 수 있는 전체 경쟁력의 규모 그리고 이윤의 최대화를 얻을 수 있는 규모이다. 이런 형세는 클수록 경제적인 것도 아니고 작을수록 경제적이지 않는 것도 아니다.

일본이 투자한 중국 내 대형 백화점의 80%가 파산하였고 세계에서 열한 번째 큰 경제체라고 불리던 한국경제도 난관에 빠졌었다. 내외적으로 많은 요인이 있겠지만 근본적인 원인은 막무가내식 확장과 대기업 규모에 대한 추앙이 미신으로까지 발전한 결과이다. 이러한 배경 아래 미래학자 존 나이스비트는 자본운영과 인수합병에 대한 자신의 사상을 제기하였다.

■■■ 자금난관의 해결

기업경영관리와 경쟁관리에 있어서 자금압박은 첫 번째로 마주치는 제약요소이다. 어떻게 이 문제를 극복하고 해결할지가 기업의 앞에 놓인 중요한 과제일 것이다. 자금문제의 해결방법은 많다. 그중 부채경영도 좋은 선택이다.

기업의 자금압박은 국가의 거시정책의 영향일 수도 있고 기업자체의 원인일 수도 있다. 예를 들어 자금 사용이 불합리하거나 대외적으로 많은 빚을 지고 있다든지 자금의 유동이 너무 느리거나 효율적인 자금 사용을 하지 못하고 있다는 등이다. 이런 상황에서 기업이 자금 문제를 해결할 더 나은 방법을 구상하지 않는다면, 기업은 헤어날 수 없는 깊은 수렁에 빠지게 된다.

기업이 발전하고 생존하기 위한 자금이 부족할 경우 어떻게 해야 하는가? 은행이나 사회, 국외로부터 자금을 대출하여 대출경영을 할 수 있다. 하지만 일부 기업가들은 자금문제에 경직된 사고방식을 가지고 있을 뿐만 아니라 자금문제만 제기하면 동요하고 자신감을 잃는다. 오로지 채권이 없는 경영만을 고집하고, 채권이 없어야만 발전한다는 낡은 틀에 갇혀 있다. 시장경제체제 아래에서는 남보다 뛰어난 경영을 하면 성공하지만 그렇지 않으면 도태되고 만다. 자금은 기업의 혈액과 마찬가지이므로 시장경제가 치열해질수록 기업은 더 많은 자금을 필요로 한다. 자금이 많을수록 기업은 활기를 띠며 경쟁력을 갖는다. 따라서 국내외 많은 대기업 경우에서 보다시피 대출경영을 하는 것이 성공으로 나아가는 길이 될 수 있다.

홍콩의 조선왕 바오위강(包玉剛)을 예로 들어보자. 그는 50년대에 낡은 배 한 척으로 시작하여 다음 해에 이 낡은 배를 보증으로 돈을 빌려 두 번째 배를 샀고 세 번째 해에는 두 번째로 구입한 배를 보증으로 돈을 빌려서 세 번째 선박을 구입하였다. 이어서 일본에서 조선업에 투자하기 시작했는데 일본은행에서 자금의 70%를 대출받고 나머지 30%의 자금 역시 홍콩의 훠이펑(匯豐)은행에서 제공받았다. 이렇게 하여 80년대에 이르러서는 1800만 톤의 운송능력을 갖춘 대형원양선박기업으로 발전하였다. 이는 대출경영의 성공적 사례이다.

대출경영과 대출 항목을 결정하는 것에는 경영인의 담력과 기개가 필요하다. '외채도 없고 내부 채무도 없으며, 채무가 없어서 몸이 가벼운' 그런 소농사상(小農思想)과 소농의식을 반드시 깨뜨려야 한다. 시장경제 분위기에서 기업이 대출경영을 하지 않는다는 것은 경쟁을 앞에 두고 스스로를 결박하는 셈이고, 피동적으로 당하기만 할 뿐 아무 대처도 하지 않는 것이 되므로 발전은 논할 필요도 없다. 때문에 민영기업가라면 시장경제를 바라보는 정확한 안목을 가지고 대출경영의 중요한 의의를 인식해야 한다. 자금문제에 부딪치면 과감히 돈을 빌리고 스스로에게 압력을 가할 줄도 알아야 한다. 물론 돈을 빌리고 빚을 진다고 해서 모든 일이 성공한다는 것은 아니다. 거기에는 합리적이고 탄력적인 운영이 더해져야 하며, 자금을 기업발전의 요긴한 곳에다 잘 써야 한다. "닭을 빌려서 알을 낳고 돈을 빌려서 재산을 쌓는다."는 것이 대업을 이룩하는 구체적인 방법이다.

하지만 대출경영을 '공짜 점심'이라고 생각하면 큰 오산이다. 돈을 벌면 갚고 돈을 벌지 못하면 갚지 않는다는 생각은 기업 융자의 길을 더욱 어렵게 만든다. 이런 염치없는 심리는 여기서 토론하는 자본운영의 범주에 속하지 않는다.

■■■ 인수합병의 원칙

존 나이스비트는 인수합병에 관한 많은 예를 연구한 후 다음과 같은 문제를 발견하였다. 사람들은 낮은 비용으로 경영 확장이라는 방식을 추구한다. 예를 들면 무상대체, 자원연합, 무형자산 주식 조절, 위탁경영, 채무인수, 재산권 치환, 주식발행, 연합주식참여, 정액인수 등이 그것이다. 이런 방식은 전액으로 인수하는 방식에 비해 직접적으로 동원해야 하는 자금이 적거나 '한 푼도 들이지 않고' 인수합병의 목적을 실현할 수 있어서 일부 기업인에게는 매혹적으로 다가온다.

하지만 위에서 서술한 낮은 비용의 확장방식에는 주의할 점이 있다. 비용을 어떻게 보느냐 하는 것인데, 당장 소요되는 비용만을 생각해서는 안 된다. 반드시 전체적으로, 장기적으로 보아야하며 최종 효율을 따져 보아야 한다. 많은 인수합병이 적은 투자로 이루어진 것처럼 보이지만 실제로는 거액의 채무와 끝없는 부담을 안고 있는 경우가 많다. 이러한 인수합병은 성공이라기보다 뒤집어쓴 것이라 할 수 있다. 지난 10년간 유럽에서 발생한 대규모 인수합병 30건 중 12건이 실패하였다. 인수합병에서 얻은 이익이 합병 비용보다 적었기 때문이다.

그러므로 적은 비용으로 제대로 확장하려면 목표 없는 확장이나 맹목적인 다원화 인수합병 등을 피해야 한다. 또한 반드시 다음의 세 가지 인수합병 원칙을 이해해야 한다.

첫째, 완전비용원칙

완전비용이란 인수합병에서 발생하는 직접적인 비용과 간접적인 비용 모두를 말한다. 직접비용은 인수합병시 지불하는 비용이고 간접비용은 인수합병 과정에서 발생하는 모든 비용을 말한다.

예를 들면 부채 인수, 지렛대 인수(부채를 흔히 지렛대(Leverage)에 비유한다. 남의 돈을 빌려 기업을 인수하는 것을 LBO(Leverage Buy Out)라고 한다), 세금 인수 등의 상황에서 채무비용은 처음에는 인수비용을 실제로 지불하지 않을 수도 있지만 점차적으로 원리금을 지불해야 하는 경우가 있다. 은행담보대출을 이용하여 인수를 했을 경우도 마찬가지로 나중에 원금을 갚아야 한다는 부담이 있다. 세금인수 경우도 세금을 내야하므로 비용이 든다. 어느 지역에서 조그마한 기업을 경매할 때 총 자산이 1500만 원인데 경매 최저가가 5만 원이고 부채가 1495만 원이라 하자. 구매자는 5만 원만 내고 이 기업의 주인이 될 수 있다. 하지만 그 뒤로 달마다 적정액을 지불하여야 한다.

또 거래비용과 같이 인수과정에서 발생하는 탐색, 기획, 협상, 문서제정, 자산평가, 법률검정, 공증 등의 중개비용도 뺄 수 없다. 주식을 발행하는 데도 신청비용과 판매비용 등을 지불해야 한다.

게다가 개조비용도 필요하다. 인수 혹은 자산치환을 하거나 위탁경영을 하는 상황에서는 사람을 파견하여 근무하도록 해야 하며, 원래의 경영진을 그대로 두면서 부가적인 인원도 배치해야 한다. 비경영적 자산을 없애야 하고, 무효한 설비는 처분해야 한다. 또한 직원을 새로이 교육하고 새로운 주식회의와 운영진을 세워야 하는데 이 모든 것에는 비용이 든다. 개명비용과 인수합병이 성공한 다음에 새로 등록하는 등록비, 관리비, 토지양도세, 공고비 등도 필요하다.

둘째, 장기비용원칙

인수합병의 경우 합병 당시의 단기적인 비용과 함께 장기적 비용에도 관심을 기울여야 한다. 장기비용이란 경제학 원리로 말하자면 인수합병한 뒤, 기업의 각 단기비용이 합쳐져 이루어지는 장기비용추세이다. 장기비용에는 몇 가지 기본적인 추세가 있다.

첫째, 각 단기비용이 작으면 장기비용도 작아진다. 둘째, 장기적으로 볼 때 모든 생산요인은 조정이 가능해야 한다. 생산요인을 조정하여 최저의 상태로 하였을 때만이 장기비용이 제일 낮아질 수 있다. 충분히 조정할수록 비용은 더욱 낮아진다. 셋째, 기업규모가 일정한 수준으로 확대되기 전에는 규모의 비용 수익이 점차 늘어날 수 있다. 그러나 규모가 일정 정도 확장된 후에는 규모의 비용은 증가하지만 규모의 수익은 감소하는 현상이 나타난다. 인수합병은 기업이름을 바꿨다고 끝난 것이 아니다. 계속해서 자금을 투입하지 않으면 합병은 바로 실패하게 된다.

인수합병된 기업을 즉각적으로 운행하기 위해서는 기동자금 혹은 시작비용을 지불하여 새 기업의 유동자금 혹은 시작비용으로 써야 한다. 새로운 기업이 시장을 개척하려면 시장 조사연구비, 광고비, 홈페이지 제작비 등의 비용이 증가한다. 경영비용에는 새로운 기업의 생산, 기술, 인원, 재무경영지출 외에도 총 기업경영 라인이 길어짐에 따라서 생겨난 비용 증가도 포함된다. 새 기업은 채권 혹은 은행대출을 통해 자금을 모을 수 있지만 그에 따른 이자와 채무비용을 지불해야 한다.

장기비용은 동적인 것이다. 새로 투입한 자금과 인수합병된 기업의 자금, 설비, 인원이 조화를 이루어 예상한 최적의 목표에 도달할지, 인수합병으로 총기업의 규모가 최고점에 도달할지는 모두 장기비용이 낮은가와 관련된다. 적지 않은 기업이 이미 규모가 한계점을 초월했을 뿐만 아니라 인수합병 뒤의 시장이 제한되어 있음에도 불구하고 맹목적으로 규모를 확장한 결과 장기비용은 끊임없이 늘어나는데 규모수익은 점차 감소되는 상황을 낳고 있다.

셋째, 상대적비용원칙

인수합병은 절대적 비용뿐만 아니라 상대적 비용도 계산해야 한다. 절대적 비용은 인수합병시 실제로 발생한 비용이다. 상대적 비용은 인수합병의 절대비용이 기타의 투자와 미래수익과 효율을 놓고 볼 때 나타나는 상대적인 크기이다.

여기에 몇 가지 계산방식이 있다.

1. 기회비용의 크기

기회비용이란 어떤 항목에 투자하기 위해 제일 유효한 방면의 재화 사용을 포기함으로 인해 초래되는 손실을 말한다. 인수합병을 할 때 발생하는 기회비용에는 인수합병의 실제비용 외 여러 가지 비용 지출로 인하여 다른 항목의 투자를 포기함으로써 발생하는 수익의 감소분이 포함된다. 즉 기회비용은 인수합병의 실제비용과 다른 항목에 투자했을 때의 수익을 합친 것이다.

2. 미래수익과 비교할 때 인수합병 비용의 상대적인 크기

예를 들면, 두 가지 인수합병의 목표 자산이 100만 원이면, 그중 한 항목의 인수합병은 절대비용이 낮아 총 비용이 80만 원에 불과하고 예상되는 시장이윤율이 5%밖에 되지 않는다. 다른 항목의 경우, 인수합병의 절대비용이 높아 총 비용이 100만 원이지만 예상 시장이윤율은 15%에 달한다. 미래 총자산가치 비용률에 따라서 계산하면 앞의 경우 자산가치 비용율은 94%이고 후자는 87%이다. 이것은 인수합병전략의 선택이다.

3. 기업 주식을 이용하는 데 드는 비용의 크기

주식을 발행하거나 혹은 주식을 시장에 내놓아 자금 확보를 꾀하는 것은 낮은 비용으로 확장하는 한 가지 방법이다. 현재 많은 기업이 주식시장에 열중하면서 적은 자본으로 큰 이익을 얻으려 하는

데 이는 근시안적인 행위이다. 주식이 상장되더라도 제도를 고치지 않거나 수익금을 합리적으로 투자하지 않으면 미래의 지급 주식의 압박과 비교할 경우, 주식시장에서 나오는 돈은 적은 비용이라고 말하기 어렵다. 실제로 현재 중국에 상장된 기업 중 일부는 이런 상대적으로 높은 비용 확장의 압력에 직면하고 있다. 미국의 로버트 쿤 박사의 말을 기억할 필요가 있다. "큰 것이 언제나 좋은 것만은 아니다. 기업규모를 무제한 확장하는 것은 때로 기업의 효율과 이익을 제한하게 될 것이다."

■■■ 인수합병모델

일반적으로 인수합병자의 입장에서 보면, 인수합병의 완성은 전략의 완성을 의미한다. 글로벌기업의 인수합병, 특히 서양의 인수합병은 대체적으로 기업인수합병전략의 모델 몇 가지를 가지고 있다.

1. 시장진입모델

시장진입모델의 선택은 다음과 같은 주요 요인에 의하여 결정된다. 기업의 시장수준, 새로운 개발구역에서 최초 투자라는 모험, 조직 성장에 있어 자원의 적충성, 잠재적인 증가치를 얻을 수 있는 능력의 구비, 뛰어난 진입 속도 등이 그것이다. 아래에서는 이들 요인에 대하여 간략하게 분석하겠다.

인수하는 기업이 목표시장에서 높은 경쟁력을 갖추고 있으며 남아도는 재화가 있어서 새로운 생산능력에 재투입하는 성장 방식을 취한다면, 기존 생산자의 여러 가지 보복을 반드시 받게 된다.

이러한 상황에서 기존 회사를 합병하는 것은 보복의 위험성을 낮추는 훌륭한 선택이 될 수 있다. 새로운 회사를 세우는 것이 현재 운영 중인 회사를 인수합병하는 것보다 더 큰 모험이라는 사실을 주의해야만 한다. 물론 새로 기업을 세운다는 것은 인수합병이 가져오는 경영 문제를 피할 수도 있지만 말이다.

하지만 인수합병하는 회사가 목표시장에서 경쟁에 필요한 재화와 능력을 구비하지 못했다면 오로지 피인수기업에 대한 인수합병 혹은 전략연맹을 통해서만이 이러한 재화와 능력을 얻을 수 있다. 인수합병기업이 새로운 시장에 진입하여 얻어내는 가치의 크기는 시장에 진입할 때 선택한 방식에 의해 결정된다. 조직성장 방식을 통해 목표한 시장에 진입하였다면 인수합병기업이 증가치를 얻는 능력은 최대가 될 것이다. 이 점에서는 인수합병이라는 방식이 피인수기업과 전략적 연맹을 결성하거나 피인수합병기업과 합자경영을 진행하는 것보다 훨씬 쉽다.

시장에 진입하는 속도의 측면에서 볼 때 인수합병은 새로운 시장에 가장 빠르게 진입하는 방법이다. 하지만 인수합병회사는 반드시 피인수회사에게 현 주주의 권한을 주어야 하기 때문에 인수합병이 더 많은 비용을 초래하기도 한다. 때문에 시장진입의 전략모델을 선택할 때에는 반드시 위에서 서술한 각 요소에 대한 상세한 평가를 토대로 해야 한다.

2. 인수합병전략의 모델

회사가 선택한 전략은 인수합병전략의 선택 유형과 피인수합병회사의 기본적인 상황을 보여준다. 인수합병회사가 선택한 인수합병전략 유형은 주로 다음 세 가지이다.

첫 번째, 시장침투형 전략이다. 이 전략은 인수합병의 대상기업이 동일한 제품을 판매한다는 것을 말하는 것으로, 횡적 인수합병을 의미한다. 끊임없는 시장 확대에 따라 다국적 인수합병은 인수기업을 현재 상품의 판매경르로 만든다. 두 번째는 제품확장형 인수합병이다. 이는 인수된 기업이 상보적 제품을 출시하기 때문에 합병 이후에도 늘어난 제품을 기존 시장에 출시할 수 있다. 세 번째는 다원화 전략이다. 이런 경우는 인수기업과 합병기업의 업무는 전혀 관련이 없다.

아래는 전자의 두 전략에 대한 연구 예이다.

1992년 GK는 1.04억 파운드의 가격으로 동일한 유형의 주조회사 몰랜드를 인수합병하였다. GK의 인수합병전략은 영국 남부 최대의 주조회사를 만드는 것이었다. 당시 GK는 런던의 남부와 서부, 몰랜드는 템스밸리에서 경영하였다. 때문에 이 두 회사는 구역상 상보적인 기업이었다. 당시 GK는 이 결정이 두 회사 사이에 합리적인 지역 분포를 형성할 것이라고 발표하였다. 인수합병은 상품의 종류, 영업판매와 보급품의 구매방면에서 매우 유리한 것이었다. GK는 몰랜드와 상보적 관계를 지닌 맥주브랜드로 몰랜드 주변에서 자기 브랜드의 맥주를 판매하기를 원했고 이로 인해 몰랜드 구역 내에서 상품의 종류가 증가할 것이기 때문이다. GK는 몰랜드를 인수합병한 후 해마다 250만 파운드의 초과 이윤을 얻을 수 있으며 집단 주주의 수익을 증가시킬 수 있으리라 예측하였다. 이 성공적인 예는 횡적인 인수합병전략의 결과이다.

존 나이스비트는 인수합병에서 인수기업의 가치사슬과 대상기업의 가치사슬이라는 두 개의 가치사슬이 가장 중요하다고 인정하였다. 두 개의 가치사슬을 재조합하여 새로운 경쟁우위나 합병 뒤 기업의 경쟁력 우위를 개선하고자 할 때 합병에서 파생되는 참여 증후군을 느끼게 된다. 재조합과정은 기업을 개편하거나 두 기업의 가치사슬을 개편하는 과정이다. 가치사슬의 개편은 두 기업의 조직구조 개편과 연결될 필요가 있다. 합병 완성의 난이도는 기업조직의 정치와 문화정도에 의해 결정된다.

전략적인 각도에서 고찰하면 서로 다른 유형의 가치사슬 즉 가치창조 논리는 반드시 서로 다른 유형의 인수합병을 초래한다. 인수기업과 대상기업 간 가치사슬의 재조합 방법은 모두 이런 논리에 따른다. 다시 말해 인수합병전략의 가치사슬에 대한 분석이란 기업의 정치와 문화를 포함하는 조직구조 요소를 유동적인 가치창조논리 즉 가치사슬로 분석해내는 것이다. 예를 들면 가치창조논리가 두 기업을 합병한 뒤에 규모의 경제와 생산설비 합리화에 도달했다고 할 때 가치사슬의 운영비용은 내려간다. 인수합병기업이 피인수합병기업의 상품을 자기의 판매망을 이용하여 대량 판매할 때 피인수합병기업의 판매비용은 당연히 적어진다.

혼합합병의 동력은 예정자본비용의 감소에 있다. 이러한 상황에서 기업의 기초비용은 내려간다. 어떤 상황에서는 피인수합병기업의 경영활동 중 불필요한 것이 있는데 예를 들면 개발과 설계 같은 것이다. 만약 이런 활동이 정지된다면 피인수기업의 가치사슬의 지지를 포함한 일부 활동도 반드시 감소되거나 취소될 것이다. 인수합병이 재무조절과 효율의 제고를 목표로 한다면 총본부 인원과 기타 중심기능부문의 필요한 수축을 따라 피인수합병 가치사슬의 기초요인도 필연코 감소할 것이다.

　전체적으로 보면 가치사슬의 어떠한 변화든 인수합병기업의 수익, 비용과 이윤 그리고 피인수합병기업의 투자요구에 반영된다. 이러한 변혁은 인수합병에 의하여 증가하는 현금유통형태의 재화 특징을 대표한다. 인수합병 뒤에 재무종합이 있으면 자본비용도 내려간다. 자본비용이 내려가는 방식 아래 증가한 현금유통량은 인수합병으로 인해 증가하는 가치에 속한다. 증가한 현금유통량을 가늠하기 위해 인수합병기업은 가치사슬의 구체적인 분석과 수익, 비용과 현금유통량을 서로 연계시켜야 한다.

　자본운영이념은 기업경영이념을 새롭게 바꾼 것으로, 특히 나이스비트의 자본운영과 가치사슬 재조합이라는 사상은 전통적인 생산경영이념에 대한 포기임을 의미한다. 자본운영이론을 이용하면 기업은 새로운 발전기회를 가질 수 있으며 기회와 도전이 공존하는 지식경제시대에 더 큰 발전을 이룰 수 있다.

　사회와 산업 기구는 늘 미래에 대한 예측에 열중한다. 중국은 사회와 경제의 발전 확대와 전진에 따라 미래의 특수한 도전에 직면해야 한다. 뛰어난 미래학자인 존 나이스비트는 전심전력으로 『메가트랜드』라는 책을 써서 현 시대가 직면한 도전을 제기하면서 아직 이해되지 못한 도전

의 요소와 윤곽을 해석하였다. 권위 있는 인사들은 '『메가
트랜드』가 이 시대와 이후 몇 세대의 미래를 구성하였다.'
고 생각한다. 이 책은 경영자에게도 도움이 될 것이다.

찰스 핸디 · *Charles Handy*

글로벌 경영

찰스 핸디 (1932~)

　아일랜드에서 태어나 1972년까지 쉘에서 근무하였고 런던의 비즈니스 스쿨에서 교편을 잡았다. 그는 MIT공대에 있을 때부터 선진적인 경영사상에 접촉하였다. 핸디는 베스트셀러 작가로서 그리고 아나운서로서 안정되고 내향적인 방식으로 경영사상가의 중요한 일원이 되었다. 그의 저서는 사람들이 이해하기 쉬워서 많은 호응을 받았다. 주요한 저작으로는 『불합리성의 시대』, 『조직의 이해』, 『작업의 미래』 등이 있다. 그는 잡지에서 제일 환영을 받는 투고인이다.

핵심사상

> ■ 글로벌전략의 경영사상 :
> 경제의 글로벌화에 대응하기 위하여 경영자는 더욱 광범위한
> 글로벌경영사상과 참신한 경영을 할 것을 요구받는다.

찰스 핸디의 경영사상은 방대하고 복잡한 체계를 갖고 있어서 한 권의 책으로는 다 서술하지 못할 정도이다. 여기에서는 그의 여러 사상 중 현재의 글로벌화 배경 아래에서 독특한 사상을 하나 선택하였다. 이 경영사상은 현재 대형 다국적기업의 일부(예를 들면 캐논, HP 등)에서 실행하고 있다.

■■■ 글로벌경영은 필연적이다.

미국 보잉이 생산한 보잉747 여객기의 생산과정에는 국외의 1,500여 개의 대기업과 15,000개의 중소기업이 참여하였다. 일본 마쓰다 자동차의 마야다 오픈카는 미국 캘리포니아 주에서 설계를 하였고, 일본에서 자금을 모아 영국에서 샘플카를 제작하였다. 주요 부품은 일본에 보내고 조립은 멕시코에서 하였으며 주 판매시장은 미국이었다. 또 미국시장에서 잘 팔리고 있는 바비 인형의 경우를 보면 원료는 중동의 석유생산국에서 가져오고, 중국 대만에서 반제품으로 만들어진다. 가발은 일본에서, 포장 재료는 미국에서 제공하고, 중국 광동성, 말레이

시아와 인도네시아 등에서 가공하고 조립한다. 이러한 변화는 우리에게 새로운 시대가 도래했음을 알려준다. '글로벌' 이라는 단어는 80년대 중기에 사용되기 시작하였으며, 90년대에 들어서는 국제연합 사무총장 갈리가 "세계는 글로벌시대에 들어섰다."고 선포하기도 하였다.

글로벌화는 기업이 직접 국제시장에 뛰어들어 다국적 경영을 하게 만들었다. 이는 기업경영에 새로운 도전이다. 다국적기업을 운영하기 위해서는 경영방식을 개편하고 참신한 경영사상과 경영문화를 수립해야 한다. 다국적기업이 되기 위해서는 반드시 글로벌경영전략을 펼쳐야 한다.

찰스 핸디는 경영이 더 이상 국경의 제한을 받지 않는다고 선포하였다. 맥도날드가 모스크바에서 햄버거를 팔고 있으며, 미국 회사인 엡손의 연 75%의 이윤은 미국이 아닌 다른 나라에서 들어온다. GM은 브라질에서 차를 제조하고 있다. 포드의 '빅토리아' 부품은 세계 각국에서 온다. 멕시코(의자, 바람막기 유리, 기름통), 일본(감진기), 에스파냐(발동기전자조절장치), 독일(브레이크 잠금 시스템) 등이 있다.

이러한 예는 글로벌경제의 발전에는 참신한 경영방식과 수단, 효과적인 경영방식이 필요하다는 점을 알려준다. 즉 세계적인 경영인이 되려는 포부를 가진 사람은 반드시 글로벌화된 전략적인 사고방식으로 이 시시각각 변화하는 세계를 살펴야 한다. 자아실현이나 조직목표에 위협적인 것 혹은 기회가 될 수 있는 것을 찾아내고, 뜻밖의 유행이나 기회 등을 포착할 수 있어야 한다. 성공한 경영인은 반드시 서로 다른 문화, 서로 다른 제도, 서로 다른 기술에 적응할 수 있어야 하며 글로벌경영전략의 기교를 배우고 실천해야 한다.

핸디의 글로벌전략 경영사상은 아래의 내용을 포함한다.

■■■ 경쟁력 관리

경쟁력 관리는 전세계에서 여러 가지 정보를 채집하는 능력이다. 자본, 기술, 공급상, 설비, 시장성, 인력자원 등에 대한 정보를 획득하고 그 정보를 이용하여 조직경쟁력 우위를 확보하여 이윤을 증가시키는 능력도 포함된다. 따라서 정보 획득은 기업의 경쟁력 관리에 없어서는 안 되는 부분이다. 하나의 극단적인 예를 든다면 미쓰비시 무역회사는 세계적으로 시장분석인원 6만여 명을 고용하였다. 이들의 주요한 임무는 시장정보를 수집하고 회사본부에 보고하는 것이다.

과거 경영인의 정보통에는 한계가 있었다. 그 정보는 국내 환경을 스캔하는 외에는 사용할 수 없었다. 이제 경영인은 시야를 넓히고 정보의 출처를 국제화하여야 한다. 이는 여러 가지 경로를 통할 수 있다. 예를 들면 세계 각 지역의 신문과 경제저널을 찾든지, 그 외에 날로 성장하는 네트워크도 최신 정보 검색 서비스를 제공한다.

끊임없이 정보를 수집하여 시야를 넓히는 것은 경쟁 대상자를 이기기 위해서일 뿐만 아니라 기회를 찾기 위해서이기도 하다. 아래의 몇 가지는 글로벌 경쟁력을 증가하는 데에 도움이 된다.

(1) 글로벌 경쟁력을 증가시키는 성공요인을 열거해 본다. 이를 바탕으로 정보를 여과해서 그중 발전 전망이 있는 주요한 추세를 잡아야 한다. 그리고 난 후에 우선적인 작업임무를 확정하고 업종과 국경을 초월한 경영방식을 확보한다.

(2) 정보처리시스템을 구축하여 적당한 정보를 적당한 시간에 적당한 사람에게 전달하고, 세계적인 범위에서 가장 효과적이고 가

장 시기적절한 해결책을 실시한다. 거기서 이익을 볼 수 있는 다른 구성원과 생산력 및 효율을 높일 수 있는 정보를 공유한다.

(3) 끊임없이 경쟁력을 분석하고 재분석한다. 세계의 주요 경쟁 대상자가 어떤 일을 하고 있는지 하나도 놓치지 말고 관찰한다. 그들의 행동이 얼핏 보기에는 현재의 이익과 별로 연관이 없을 지라도 관심의 끈을 놓아서는 안 된다.

(4) 국제 무역, 관세, 경제, 사희 및 정치 변화가 지역 혹은 세계 경쟁력에 어떤 영향을 미치는지 주시해야 한다. 업계 내 자료나 전문 출판물 혹은 널리 퍼져있는 문헌자료를 광범위하게 열독해야 한다.

■■■ 글로벌경영을 하기 위해서는 복잡한 경영에 적응해야 한다

경제의 글로벌화가 조직에 복잡성과 모순을 가져온 것은 필연적이다. 국제적인 환경 아래에서 변화무상한 정치, 경제 및 정확하지 않은 경쟁, 고객의 소비양식은 경영의 복잡성을 증가시켰다. 이로 인하여 발생하는 긴장상태를 효과적으로 완화하여 직원의 창조력과 창신의식을 제고하는 것이 경영자가 특별히 주의를 기울여야 할 문제가 되었다.

글로벌경영의 복잡성은 여러 곡표에 대한 동시경영을 의미한다. 세계적인 기업은 살길을 모색하기 위해서 효율적이고 민첩하게 대응해야 하고 세 가지 내용을 학습해야 한다. 미국, 유럽, 일본의 기업이 복잡성을 해결한 방법에는 각기 특색이 있다.

미국 회사는 규격화된 방법을 사용하였다. 조직과 공정한 체제를 세워 여러 가지 목표의 우선순위를 확정한다. 이것은 목표가 많은 경우, 혹은 가장 복잡한 조건의 세계적인 경영을 위해 분명한 준칙을 제공한다. 유럽 회사는 규격화에 의존하지 않고 사교적인 방식에 의존하였다. 다국적기업은 초빙, 선발, 훈련, 직무 교대, 국제 경영 간부의 배양 등을 통해 관리인을 키워 세계적인 사고를 하게 했다. 이러한 관리인은 점점 회사 문화에 익숙해져서 고위층의 신뢰를 얻게 되고 최종적으로 기업조직을 응축하는 접착제 역할을 하게 된다. 일본 회사는 세 번째 방법을 사용하여 다목표경영을 하였다. 그들은 의사결정에 집중적으로 의존하였다. 이는 통상적으로 대가가 비싸다. 또한 총본부와 하속기관의 불화를 조성하기도 한다. 이 세 가지 방법이 끝은 아니다. 업무, 지역, 직능이 서로 다르므로 이 세 가지는 반드시 결합되어 사용되어야 한다.

■■■ 우수한 조직은 복잡성을 더욱 잘 해결할 수 있다

기관이 광범위하게 분포함에 따라서 발생하는 고도의 복잡성, 즉 문화, 법률의 상이성과 시차는 강력한 수단을 요구한다. 원격조정과 서로 다른 언어의 의사소통, 다양화된 시장 수요에 대해 신속한 반응을 요구한다.

■■■ 다국적기업은 문화 단체 형성에 진력을 다해야 한다

효과적인 문화 단체는 미래의 세계적인 경쟁력의 관건이자, 직원을 격려하고 관리하는 관건이다. 일본과 이스라엘은 그들의 경쟁 대상인 미국과 캐나다에 비해 수십 년 일찍 단체 형태를 채용해 작업을 진행하였다. 이것은 대체적으로 문화를 이용해서 해석해 낼 수 있지만 단체 형태가 곧 개인주의 사회로 들어갈 수 없다는 것을 말하는 것은 아니다. 단지 이러한 환경 속에서 단체 형태가 비교적 긴 시간을 소모해야 된다는 사실을 받아들이고 관리자 역시 직원에게 충분한 교육과 격려제를 제공함으로써 잠재된 저항을 극복해야 한다.

아래 아홉 가지의 단체는 효고적인 글로벌경영에 매우 중요하다.

(1) 경영층이 만든 세계적인 안목을 가진 총본부. 그들은 직능, 생산품 혹은 지역에 따라 각 업무의 전략과 발전방향을 감시하고 통제한다.

(2) 총본부의 부분단체는 세계 각 지부의 이익을 대변하여 협조를 얻는 효과적인 대표이다.

(3) 전략연맹단체는 경쟁을 신전략의 일부분으로 삼아 개발비용을 분담하고 기술성과를 공유한다.

(4) 기술이전단체는 기술혁신을 한 지역에서 다른 지역으로 전한다.

(5) 직능을 뛰어 넘은 단체는 회사의 품질 개선 혹은 고객 서비스 등의 항목에 책임을 진다.

(6) 세계적인 직능단체는 상업, 금융, 행정, 운영 및 인력 자원 등의 전략, 정책, 공정을 책임진다.

(7) 합자단체는 국외의 파트너와 함께 새로운 회사를 건립하고 운영을 책임진다.

(8) 부서를 초월한 협조단체는 다국적 회사 내에서 각 경영 부문 혹은 다른 업무 사이의 전략과 계획에 협조한다.

(9) 단기항목단체는 임시적인 임무를 책임진다. 예를 들면 회사의 특수한 문제에 대한 조사와 소통이다.

문화단체를 조직하거나 발전을 촉진시킬 때, 우선 단일문화단체를 관리하는 것처럼 문화 차이가 일으키는 문제를 배제한다. 문화단체는 직업, 교육적 배경, 기업의 사교, 이익과 목표 등의 방면에서 상동한 점을 찾을 때 잘 운영되어질 수 있다.

■■■ 다국적기업은 불확실한 경영에 주의해야 한다

끊임없이 일어나는 변화는 업무에 영향을 미치는 주요한 요소이다. 경영자는 혼란 속에서 질서를 세우고 지속적으로 변화와 무질서에 대응하여 고객 수요와 경쟁 환경에 대응해 왔다.

경영인은 환경 변화가 완만할 때는 점진적인 방식으로 변화에 대응해도 괜찮다. 하지만 오늘의 '급류' 와 같은 환경에서 성공은 민첩하게 대응하는 일부 경영인에게 돌아가고 있다. 글로벌적인 변화를 멈추지 않아야 한다. 안정을 추구하는 것을 사업의 준칙으로 삼아서는 안 되며, 외부 변화에 대하여 분석을 하고 다시 조직 내부에서 검토하여 변화에 적응해야 한다.

무질서에서 좋은 기회를 잡아야 하며 질서 있는 운영을 통해 시기가 지난 것들을 삭제할 줄도 알아야 한다. 국제 시장에서 도태되는 많은 기업은 바로 과거의 전통과 관념, 성과에 빠져있기 때문이다.

비교적 이름이 잘 알려지지 않은 딕은 보잉의 데스크탑 컴퓨터의 부회장이다. 그의 감독과 경영 아래 보잉은 3495달러의 가격으로 레이저 프린터를 내놓았다. 물론 사람들은 이런 프린터는 10만 달러 혹은 더 높은 단가로 팔아야만 이윤을 얻을 수 있다고 생각하지만 딕은 새로운 기술을 사용하여 레이저 프린터업계의 경쟁을 완전히 무너뜨렸다. 보잉은 현재 미국 레이저 프린터 시장의 70%를 점유하고 있다. 현재는 레이저 프린터에서 얻은 경험을 회사의 다른 부분에 퍼뜨리고 있다.

■■■ 중국의 예

핸디의 글로벌경영전략의 사상을 기초로 다국적 경영의 길을 걷고 있는 중국 회사가 있다. 지엔리바오(健力寶)의 해외투자와 하이얼(海爾)의 미국 강점이다. 이들은 모두 아래의 문제를 해결하여 성공적으로 국제화의 길에 들어섰다.

(1) 다국적 경영의 동기와 목적의 명확성 여부이다. 기업은 왜 국외투자를 해야 하는가? 우선적으로 대답해야 할 문제이다. 일반적으로 기업의 대외투자는 네 가지 동기가 있다. 시장개발, 이윤과 수익, 생산요소 유입, 서비스이다. 동기의 목표는 하나일 수도 여러 가지일 수도 있지만 모두 기업의 실제적인 수요와 객관적인 가능성에 의하여 구체적이고 명확한 목표를 제기하여야 한다. 이는 다국적기업 투자의 성패와 중대한 관련이 있다.

(2) 진정한 우위를 점하고 있는지도 보아야 한다. 기업우위는 다방면에서 볼 수 있다. 다국적 경영이 가져오는 내부화우위와 구역

우위 외에도 본사가 갖고 있는 자산의 우위는 우선 고려해야할 문제이다. 예를 들면 기술설비우위, 자금우위, 인재우위 등이다. 또 해외경영관리의 경험과 양호한 신용, 명품브랜드, 판매경로와 상품반품권 등도 있다. 그중에서도 기술적인 우위가 가장 중요하다. 총체적으로 확실한 우위를 갖고 있는지는 해외투자 결정의 기초가 된다. 이를 무시하고 섣불리 행동하면 예정된 효과를 달성하기 어렵다. 기업이 우위를 갖고 있는지 여부는 기업의 규모와 필연적인 관련이 없다. 대기업과 소기업은 모두 자신의 우위를 가지고 있다. 진정한 우위를 가지고 있어야만 국제시장경쟁에 참여할 수 있다.

(3) 가능성에 대한 연구를 하고, 좋은 합작파트너를 선택하여야 한다. 가능성 연구는 일반적으로 서면적인 자료를 수집하여 현장고찰을 진행하며 영사관 직원의 의견도 청취하고 자문회사에 의뢰하여 연구를 진행하는 등의 방식으로 진행한다.

조사연구의 내용은 대체적으로 아래와 같다.

A. 그 나라의 기본적인 경제상황. 예를 들면 경제구조, 시장규모, 수입, 소비, 진입방법, 소비취향, 판매경로 등이다.

B. 환경과 기초시설.

C. 화폐, 자금, 신용대출과 외환경영

D. 원료, 보조재료, 설비의 공급

E. 노동력의 내력. 예를 들면 교육수준, 월급과 복리, 노조활동 등이다.

F. 단가 효율의 예측 및 투자회수기간

G. 법률. 예를 들면 심사, 등록에 들어가는 비용, 회사법, 직원
   의 출입국관리, 세무법과 세금징수정책, 분배와 허가증제도
   등이다.

H. 국내정치. 예를 들면 국정의 안정성, 치안상황, 외자에 대한
   환영, 제한정책 등이다.

I. 풍속과 종교, 역사문화배경 등

중국에 해외기업이 많이 진입한 원인은 합자와 합작의 형식
을 이용하였기 때문이다. 합작파트너를 잘 찾는 것은 매우 중요
하며, 합작파트너에 대해서는 반드시 정확하게 파악하고 있어
야 한다. 화교 기업가는 중국에서 다국적 경영을 진행하는 중요
한 역량이다.

(4) 다국적기업경영의 업종과 지역의 선택 문제이다. 기업이 어떠
한 업종을 선택하여 투자할 것인가는 주로 기업의 총체적인 발
전전략과 경영정책의 필요에 의하여 결정된다. 거기에 기업의
경제력, 기술조건을 결합하여 투자부문 업종을 확정한다. 중국
기업의 경제기술이 실력면에서 아직 그다지 대단하지 않고 해
외경영 경험도 부족한 점을 고려하여 다국적 경영의 투자 업종
은 원칙상 그 업종에 익숙하고 우위를 차지하는 업종을 선택하
여야 한다. 이렇게 하면 비교적 성공할 가능성이 크다. 물론 경
영범위도 너무 협소하지 않아야 한다. 실력이 늘어나고 경험이
풍부해지면 필요와 가능성 여부를 본 후 한 가지 업종을 위주로
하면서 적당히 다양화 전략을 취해야 한다. 투자 지역은 투자 목
적에 따라서 투자업종과 경영전략을 총괄하여 안배해야 한다.

(5) 뛰어난 인재를 확보해야 한다. 뛰어난 인재는 다국적 경영이 성공할 수 있는 관건이다. 해외투자를 할 때 반드시 파견하는 직원의 선택과 안배, 교육을 중시해야 한다. 특히 간부는 업무에 능통하고 풍부한 실천경험이 있어야 하며 창조성도 풍부한 우수한 인재여야 한다. 동시에 경험이 있는 외국인을 초청하여 중요한 직무를 맡게 할 필요성도 있다.

또 다국적 경영을 하기 위해서는 자신의 경영제도가 시장경제와 국제관례에 부합하는지와 해외의 기업 조직과 경영방식 등에 대해서 충분히 고려해야 한다.

새로운 경영환경은 필연코 새로운 경영사상의 탄생을 초래한다. 경제의 글로벌화 경향이 갈수록 증가하는 오늘날 국제기업의 경쟁에 대처하기 위하여, 급속히 성장하는 세계시장에 융합하기 위하여, 다국적 환경이 기업경영에 가져다주는 도전을 맞이하기 위하여, 찰스 핸디의 글로벌 전략 경영사상은 경영자에게 많은 도움을 준다. 핸디는 글로벌경영에 대한 분석에서 매우 큰 성과를 얻었다. 개인의 입장에서 그는 이미 답을 얻은 듯하다. 하지만 그것들을 다른 사람에게 주는 답으로 변하게 할 수 있는지의 여부는 아직 과제로 남아있다.

잭 웰치 · *John Frances Welch Jr*

더 간소하게, 더 신속하게, 더 자신 있게

잭 웰치 (1935~)

MIT공대에서 화학공학 학사학위를 취득하였고 1960년 일리노이대학 화학공학 박사학위를 받았다. GE에 입사하여 GE 화학과 야금사업부 사장을 거쳐 GE 부회장을 역임하였으며 1981년 4월 GE 역사상 최연소 회장 겸 CEO가 되었다.

20년이라는 짧은 기간 동안 웰치는 GE의 시장 가치를 4500억 달러까지 끌어 올려 30배 이상의 성장을 보여주었다. 그가 추진한 '식스 시그마' 표준과 글로벌화 및 e-비즈니스 전략은 현대 기업의 정의를 새로 내리게 하였다. 이와 동시에 이 개혁 경영의 귀재는 독특한 철학과 작업 시스템을 창립하였다. 이 시스템은 편평한 '경계선이 없는' 경영모델에 근거한 것으로, 사람의 열정에 중점을 두는 일종의 비공식적이고 평등한 교류 방식이다. 이로 인해 매우 다원화된 비즈니스 제국은 기업의 오래된 고질병인 피라미드식 관료체제로부터 벗어날 수 있었으며, 민첩하고 능동적으로 격식의 구속을 떨쳐버릴 수 있었다. 그는 사업에서 성공을 거둔 동시에 세계에게 가장 추앙받는 기업경영인이 되어 모든 CEO들이 닮고 싶어 하는 우상이 되었다.

핵심사상

- 현실을 직시하고, 뛰어남을 추구하며, 끊임없이 자신을 넘어서라.
- 기업이념을 새로이 하고, 새로운 전략을 꾀하여 정상의 자리를 견고히 하라.
- 품질 경영을 중시하는 '식스 시그마' 원칙을 적극적으로 추진하라.
- 더 간소하게, 더 신속하게, 더 자신 있게.

그 어떤 미사여구로도 형용하기 부족한 잭 웰치, 그가 GE를 이끄는 동안 정립한 경영사상은 경영자들에게 많은 영향을 주었다. 경영이념과 실제 경영방법은 각국의 기업가들에게 많은 깨달음을 주었다. 여기에서는 그 기본 경영사상을 심도 있게 다루어 이 사상의 핵심을 함께 누리고자 한다.

■■■ 뛰어남을 추구하며 자신을 넘어서라

1981년 4월 1일 GE의 제8대 회장 겸 CEO로 취임한 잭 웰치는 마치 타이타닉 호의 가장 편안한 의자에 누워있는 듯한 기분을 느꼈다. 보통의 경영자들이라면 이 배를 흔들리지 않게 하기 위해서 단지 부분적으로 수리하는 것이 가장 좋은 방법이라고 생각했을 것이다. 그러나 호전적인 성격을 타고난 웰치는 그렇지 않았다. 변화가 빠른 환경 속에서 살아남기 위해서 GE에는 새로운 이념과 전략이 필요하다고 생각하였다. 혁신을 진행하기 전에 웰치는 자신이 처한 현실을 파악하고 '해야 하는 일을 한다.' 라는 신념을 머릿속에 깊이 새겼다.

웰치는 '바쁨' 과 '한가함' 에 대해서 다음과 같이 말했다. "일주일에 90시간을 일한다고 말하는 이에게 나는 '그렇지 않소. 당신은 매주 20건의 문서를 처리하는 데 90시간을 소비한다고 말하지만 자세히 살펴보면 그중 최소한 10가지 일은 의미 없거나 다른 사람이 대신 해줄 수 있는 것일 거요' 라고 말해줄 것이다."

우리는 '형식' 을 너무 좋아한다. '근면' 을 찬미하는 반면 '효율' 을 무시하고 '수량' 을 추구하느라 '수익' 은 문제시하지 않는다. 심지어 많은 조직들의 임금은 단순한 '작업량' 만을 근거로 하여 제정한다. '근면' 은 성공에 꼭 필요한 것이긴 하지만 '정확한 일을 하고' '반드시 자신이 할 일을 할' 때만 긍정적인 의의를 갖는다. '근면' 이전에 이 일은 반드시 해야 하는 것인지, 반드시 내가 직접 해야 하는 것인지를 자문해야 한다.

그렇다면 시간과 정력은 어디에 써야 하는가? 웰치는 적합한 경영인을 찾아 그들의 업무 동기를 자극하는 데 써야 한다고 생각했다. "생각이 있는 사람이 바로 영웅이다. 훌륭한 생각을 발굴해 내어 확장시키는 동시에 재빠르게 그것을 회사 곳곳으로 확대시키는 것이 바로 나의 주된 업무다. 나는 한 손에는 물 호스를 잡고 다른 한 손에는 화학 비료를 들고서 모든 일이 번성할 수 있도록 돕는 것이 나의 임무라고 굳게 믿는다." 그의 이 원칙은 변함없이 준수되고 있다.

웰치는 '끊임없는 자기 극복' 의 전략을 선택하였다. 그는 여러 차례 기업철학을 갱신하여 새로운 전술을 마련하였다. 웰치는 '확장' 의 개념을 제시했는데, 그것은 직원들에게 조금 과하다 싶을 만큼의 요구를 지속하는 것도 포함한다. "'확장' 이란 불가능할 것 같은 목표를 달성하고자 전력을 기울여 스스로 해결 방법을 찾으려할 때 드러나는 비범한 능력이다. 설령 그 일이 성공을 거두지 못했다 하여도 우리의 능력은 전보다 훨씬 나아졌을 것이다." "연말에 우리가 체크해야 하는 것은 목표를 달성했느냐의 여부가 아니라 환경 변화를 배제한 상황에서 일 년 전보다 성장과 진보를 이루었느냐 하는 것이다. 직원들이 좌절감에 빠진다는 것은 최소한 변화를 시작한 것이므로 그들에게 보너스를 주어 고무시켜야 한다. 만일 실패로 인해 처벌을 받게 된다면 감히 뭔가를 시도할 생각을 하지 못할 것이다." GE는 '확장성 목표' 를 격려 수단의 하나로 여길 뿐 결코 심사의 표준으로 삼지는 않았다. '끊임없는 자기 극복' 이야말로 각 직원들이 정립해야 하는 기본 철학이다.

■■■ 최고 원칙

웰치는 '최고' 원칙을 제시하였다. 경쟁 대열에서 중간 위치를 차지하는 제품 판매상과 서비스상은 앞으로 존재할 만한 여지가 없게 될 것이므로 진정 성장할 수 있는 산업 부문을 발견하고 참여해야 한다. 그리고 참여하는 업종에서는 1위 혹은 2위 정도는 되어야 이처럼 완만하게 성장하는 환경 속에서 승리를 쟁취할 수 있다. 1, 2위를 다툰다는 것은 목표일 뿐만 아니라 필연적인 요구로, 이 사상은 기업이 한 걸음씩 나아가 최종적인 목표에 도달하도록 한다. 기업의 어떠한 업무라도 업계의 시장 점유율이 3위 안에 들지 못하거나 이윤을 내지 못한다면 단호하게 퇴출시켜야 한다. 당시 대중들의 쟁의를 불러일으킨 이 가혹한 표준을 근거로 GE는 수많은 전통적 업무를 축소하고 분산시키거나 합병 처리하였다. 그러나 이 개혁의 결과 회사 수익은 감소하지 않았고 오히려 핵심 업무에 치중한 GE의 경쟁력을 강화시켜 더 많은 이윤을 내었다.

이러한 사상의 변화로 GE는 거대한 변혁을 이루었다. 웰치는 대담하게 GE의 업무에서 전면적인 개조를 단행하였다. 90년대에 이르러 웰치는 회사 인원을 25%나 감축했음에도 불구하고 기업의 12개 회사가 번영하였다. 이때에도 웰치는 결코 답보상태에 머무르지 않았다. 수술을 받은 지 15개월 후, 곧 퇴직을 4년 남겨두고 웰치는 개혁을 더욱 가속화하였다. 회사는 적극적으로 서비스업에 진출하였다. GE의 중점 사업을 제품 판매에서 고객들에게 해결 방안을 제공하는 서비스업으로 전환하기로 결정한 것이다. 1981년 제조업의 수입이 GE 총수입의 절반 이상을 차지했으나 1997년에는 GE 수입의 3분의 2가 서비스업에서 나왔다.

오늘날 GE의 서비스 분야는 지속적인 성장을 위해 중요한 조치를 취하고 있다. 이 조치는 GE의 가장 중요한 임무를 제품 제공에 부차적으로 서비스를 제공한다는 것에서 고품질의 제품을 지속적으로 제공하는 것이다. 또한 고객을 중심으로, 정보 기술을 기초로, 그리고 생산율을 향상시키는 각종 고부가가치를 중심으로 하는 해결 방안으로 돌리고 있다. GE는 앞으로 서비스업이 GE가 고속 발전할 수 있는 주요 엔진이 될 것이라고 예측하여 "다음 세기 GE의 청사진은 고품질의 제품을 판매하는 회사이자 전 세계적인 서비스를 제공하는 회사일 것이다."라고 발표하였다.

■■■ 전면적 품질관리의 실행

웰치는 전면적 품질관리 사상의 응용을 매우 중시하였는데 이는 '식스 시그마' 원칙의 추진에서 구체화되었다. 비록 최근에 SCM, CRM, ERP 등의 경영 신개념이 사람들에게 많이 알려지긴 했지만 품질관리라는 오래된 화제가 결코 시대에 뒤떨어진 것은 아니다. 잭 웰치는 GE를 경영하면서 '식스 시그마' 운동을 벌이는 데 혼신의 힘을 기울였다. 그는 "품질 문제는 GE를 그저 우수한 회사에서 세계적인 최고의 회사로 끌어 올릴 수 있게 해줄 것이다."라고 말하였다.

시그마는 품질을 평가하는 수단이며 식스 시그마에 가까울수록 품질은 더욱 완벽해지고 기업의 경영과 효율 역시 높아진다. 그 반대일 경우, 문제와 결함이 많아지게 되어 기업이 입게 되는 손실이 막대해진다. 도시바 노트북 컴퓨터의 작은 문제가 미국에서는 10억 달러의 배상금으로 돌아왔고, 중국에서는 판매 1위에서 밀려나는 상황이 벌어지기도 하였다. 포드는 파이어스톤 타이어 문제로 거액의 손실이라는 쓴맛을 보아야 했으며, 코카콜라는 벨기에와 프랑스에서 판매금지

처분을 받기도 하였다. 미국에서 99% 품질 합격의 의미는 매 시간마다 2만 통의 편지가 분실되는 것, 매일 두 대의 비행기가 사고를 당하는 것, 매년 병원에서 20만 장의 처방전이 잘못 내려지는 것과 같다.

다음의 예는 문제를 더욱 직접적으로 설명해 준다. 만약 전구 100개를 생산한다고 할 때 각각의 전구에 전기를 넣어 불이 켜질 가능성은 99%이다. 그렇다면 전구 100개 전체에 전기를 넣어 모든 전구에 불이 켜질 가능성이 0.99의 100승 즉 0.366이 되어 결과적으로 절반에 못 미치게 된다. 전구 생산 기술이 개선되어서 각 전구가 켜질 가능성이 99.9999%로 향상되었다면 전구 100개가 모두 켜질 확률은 0.999999의 100승 즉 0.999999로 100%에 가깝게 된다.

웰치는 '식스 시그마' 원칙을 확장적으로 운용하여 경영의 각 방면에 침투시켰다. 품질관리의 도구와 수단으로 기업 발전의 주요 전략이 되기에 충분하도록 향상되어 기업의 경영 철학과 이념 즉 종합적인 경영법으로 자리잡았다. '식스 시그마'를 통해 기업은 성공을 획득하고 유지하며 확장시키는 것이다. '식스 시그마'는 고객의 기대를 목표로 하면서도 끊임없이 그 기대를 넘어서도록 한다. 기업은 3시그마에서 시작하여 이후에 4, 5, 최종적으로 6시그마에 도달한다. 매 과정 속에서 정의, 측량, 분석, 개진 그리고 제약을 강조하여 기업은 규정된 궤도 속에서 양성 순환을 통해 전진하는 것이다. 이때 '식스 시그마'는 일종의 문화적 경영이다.

사람들은 가끔 무엇을 해야 할지 목표가 무엇인지 잘 모르는 경우가 있다. 그러나 '식스 시그마'의 실시를 통해 모든 사람이 자신이 해야 할 일이 무엇인지 어떻게 해야 하는지를 알아가게 되고, 기업 전체에 열정과 효율이 넘쳐나게 되었다. '식스 시그마'가 일종의 능동적 개선형 경영이 되는 경우다.

'식스 시그마'를 제대로 파악한다는 것은 기업을 새로이 관찰할 수 있는 확대경을 찾은 것과 마찬가지이다. 사람들은 기업의 구석구석에 결점이 존재한다는 것을 발견하고 경악한다. 이러한 사실은 경영인과 직원들로 하여금 불안을 느끼게 하고 기업을 위해 능동적으로 무엇인가를 하게 한다. 직원들은 끊임없이 자문한다. 지금이 몇 시그마인가? 문제는 어디에 있는가? 무엇을 해낼 수 있는가? 향상되었는가? 덕분에 기업은 시종일관 부단히 개선되는데 이것이 바로 실무형 경영으로서의 '식스 시그마'이다. '식스 시그마'는 작업장의 숙련공과 같아서 당신에게 어떻게 일을 해야 하는지를 가르쳐 주는 동시에 당신에게 깨끗한 걸레를 쥐어 주어 업무 중에 생기는 결점을 닦아내도록 해준다.

'식스 시그마' 경영은 사실과 데이터에 기초를 둔 경영이다. '식스 시그마' 자체는 측량 표준이자 편차의 도구이다. 작게는 단일 제품과 서비스를 평가할 수 있고 크게는 한 기업을 전체적으로 평가할 수 있다. 모든 것이 경영자의 눈앞에서 정량으로 표시된다. 1987년 모토로라를 시작으로 듀퐁, 코닥, ABB, 시몬스, GE, 소니, 노키아, IBM, Cisco, 3COM 등 유명 기업들이 모두 이 대열에 들어섰다. 모토로라는 현재 5.6시그마 수준에 달하여(백만 번의 기회 중 20번의 실수) 절약된 비용이 110억 달러에 이른다. 전세계적으로 가장 존경 받는 기업인 GE는 1995년부터 '식스 시그마' 경영법을 실시한 이래 회사의 영업 이윤이 1995년 66억 달러에서 2001년 143억 달러로 껑충 뛰어올랐다. 1999년 GE는 '식스 시그마'를 실시하여 뜻밖의 이윤을 남겼고 지출비용을 절감하여 약 150억 달러의 수입을 거둘 수 있었다.

GE는 어떠한가? 잭 웰치는 이렇게 말한다. 지역별 판매 책임자들은

'식스 시그마' 를 이용하여 믿을 수 있는 가격 정책 혹은 가격 편차를 예측할 수 있었으며, 인력 자원 담당자는 직원 채용에 걸리는 시간을 줄일 수 있었으며, 공장 책임자는 폐기물을 줄여 생산 능력을 향상시킬 수 있었다고 말이다. 이밖에 자동차 수리공과 원예 기술자는 이를 이용하여 서비스 향상과 고객 만족을 이룰 수 있었다.

'식스 시그마' 실시로 얻은 이익은 두 가지 방면에서 설명할 수 있다. 하나는 기업 내부의 경우로, 실수를 줄이고 비용을 낮추어 최종적으로 생산율을 향상시킬 수 있다는 점이다. '식스 시그마' 의 실시 이후 GE 플라스틱 사업의 물품 인도 기간이 50일에서 5일로 감소하였고 비행기 엔진 사업의 경우 80일에서 5일로, 그리고 담보 보험사업의 경우 54일에서 하루로 감소하였다는 것이 가장 정확한 예이다. 또 다른 하나는 기업 외부의 경우로, 고객 만족도를 향상시켜 경쟁력을 강화하는 동시에 고객과 시장 점유율을 확보할 수 있다는 점이다.

■■■ 더 간소하게, 더 신속하게, 더 자신 있게

웰치는 경영에서 한 가지 사상을 항상 지켜왔는데, 그것은 바로 '더 간소하게, 더 신속하게, 더 자신 있게' 라는 신념이다. 웰치는 '간소, 신속, 자신' 은 현대 기업이 쫓아야 할 성공의 세 가지 필수 조건으로 생각했다.

웰치는 '간소' 는 '두뇌의 명확함' 과 '의지의 확고함' 을 의미한다고 믿는다. 그렇다면 '간소' 가 내포하고 있는 것은 무엇인가?

첫째로 마음속 사유의 집중이다. 웰치는 모든 책임자는 반드시 서면 형식으로 그가 설정한 5개의 전략적 문제에 답해야 한다고 말한다.

그 문제는 자신의 과거, 현재 및 미래에 관한 것과 상대의 과거와 현재 그리고 미래에 대한 것이다. 문제의 요점은 자기가 정말 시간을 들여 생각해야 할 것이 도대체 무엇인지를 명확히 알게 하는 것이다. 서면의 형식을 취하는 이유는 자신의 생각을 조리 있게 정리할 수 있도록 해 주기 때문이다.

둘째로 외부 과정의 명백함이다. 웰치의 방법은 각 항의 업무를 '계통도' 로 묘사하여 모든 미세한 순서와 관계를 정확하게 보여줄 것을 요구한다. 계통도가 완성되면 직원들은 전체의 흐름을 일목요연하게 볼 수 있고 어느 부분이 제거, 합병 및 확장이 될 수 있는지를 뚜렷이 알 수 있어서 작업의 속도와 효율을 대폭 향상시킬 수 있다.

'신속' 과 '총알 열차' 는 웰치가 자주 사용하는 단어이다. 세계가 끊임없이 빨라지고 있으므로 속도가 빠른 기업만이 생존할 수 있다고 그는 단호하게 말한다. 그는 세계가 갈수록 예측불허의 상태가 되어가고 있지만 반드시 기선을 제압하여 환경 변화에 적응해야 하는 것이 유일하게 확실한 사실이라고 하였다. 이와 함께 오늘날 시장 개방과 폐쇄 속도가 계속 빨라져 제품의 생명 주기가 단축되므로 신제품의 개발 속도 역시 가속화되어야 한다. '간소' 도 '신속함' 을 더욱 잘 실현하기 위한 것이다. 간단명료한 정보가 전달이 빠르고, 정교한 설계가 시장 진출을 쉽게 하며, 평등한 조직이 의사결정을 빠르게 하는 데에 유리하다.

'신속함' 과 '갑자기' 는 항상 하나로 연결되어 있다. 웰치는 다른 사람들보다 '갑자기' 라는 단어의 가치를 더욱 잘 이해하였다. 그는 불시에 공장과 사무실을 시찰하기도 하고 갑자기 자기보다 직책이 몇 급이나 낮은 간부와 오찬을 함께하기도 했다. 갑자기 회사 직원들에게

손으로 쓴 공고문을 팩스로 전송하기도 하였다. 이러한 행동 모두는 그가 리더의 자리에 있으면서 신속하게 회사의 모든 행위에 영향을 주고 있다는 것을 의미한다.

또한 웰치는 자신감을 중시하여 심지어 '영원한 자신감'을 미국을 이끌어갈 3대 보물에 포함시키기도 했다. 그는 신속함은 간소함에서 나오고 간소함의 기초는 바로 자신감이라고 보았다. 직원들에게 자신감을 심어줄 방법은 권한의 일부를 하부에 맡기는 것과 그들을 존중하는 것이다. "그들의 목을 움켜쥐고 있으면 자신감을 심어줄 수 없다. 그들에게서 손을 놓아 그들이 승리의 기회를 가질 수 있도록 해주어 자신이 맡을 역할에 자신감을 가지도록 해야 한다."

웰치는 개방, 솔직하고 성실함, 건설적인 충돌, 너와 나를 구분하지 않는 것이야 말로 유일한 경영 규칙이라고 주장한다. 기업은 반드시 맹목적인 복종을 반대하여 모든 직원이 반대 의견을 표현할 자유와 자신감을 가질 수 있게 해야 한다. 사실에 입각한 토론을 진행하며 서로 다른 의견을 존중해야 한다. 웰치는 이를 건설적인 충돌의 개방적 토론 방식이라고 부른다. 리더는 미래에 대한 전망을 발표하여 회사 동업자들의 지지를 얻어 집행하는 역할을 한다. 여기에는 모든 직원들의 개방적이고, 솔직하고 성실하며, 너와 나를 구분하지 않는 태도가 필요하며 일대일의 교류가 필요하다.

18년 동안 수많은 회사들이 가혹한 세계 경제 상황에서 도미노처럼 쓰러져 나갔고 각 기업의 CEO들도 계속 바뀌었다. 하지만 웰치는 시종일관 위에서 언급한 경영사상에 따라 GE를 이끌어 갔으며 수익에서 잇달아 기적을 이루어 내었다. 웰치는 자신의 이름을 GE와 경영계의 역사에 깊게 새겨 놓았다.

잭 웰치는 미국에서 으뜸가는 책임자로 찬양받는다. 그가 1981년 GE의 8번째 회장이 된 이래로 2002년까지 GE의 각 항의 주요 지표는 모두 두 자리 수의 성장을 유지해 왔다. 이 기간 동안 GE의 연간 수익은 250억 달러에서 1005억 달러까지 성장했으며 순이익도 15억 달러에서 140억 달러로 향상되었다. 그러나 직원 수는 오히려 40만에서 30만 명으로 감소했다. 2001년 말까지 GE의 시장 가치는 5200억 달러를 초과했으니 이는 기적이라고 말하지 않을 수 없다. 이 기적의 배후에는 GE의 리더인 웰치의 매우 소박한 사상이 있었다.

이 사상은 '현실을 마주하고, 뛰어난 것을 추구하여 끊임없이 자신을 극복하며, 기업이념을 갱신하고, 기업의 신전략을 정하며, 최고의 사상을 견지하는 전면적 품질관리'로 모두 우리의 귀에 익은 것들이다. 하지만 이들을 구체적인 경영 실천에서 여유 있게 대처할 수 있어야만 예기치 못한 효과를 얻을 수가 있다. 때로는 경영사상이 부족하지 않더라도 경영사상의 운용 능력이 부족해서 성공하지 못하는 경우도 있는 것이다. 모든 경영자 여러분께 행운이 있기를 바란다.

34 앤디 그로브 · *Andy Grove*

적극적인 의사결정과 조직제도 및 문화창조

앤디 그로브 (1936~)

　그는 어느 시인이 대준 학비로 캘리포니아대학 버클리 분교에서 박사학위를 취득한 후에 무어와 노이스가 세운 세계 제일의 반도체 회사 페어차일드에 들어갔다. 1968년 노이스와 무어는 인텔을 창립하였고, 1976년에 그로브를 회사의 CEO 자리에 앉혔다. 그로브는 마이크로프로세서가 컴퓨터 전체 운영의 핵심 소재라고 생각하여 갖가지 압력에도 불구하고 당시 인텔의 상징이던 메모리 칩 생산을 단호하게 없애고, 마이크로프로세서를 새로운 생산의 중점으로 삼았다. 동시에 회사 명칭도 '마이크로컴퓨터'로 바꾸었다. 그로브는 이를 '전략적 전환점'이라 칭하였다.

　앤디 그로브는 인텔을 새롭게 정의하였다. 기업이 끊임없이 기술 창조에 매달릴 수 있도록 하였으며, 인텔의 기술이 업계 내에서 공인된 표준이 되게 하여 제조사에서 벗어나 업계 최고의 자리에 오르게 하였다. 새 세대의 칩 기술로 마이크로프로세서 업계를 부단히 발전시킬 때 빛나는 '인텔 제국'은 세인들 앞에 단연 우뚝 설 수 있을 것이다.

핵심사상

- 의사결정을 할 때에는 확고한 신념을 가져야 한다. 오직 편집광만이 살아남는다.
- 10배속으로 변화하는 시대에 능동적으로 대응하는 전략
- 명확한 회사 문화 원칙 확립
- 오랜 조직 문화의 혁신과 제도의 추진
- 영원히 게임 규칙을 새로이 만드는 제정자

"의사결정을 할 때에는 확고한 신념을 가져야 한다. 오직 편집광만이 살아남는다." 이것은 앤디 그로브가 일생 동안 지침으로 삼았던 격언이다. 주위를 둘러보면 어느 하나에 몰두하고 편집중 증세를 보이는 사람들은 성공을 하는데 반해, 너무 많은 흥미와 취미를 가진 사람들은 종종 시간을 낭비하는 경우를 볼 수 있다. 우리 같은 사람들에게는 단지 흥밋거리일 뿐인 일이 편집광에게는 사명일 수도 있다. 기업가는

정책을 결정할 때 확고한 신념을 가지고 과감하게 일을 처리해야지 리더로서 역할을 해나갈 수 있다.

능동적 대응, 이것은 그로브 일생의 분투를 묘사한 말이다. 회사의 중대한 의사결정, 특히 기업 발전 전략을 전환하는 것과 같은 중대한 문제에 직면했을 경우 기업가들은 종종 망연자실하는 경우가 있다. 그러나 그로브는 다음과 같이 역설하였다. "죽음의 골짜기 같은 전략의 전환점을 지나는 것은 기업이 반드시 거쳐야 하는 최대 난관이다." "사람들은 기업경영을 언급하기만 하면 계속 번영할 것이라 믿는다. 번영 속에는 자신을 멸망시킬 싹이 자라고 있다. 당신이 성공할수록 이에 침 흘리는 사람들이 많아진다. 그들은 당신의 사업을 조금씩 갈취하여 결국에는 하나도 남지 않게 된다." 그러므로 당신은 항상 마음속에 의심을 품고 있어야 한다. 하지만 이 의심이란 것도 소위 '전략 전환점'과 비교하면 이야기 할 것이 못 된다. 전략 전환점은 바로 기업의 근간이다. 이 변화는 기업이 더 높은 곳으로 올라갈 기회를 의미하나, 몰락의 시초가 될 수도 있다.

그로브는 모든 기업이 성문화되지 않은 규칙으로 경영되고 있는데, 이 규칙은 이따금 경천동지할 정도로 변화한다고 하였다. 사전에 뚜렷한 징조가 없다는 사실은 이러한 변화에 때때로 경종을 울린다. 따라서 풍향의 변화를 식별하여 적시에 정확한 행동을 취함으로써 배가 침몰하는 것을 막는 것이 기업의 미래에 중요한 일이다. 그로브는 이러한 변화를 10배속의 요인이라 칭했는데, 이는 이 요인이 단기간 내에 세력을 원래의 10배로 증가시킨다는 것을 의미한다.

10배속 문화에 직면했을 때 기업경영은 정말 힘들다. 이전의 경영 수단이 효력을 잃어버리면 경영자는 기업에 대한 통제력을 상실하게 되어 어떻게 다시 통제해야 하는지 모르는 상태가 된다. 그러다 마침내 산업은 새로운 평형에 도달하게 될 것이다. 어떤 기업이 강성해지면 다른 기업들은 쇠락해 간다. 모든 사람들이 전부 안전하게 피안에 오를 수는 없으며 살아남을 수 없는 사람은 종전과 전혀 다른 생활에 직면하게 될 것이다.

인텔과 같이 시장에서 영도적 지위를 지닐 수 있는 기업은 별로 없다. 그러나 인텔이 실천한 정시 대응 전략은 기업들이 학습할 가치가 있다. 예측 불가능할 정도로 격변하는 시장에서 기업이 일정한 시간 내에 개혁 추진을 계획한다면 경쟁에 필요한 수단을 이미 손에 넣은 것이다.

■■■ 능동적 대응

그로브는 능동적으로 일정 시간을 정해 대응하는 전략, 즉 정시대응전략을 세웠다. 통상적으로 기업이 새로운 시장에 진입하여 신제품을 출시하거나 판매하기 전에는 피동적으로 활동을 계획하게 되는데 이는 사건에 의해 스케줄이 정해지는 것이다. 이와 달리 시간을 정해 대응하는 전략은 능동적이다. 시간을 정해 대응하는 것은 기업이 미리 짜놓은 일정표를 근거로 새로운 제품과 서비스를 창조하거나 또 다른 영역 및 새로운 시장에 진출을 하는 것을 말한다. 설령 정해진 시기에 대응하더라도 기업은 신속하게 행동해야 한다. 정시 대응은 일반적인 속도와 결코 같지 않다.

정시대응은 규율성과 리듬을 갖춘 완전히 능동적인 것이다. 예를 들어 3M의 경우 매년 영업 이윤의 30%를 신제품에서 내고 있고, 넷스

케이프는 6개월마다 신제품을 출시하도록 하고 있다. 잉글랜드 항공은 5년마다 객실 서비스를 새롭게 바꾸고 있고, 스타벅스는 매년 점포 300개를 개설하여 2000년에 이미 체인점 2000개 개설이라는 목표를 달성하였다. 정시대응은 경영진이 미리 정한 기한 내에 예상 목표를 달성하는 방법으로 기업을 경영하는 것이다. 정시대응 전략은 메트로놈과 같아서 기업 변혁을 위해 예측 가능한 규칙을 만들어 낸다.

정시대응은 강한 심리적 충격을 일으킨다. 정해진 기한에 맞추기 위해 기업 내에서는 절박감이 생기게 되어 개인과 집단의 역량이 공동 목표에 집중된다. 변화의 속도가 빠르기는 하지만 예측 가능한 것이기 때문에 혼란스럽더라도 통제가 가능하다.

정시대응 전략은 기업의 각 영역에 적용할 수 있다. 인텔은 18개월마다 신제품을 출시할 뿐만 아니라 9개월마다 공장 설비를 늘리고 있다. 예측 가능한 정시대응 방식으로 생산량을 확충함으로써 인텔은 경쟁상대가 칩 시장에 진출하는 것을 저지하는데 성공했다. 인텔이 한시도 시장 수요에 만족하지 않았기 때문에 경쟁상대는 조금의 이윤도 나눠 가질 수 없었다.

기업의 규모가 크든 작든, 하이 테크놀로지이든 전통 산업이든을 막론하고 쉬지 않고 전진하는 시장에서 정시대응 전략은 이윤을 내는 데 많은 도움을 주었다. 이머슨 전자, 질레트 면도기, 넷스케이프, SAP 소프트웨어, 소니, 스타벅스 커피 프랜차이즈와 3M 등의 대기업들은 모두 정시대응 전략을 채용하고 있다.

급속히 변화하는 산업에서 정시대응 전략은 기업이 예기된 변화를 주관하는 데 도움을 주며 심지어는 인텔처럼 산업 변화의 속도를 결정하기도 한다. 변화의 속도가 크지 않은 산업이라 하더라도 정시대응

전략은 경영층의 느긋함, 동력을 상실한 타성 등의 경향을 저지할 수 있게 한다.

정시대응 전략은 중요하지만 소홀히 다뤄지는 기업경영의 두 가지 과정에 특히 유용하다. 그중 하나는 경영의 형태 변화이며 다른 하나는 경영의 리듬이다. 기업이 정시대응의 리듬에 맞춰 따라간다면 동력을 자극할 수 있다. 효과적인 경영의 변화를 이룰 수 있는 기업은 끊임없이 동력을 유지할 수 있으며 어떤 중요한 리듬도 놓치지 않게 된다.

■■■ 기업문화의 확립

그로브는 기업문화의 여섯 가지 규칙을 확립했다. 그것은 고객 서비스, 직원 만족, 규율 준수, 품질 지상, 모험 시도 및 결과 유도이다. 회사의 부회장인 알버트 유(Albert Yu)는 회사 내부의 모든 사람이 평등해야 한다고 주장하였다. 고위 경영자와 일반 직원이 똑같이 출근 시간을 지키고 경영자를 특별 대우하지 않으며 고위층 인사에게 주차 자리를 남겨두는 일도 없고 경영자들만의 식당이 따로 있지 않으며 모든 직원들이 평등하게 주주 권리 장려의 기회를 가질 수 있도록 해야 한다는 것이다.

기업문화를 관철시키려면 우선 간부들이 솔선수범해야 한다. 그로브에 의하면, 경영자와 총책임자가 회사 문화에 충성해야 한다. 중요해 보이지 않을지 몰라도 고위 경영자가 참여하지 않는다면 전체 직원들에게 집행할 때 영향을 주게 된다. 따라서 회사의 주요 인사들은 모두 진취적인 가치관을 가져야 한다.

기업 발전을 추진할 중요한 요소가 있다면 그것이 바로 기업문화라고 그로브는 말하였다. 80년대를 풍미한 '움직이는' 경영은 기업가들이 앞장서서 직원들을 세심하게 살피고 실태를 파악하는 것이었다. 또 '만나는 경영'이라고도 불리는데, 간부들이 생산의 제일선으로 나가 직원들과 직접 만나 이야기를 나누었기 때문이다. 경영자들이 직접 직원들의 의견을 듣고, 자신에 대해서 알게 하고, 심지어 자신들과 논쟁을 벌일 수 있도록 한 현장 경영의 하나이다. 다국적기업의 회장으로서 매년 인텔의 국내외 모든 공장들을 시찰하는 것은 이미 그로브의 관례적인 업무가 되어 그는 '지구 비행 경영자'라는 별명을 가지게 되었다. 어떤 사람은 그로브의 비행 누적 마일리지가 미국 서부 항공사를 사고도 남을 것이라고 말한다.

그로브가 초기에 맡은 일은 인텔의 품질보증 기획이었는데, 그는 탐정처럼 집요하게, 대학원생처럼 탐구적으로 문제 해결 방법을 찾았다. 1986년 회사의 최고 경영자인 노이스, 무어는 히타치, NEC 그리고 도시바가 왜 이렇게 높은 효율을 올리는지 그로브가 밝혀주기를 바랐다.

당시 수많은 미국인들은 일본 회사가 저가 정책으로 미국 시장에 덤핑 제품을 내놓는 것을 몹시 못마땅하게 생각했다. 그러나 일본이 메모리 칩 제조에서 보이는 속도와 품질은 비할 데 없이 우수하다는 사실은 인정할 수밖에 없었다. 실제로 이때 인텔은 경쟁에서 참패를 맛보았다. 회사의 지주 산업인 메모리 제조 영역에서 뒤쳐지게 되었으며 30%에 가까운 직원들을 해그해야만 회사가 도산 위기에서 벗어날 수 있었다. 당시 참담한 나날 속에서 그로브는 메모리칩을 구매하는 주 고객들에게 일본 회사들을 참관한 느낌이 어떠했는지 물어보기도 하고 직접 인텔의 일본 합작 파트너를 조사하기도 했다. 게다가 모든 경쟁사를 대상으로 그들이 어떻게 설계를 하고 경영하는지 공개 자료나 학술 정보를 연구하였다. 그 후 그로브는 인텔의 제조 공정을 완전히 개혁하고 모든 하청 공장에 빠르게 확산할 수 있는 새로운 제조 기술을 설계하였다.

그로브는 명확한 기업문화의 원칙을 세워 제도와 낡은 조직 문화의 혁신을 추진하였다. 조직 문화는 규칙, 신앙, 의식, 활동, 전통 관습이 쌓여 만들어진 것이다. 조직 문화는 투입, 중간 과정 그리고 산출이 있는 연못에 비유할 수 있다. 투입은 외부에서 흘러 들어오는 물이며 중간 과정은 연못에 있는 생물 간의 공생관계이고 산출은 새로 형성된 다른 시스템으로 흘러들어가는 수류인 것이다. 조직에는 사람, 사상, 목표 및 기술 등과 같은 신선한 투입이 있으며 중간 과정과 산출에는 규칙, 역할 관계, 상호작용의 방법, 태도, 가치관 및 신앙 등이 포함된다.

새로운 조직성원이 되어 처음 새로운 문화를 접할 때 우리는 새로운 문화와 익숙한 구문화가 모든 방면에서 차이를 보인다는 것을 즉시 느낄 수 있다. 낡은 문화에 익숙한 사람들은 변혁을 가져오기가 매우 어렵다. 가부장제도나 관료주의 문화를 협조와 참여의 문화로 변화시키는 것은 기업문화 변혁의 중요한 과제이다. 캘리포니아 주 샌프란시스코 북부의 실리콘밸리는 IT업계의 활약으로 유명해진 곳이다. 이곳에서 성공하기 위해서는 경제나 기술적인 요인보다 유행하는 문화가 더욱 중요한 요인이라고 사람들은 생각한다. 이러한 문화의 주요 내용은 다음과 같다.

- 실패의 포용 — 파산을 지나간 전쟁의 상처를 대하듯 한다.
- 모험의 추구 — 기술 문제를 하나의 기회로 본다.

- 회사에 대한 재투자 — 실리콘밸리에서 벌어들인 수익의 대부분을 그곳에 다시 투자한다.
- 변화에 대한 열정 — 시대에 뒤떨어지게 하지 말고 경쟁에 참여해라.
- 논공행상 — 나이와 경험은 중요하지 않다.
- 제품 개선에 혼신을 다함 — 새로운 사상과 신제품에 대한 열의
- 협력 — 직원은 빌려온 것이고, 사상은 함께 누리는 것이며, 편애는 서로 교환하는 것이다.
- 다양화 — 실리콘밸리의 크고 작은 여러 형태의 회사들
- 누구나 참여할 수 있음 — 모든 사람이 큰돈을 벌 수 있는 평등한 기회

그로브는 오래된 조직과 제도문화에 변혁을 실시할 때 '오래된 관습을 타파하고', '저효율에서 고효율로의 변화를 꾀하며', '문화로 경제 성장을 촉진시키는' 전략을 강조하였다. 메모리 칩 시장에서 판매량 경쟁이 가격 경쟁으로 선회하였는데, 이는 인텔이 더 엄준한 도전에 직면했음을 의미한다. 인텔은 자본의 투입을 늦추기로 결정하고, 자신의 특기를 이용하여 기존의 생산 능력과 효율을 향상시키는 데에 주력하였다. 회사의 의사결정자들은 지난 10년 동안의 안정적인 성장으로 조직이 비대해져 효율이 낮아지게 되었으므로 회사가 구습과 구문화를 탈피하여 새로운 사업을 개척하고 효율을 높여야 한다고 생각하였다.

그로브는 인텔의 새로운 성장을 위해 오래도록 몇몇 방법을 생각하였다. 그는 전용 메모리칩에 관심을 가졌는데 이 메모리 칩이 퍼스널

컴퓨터가 무수한 사진과 영상을 처리할 수 있게 받쳐줄 수 있다고 생각했다. 또한 인텔이 인터넷 설비 영역, 특히 소형의 기업용 네트워크 설비로 눈을 돌리게 하였다. 인텔의 e-비즈니스에도 열심이었는데, SAP와 협력하는 방식을 채용하여 상호 네트워크 비즈니스 처리 서비스를 제공하여 여러 기업들이 물품 공급, 생산 및 판매 등의 경영 체계를 더욱 손쉽게 경영하도록 도움을 주었다.

조직 문화의 성장은 일반적으로 탄생기, 청춘기 그리고 성숙기 단계로 나뉜다. 매 단계의 위기를 극복하려면 문화의 형식 전환이 필수적이다. 문화의 형식 전환은 내부 메커니즘의 요구로부터 나온다. 사회 형태와 업무가 어느 단계에 고정되었다 하더라도 조직이 탄생기부터 청춘기를 지나 성숙기까지 가는 과정에서 조직 문화 역시 일련의 변혁을 거치게 된다.

이제 막 발전하기 시작한 젊은 조직의 문화가 가부장적일 수도, 협조 참여형일 수도 있다. 만약 업무 배치가 개인화되고 업무 기술이 수가공적이며 조직 설계가 단순하고 직선적이라면 전체 조직이 창업자 개인의 그림자가 될 가능성이 크다. 반대로 업무 배치가 자주적이고 업무 기술의 발전이 빠르고 변화가 크며 조직의 설계가 매트릭스 식이거나 유기적이면 조직의 문화는 협조 참여형일 것이다.

조직이 청춘기로 발전하려면 신분의식을 키우고 통제를 강화해야 하는데, 이때의 문화는 관료주의 경향을 보인다. 조직이 성숙기에 접어들면 새로움이 다시 필요하게 된다. 날로 새롭게 변화하는 기술 환경에 직면하여 조직 설계가 유기적으로 변해야 하고 업무 배치가 자주적 독립적이 되어야 하며 기업의 문화 또한 협력 및 참여형으로 변모해야 한다. 만일 경쟁이 그다지 치열하지 않고 기술이 안정되었다면 조직의 설계는 기계적이고 보수적이며 개혁의지는 결여될 것이다.

CEO의 방침은 적합한 문화로 발전하는 과정에서 중요한 작용을 하는데, 발전되어 나오는 이러한 문화는 조직 발전 단계, 업무 및 직원의 전문화 정도 그리고 주류를 차지하는 사회 형태와 일치되어야 한다. 사회 형태와 조직 설계, 업무 배치와 CEO의 방침 그리고 사람들의 수요가 전통적인 것에서 대규모 생산과 이후의 단계로 매진할 때 조직의 문화 역시 변혁이 반드시 필요하다. 그러나 문화 변혁은 쉽게 이루어지지 않는다. 조직은 시간이 지나면 한 층의 '외피'를 덧씌워 변화가 쉽지 않고 사람들의 관념 역시 '갑옷'을 두르게 되어 변화를 원치 않기 때문에 조직 문화의 변혁은 진통을 앓게 된다. 이 단계를 넘어서야 기업은 새로운 업무와 새로운 발전 계획에 적응하는 조직 문화를 형성할 수 있게 된다.

■■■ 영원히 새로운 게임의 법칙을 만드는 제정자

그로브는 업계에서 시종일관 '영원히 새로운 게임의 법칙을 만들어내는 제정자'라는 규칙을 지켜왔다.

인텔은 퍼스널 컴퓨터에 사용되는 4004형 마이크로프로세서를 처음으로 출시한 후 일 년 만에 다시 업그레이드 된 4008형 제품을 출시하였다. 이때는 마이크로프로세서 칩이 CPU에 널리 쓰이지 않았었던 때이다. 그로브는 긴장을 늦추지 않고 시장 점유율을 확보하며 다른 제조업체들을 따돌리기 위해 "영원히 쉬지 않고 끊임없이 창조하라"는 기업이념을 확립하고, 부단히 기술 연구 개발을 강화하며 제품의 적용 범위를 확대하여 제품 갱신의 주도권을 확실히 가지게 되었다.

또 1991년 인텔은 IBM과 10년 동안의 마이크로프로세서 협의를 달성하여 수많은 컴퓨터의 칩을 대체할 만한 하나의 칩과 용량과 속도를 더욱 늘린 프로세서 연구 제작에 이용하였다.

긴밀한 제휴와 연합 개발은 인텔로 하여금 끊임없이 업계의 선두를 유지하게 해주었다. 마이크로프로세서 시장에서 큰 시장 점유율을 차지하면서 이윤도 계속 증가했지만 인텔은 여기서 만족하지 않고 '자신이 자신을 도태시킨다.' 라는 원칙에 주의를 기울였다. 1993년 3월 인텔은 마이크로프로세서의 제5대 CPU 제품인 펜티엄을 출시하였고, 이 제품의 판매가 활발하게 진행되고 있을 때 또 다시 제6대 프로세서인 펜티엄II를 출시하였다. 인텔은 전세계 최대의 컴퓨터 메모리 칩 생산 회사가 된 것에 만족하지 않고 더욱 정진하여 신세대 펜티엄III도 출시하였다. 그로브는 일련의 기술 혁신 과정을 통해 탁월한 세계 최고의 리더가 되었다. 그의 사상은 다음과 같은 그의 말 속에 구체적으로 드러난다.

"안개 속에서 운전할 때, 앞서가는 차의 미등을 따르면 길 가기가 쉬워진다. 그러나 '미등' 전략은 일단 앞서 가던 차를 추월하면 길을 안내해 줄 미등이 없어지게 될 때 새로운 방향을 찾을 자신감과 능력을 상실하게 된다는 위험이 내포되어 있다." 그로브는 뒤를 따르는 자는 전망이 없다고 생각하였다. "앞서 행동하는 회사는 산업 구조와 게임의 법칙을 만드는 회사가 될 수 있다. 앞서 행동해야만 비로소 미래의 승리를 차지할 희망이 있는 것이다."

그로브는 편집광적인 경영이념으로 인텔 앞에 놓인 수많은 난관을 별 어려움 없이 극복하였다. "이 업계에서 우리는 다음과 같은 규칙을 준수해야 한다. 앞으로 10년 후에 생길 일을 예견하고자 한다면 과거의 10년 동안 일어났던 일들을 회고해야 한다는 것이다." 지난 10년 동안 그로브는 인텔을 기술 분야에서 최고의 자력갱생력을 지닌 회사로 만들었으며 이 과정에서 인텔에 중요한 공적을 남겼다. 또한 이상과 같은 그의 경영이념은 우리에게 사고와 실천의 절대적 기회를 제공해주었다.

35

헨리 민츠버그 · *Henry Mintzberg*

경영자의 정확한 역할 포지셔닝

헨리 민츠버그 (1939~)

캐나다의 경영학자이자 서양 경영학계의 경영자 역할 학파의 대표인물이다. 그는 1961년 캐나다 맥길대학에서 기계공학 학사학위를 취득한 후 조지윌리엄스대학 문학 학사학위, 미국 MIT공대 경영학 석사학위, 1968년 동 대학원 슬론 경영학 박사학위를 취득하였다.

그는 캐나다 몬트리올의 맥길대학에서 오랫동안 교편을 잡았다. 현재는 그 학교에서 경영학 교수로 활동하면서 여러 잡지의 편집위원도 맡고 있으며 캐나다 황실 학회(The Royal Society of Canada)의 회원이기도 하다. 민츠버그는 첫 저서 『경영관리 업무의 특성』으로 유명해졌는데, 그는 이 책에서 고위 경영 인사들의 수많은 '신비한 점'을 선보여 많은 경영자들이 신속하게 경영자의 역할을 할 수 있도록 도왔다.

핵심사상

> ■ 경영자의 정확한 역할 포지셔닝 :
> 경영자가 맡은 역할은 세 가지로 귀납된다. 즉 대인 관계상
> 의 역할, 정보상의 역할, 의사결정상의 역할이다.

헨리 민츠버그는 가장 흥미로운 경영사상가 중 한 명이다. 그는 "대가들에 관한 제멋대로 된 선전은 매체가 정보를 파괴하는 수준까지 다다를 수 있다." 라고 말하였다. 민츠버그는 경영 대가들의 길을 따르지 않고 독보적으로 지혜로운 길을 선택했다. 또한 경영자가 어떠한 역할을 수행해야 하는지를 탐구하여 우리에게 경영자 역할의 정확한 위치를 알게 해 주었다.

민츠버그는 위대한 비평가이다. 그는 MBA 제도에 대해 오랫동안 비판적 태도를 취하였다. 그는 "총명하다 할지라도 아무런 경험이 없는 25세의 어린 청년들을 단지 2년 동안 교실에서 교육하는 것만으로 실제 경영자로 육성해 낼 수 있을 것이라는 생각은 정말 황당하고 우스운 일이다. 교실에서 길러진 경영자를 가려내고 진정한 경영자를 발견해 내야 한다."고 주장하였다.

민츠버그는 미국 산업계의 권력을 능가하는 월스트리트와 금융계 사람들을 가장 신랄하게 비판하였다. "이들은 제조, 판매, 사용 및 서비스는 멀리 제쳐두고 오로지 금융 교육만을 받았기 때문에 회사를 통제하는 일밖에 하지 못한다."고 말하며 잭 웰치(GE 회장)와 앤디 그로

브(인텔 회장) 등 성공한 사람들은 모두 훈련된 기술자로서 자신의 두 손에 의지하여 생활하고자 했던 사람들이라고 역설하였다.

■■■ 경영업무의 특징

경영자가 미래를 고려하는 데 시간을 투자하지 않는다면 '지금 이 순간'의 노예가 되어 여기저기에 코가 꿰어 끌려 다니다가 기진맥진하여, 어떠한 문제에 대해 고민할 시간을 갖지 못할 것이다. 『경영관리업무의 특성』이라는 책에서 민츠버그는 경영자의 경영업무의 특징을 보여주었다.

1. 업무량이 많고 업무를 보는 중에는 쉬지 않는다

경영자는 대량의 직무를 수행하기 때문에 잠깐의 게으름을 피울 수도 없으며 중간에 쉴 틈도 없고 언제나 많은 업무를 완성해야 한다는 긴장감을 가지고 있다. 여가 시간이 거의 없어 휴식을 취한다는 것은 매우 드문 일이다. 특히 고위 경영자들은 퇴근 이후에도 직위에서 벗어나지 못하고 남은 업무를 집에까지 가져가야 하는 등 약간의 '여가' 시간마저도 업무에 대한 염려로 보낸다.

한 조직의 업무를 관리하는 것은 상당히 막중한 일이다. 하루 동안 해야 할 업무량 혹은 경영자 자신이 해야겠다고 결정한 업무량이 상당하기 때문에 발걸음 역시 긴장되어 있다. 퇴근을 하더라도 CEO(아니면 다른 수많은 경영자들)는 그를 둘러싼 신분적 환경을 벗어 던지지 못하고 자신의 생각에서 벗어나지 못한다. 두뇌는 이미 훈련이 잘 되어 있어서 새로운 정보를 끊임없이 검색한다.

2. 경영에는 순간성, 다양성, 번거로움 등의 특징이 있다

대다수 사람들의 업무는 전문화되고 일률적이지만, 경영자의 업무는 종합적이고 다양하다. 통계를 보면 CEO는 매일 36개의 서면 연락과 16개의 구두 연락을 취하는데 그 각 항은 모두 서로 다른 사항이며, 업무 활동 역시 매우 순간적이어서 각각의 일은 일반적으로 10분 내외에 처리된다. 업무가 순간적이고 다양하기 때문에 그들은 동일한 방식으로 일을 처리할 수밖에 없다. 그래서 필연적으로 경영 업무의 천박성을 조성하게 되는데 이는 극복해야만 하는 것이다.

3. 경영자는 눈앞의, 특정하고 비정규적인 문제를 더 선호한다

경영자는 주로 현장의, 구체적인, 비규범적인 활동에 힘을 쏟는 경향이 있다. 현실적이고 구체적인 문제와 모두가 관심을 갖는 시급한 문제에 대해는 적극적으로 반응하는 반면, 규정된 보고서 및 정기적인 보고에는 그다지 관심을 갖지 않는다. 그들은 최신 정보를 얻는 것을 강하게 원한다.

4. 경영자는 대화의 방식을 대용한다

경영자가 사용하는 업무 연계 방식으로는 우편, 전화, 긴급회의, 정기회의, 시찰의 5가지가 있다. 그러나 서면으로 보고받기보다는 대화로 의사소통하기를 즐기는데 이것이 그들의 시간에서 차지하는 비중은 대략 78% 정도에 이른다.

5. 경영자는 모래시계의 허리부분이다

경영자는 조직과 외부 접촉의 네트워크 사이에 놓여있어 각종 방식으로 그들을 연결하기 때문이다. 외부와 연계는 경영자의 갖가지 연계 업무 시간의 1/3에서 1/2에 이른다. 이러한 연결 업무는 다양하며 고객, 공급업자, 업무 파트너, 동등한 지위의 사람들 및 기타의 경우를 포함한다. 사실 이들은 통보자의 네트워크 작용을 한다. 비선형 관계는 경영자의 직무 중 중요하고 복잡한 구성요소이다.

실제로 경영자는 부하직원과 다른 사람들 사이에서 다양한 방식으로 그들을 연계해 나간다. 사람들은 전통 문헌에서 언급되는 경영자와 외부인의 접촉이 과소평가(소모되는 시간으로 봐서)되고 지나치게 단순화되었다고 생각한다. 실제로 경영자는 조직 이외 다방면의 사람들과 복잡한 관계망을 구축하고 있다.

외부와의 많은 접촉에서 얻어진 정보와 요구가 경영자에게로 향하기 때문에 민츠버그는 경영자의 위치를 모래시계의 허리에 비유하였다. 그는 연락망과 자신의 조직 사이에 앉아 외부에서 받아들인 정보 중 걸러낼 것은 걸러내고 남은 부분은 조직에 전달한다. 기타 정보의 유입과 요구는 아래로부터 오는데 어떤 것은 자신이 사용하고 나머지는 조직의 서로 다른 부분 혹은 경영자가 접촉하지 못하는 부분으로 보낸다.

6. 권한과 책임은 결합되어 있다

경영자의 책임은 매우 중대하여 급한 일이 생기면 그들이 항상 처리해야 하므로 환경과 자신의 시간을 통제하기가 어렵다. 권한 또한 막강하여 모종의 책임을 맡을 것인가의 여부를 능동적으로 선택할 수 있으며 어떤 책임을 닿는 가운데 자신의 목적을 위해 이용할 수도 있다.

경영자의 다양한 활동에 이와 같은 6가지 특징이 드러난다. 이 특징들을 파악한다면 경영자들의 업무와 책임을 좀 더 잘 이해할 수 있을 것이다.

■■■ 경영 관리자의 역할

민츠버그는 책임 역할 학파로 불리는데 경영자들이 맡고 있는 역할을 중심으로 경영자의 직무와 업무를 분석하여 경영의 효율을 높이고자 했다. 그들이 말하는 '대표'는 공식 조직 혹은 조직 단위의 주요 책임자로 공식적인 권한과 직위를 가지는 사람이다. '역할'에 대해 민츠버그는 『경영관리업무의 특성』이라는 책에서 이렇게 설명하였다. "역할이라는 개념은 행위과학이 무대 전문용어에서 경영학으로 차용한 것이다. 역할은 일정 직책 혹은 지위에 속하는 일련의 조리 있는 행위이다."

민츠버그는 자신과 다른 사람들이 연구한 경영자의 실제 활동에 근거하여 나름대로의 결론을 내렸다. CEO는 사람들이 통상적으로 알고 있는 역할에 의거하여 일을 나누지 않는다. 기획, 조직, 협조 및 통제의 업무를 할 뿐만 아니라 수많은 또 다른 업무를 진행한다. 경영자가 맡고 있는 10가지 역할은 아래와 같다.

명목상 대표 역할

경영자가 맡는 가장 기본적이고 가장 단순한 역할이다. 경영자는 공식적인 권위이자 조직의 상징이기 때문에 수많은 유사한 성질의 직책을 이행해야만 한다. 이러한 직책 중 어떤 것은 형식적이고 어떤 것은 인심을 고무하는 것이지만 모두 대인 관계에 관한 활동으로 중대한 정보 처리나 의사결정에 관련되지는 않는다. 어떤 경우에는 경영자의 참여가 서류에 서명을 하는 것과 같이 법률적인 요구일 수 있고, 다른 경우에는 어떤 사건이나 의식을 주최하여 의의와 무게를 더하기 위한 사회적 요구일 수도 있다.

리더 역할

경영자가 조직의 공식 수장이 되려면 부하직원들에 대한 고용, 훈련, 평가, 보수, 승진, 표창, 비판, 관여에서 해고까지를 포함한 격려와 인도를 책임져야 한다. 조직의 규율은 통상적으로 경영자가 정하며 기업의 성공 여부도 경영자가 기업에 얼마만큼의 역량과 거시적인 안목을 제시했느냐에 따라 결정된다. 리더 역할의 중요한 목적은 조직 구성원들의 개인적 욕구를 조직의 목표와 결합하여 효과적인 업무를 촉진시키는 것이다.

연락자 역할

연락자 역할은 경영자가 자신이 이끄는 조직 이외에 무수한 사람과 단체와의 관계를 유지하는 중요한 네트워크가 된다는 것이다. 경영자는 공식적, 비공식적 각종 루트를 통하여 조직과 외부와의 연계를 구축하고 유지한다. 이러한 루트에는 외부의 각종 회의에 참가하고 각종

사회 활동과 공공사업에 참가하며 다른 조직의 경영자와 서로 방문하거나 정보를 공유하고 정부와 기타 조직 사람들과 각종 공식, 비공식적 교류를 진행하는 것이 포함된다. 이렇게 경영자는 조직과 자신을 위해 다양한 정보와 유리한 점 등을 확보한다.

모니터 역할

경영자는 일반적으로 내부 업무, 외부 사건, 보고 분석 등의 루트를 통해 정보를 얻는다. 부하직원의 신청과 외부인사의 요구, 이사의 의견과 사회 기구의 질문 등과 같은 각종 압력도 역시 정보의 원천이다.

정보 전달자의 역할

경영자가 외부 정보를 그의 조직에 유포하는 것 그리고 내부 정보를 한 명의 직원에게서 다른 직원으로 전달하는 것을 말한다. 정보는 사실과 관련된 정보와 가치 표준에 관련된 정보로 나눌 수 있다. 경영자는 직원들에게 사실과 관련된 정보 혹은 가치와 관련된 정보를 전달하여 직원들이 상황을 파악할 수 있게 하여 일상 업무와 의사결정을 지도한다. 정보 전달자 역할은 권한 대행과 밀접한 연관이 있다. 어떠한 직무를 아랫사람에게 위탁하려면 관련되는 정보를 위탁 대상에게 전달해 주어야 하기 때문이다.

대변인 역할

정보 전달자의 역할이 조직 내부를 향한 것이라면, 대변인 역할은 외부를 향한 것으로 조직의 정보를 조직 주위에 전파하는 역할이다. 경영자는 공식적인 권위자로 그 조직을 대표해서 발언한다. 대변인 역할이란 정보를 조직에 중요한 영향을 미치는 사람들 및 조직 외 대중에게 전달하는 것이다. 경영자는 조직의 기획, 정책 그리고 성과에 관련된 정보를 전달해야 한다. 이 외에도 정보를 연계한 사람들과 공유해야만 연계 네트워크가 유지될 수 있다. 이 두 가지 이유로 경영자의 정보는 반드시 시기적절해야 한다. 경영자가 효과적으로 조직을 대표하기 위해서는 조직 이외 사람들의 존중도 받아야 하고, 조직과 주위 환경에 관련된 자신의 정보가 최근의 것이라는 점을 분명하게 밝혀야 한다.

대변인 역할을 수행하기 위해 경영자는 그가 종사하는 사업에서 전문가가 되어야 한다. 사업에 관한 많은 지식을 보유하고 있기에 전문가라 칭할 수 있는 것이다. 따라서 조직 바깥의 사람들은 종종 그의 사업 분야의 어떠한 문제에 대해 그의 자문을 구한다. 전문적인 정보를 전파하는 것은 CEO의 업무 중 사소한 일부분이자 대변인 역할의 일부분이라고 볼 수 있다. 그러나 대변인 역할의 경영자를 그 사업의 전문가로 여기고 그렇게 나타나는 부분적 역할을 전문가 역할로 생각하는 사람들도 있다.

기업가 역할

경영자가 직권 범위 내에서 조직의 수많은 변혁의 발기자와 설계자 역할을 맡는다는 것을 의미한다. 기업가라는 용어는 경제학자들로부터 차용해 온 것이나, 기업가의 직능에 더 광범위한 함의를 보태준다. 경제학자들이 말하는 기업가가 강조하는 것은 새로운 조직을 만드는 업무이다. 여기서 강조하는 것은 기존(혹은 새로운) 조직의 변혁과 관련된 전체의 경영 업무이다.

기업가 역할은 시찰 업무에서 시작하여 각종 기회와 문제들을 찾아 낸다. 문제나 기회를 발견한 후에 경영자가 필요에 의해서 조직의 현재 상황을 개선한다면 의사결정의 설계 단계가 시작된 것이다.

위기 관리자 역할

기업가로서 역할이 조직 변혁을 이끌어내는 자발적 행동에 집중된 것이라면, 위기 관리자로서 역할은 비자발적인 상황 및 거기에 포함된 통제 불가능한 요소의 변혁을 처리하는 것이다. 이 두 역할은 의사결정의 연속적인 통일체의 양 극단을 대표하지만 그 사이에는 불명확한 영역인 개인적 판단과 관련 있는 영역이 있다. 경영자는 문제를 해결할 때 심각하지 않은 문제에 반응할 수도 있지만, 자발적으로 심각한 충돌을 피하려 할 수도 있다. 이것은 전적으로 개인의 견해와 판단에 달려있다.

문제를 제거함에 있어 시기는 극히 중요한 문제이다. 이러한 문제는 규정된 정보의 흐름(보고서 등) 속에서 발견될 가능성은 매우 적고 일반적으로 '긴급 보고'의 형식으로 문제를 발견한 사람에 의해 경영자에게 보고된다. 경영자는 이런 문제 처리를 다른 여러 가지 활동보다 우선시한다. 그는 자신의 업무 일정을 새로 계획하더라도 문제 처리에 전력을 다해 초기에 해결한다.

자원 배분자 역할

경영자는 자원 배분자로, 우선 자신의 시간을 안배해야 한다. 경영자의 시간은 조직에서 가장 중요한 자원 중 하나이다. 중요한 것은 경영자의 시간 관리가 조직의 이익을 결정하고 조직의 우선순위를 정한다는 사실이다. 그런 뒤에 업무를 배치해야 한다. 어떤 일을 해야 하는 지, 누가 하는지, 어떤 조직을 통해 해야 하는지 등을 정해야 한다. 이러한 의사결정은 기본적인 자원 배분과 관련된 것으로 실제 아랫사람의 업무를 조정하는 것이다. 이것이 중요한 자원 배분의 형식이다. 마지막으로, 중요한 결정을 할 때에는 사전에 비준이 필요한 데 그래야 경영자가 자원 배분을 지속적으로 통제할 수 있기 때문이다.

교섭자 역할

조직은 때때로 다른 조직이나 개인과 중대하지만 격식을 갖추지 않은 협상을 할 때가 있다. 이러한 협상은 보통 경영자가 인솔하는데, 이것이 바로 경영자의 교섭자 역할이다. 경영자가 이러한 협상에 참가하는 것은 명목상 대표자인 그가 참가함으로써 협상의 신뢰성을 높여주기 때문이다. 또한 대변인으로서 대외적으로 조직의 정보와 가치표준을 대표하기 때문이고, 가장 중요하게는 자원 배분자로서 조직의 자원을 배분할 권한을 가지고 있기 때문이다. 협상은 현장에서의 자원 거래이기 때문에 협상에 참가한 사람들이 충분한 권한을 가지고 각종 자원을 배분하고 신속하게 결정지을 것을 요구한다.

이상의 10가지 역할은 3종류로 귀납된다. 즉 대인 관계상의 역할, 정보상의 역할, 의사결정상의 역할이다. 경영자의 실제 활동을 관찰하는 것은 매우 의의가 있다. 업무를 효율적으로 처리하는 경영자는 스스로의 활동을 분석하면서 경영자의 기본 역할과 대조해 보고 자신이 업무 중에 부주의했던 점을 발견하게 된다.

CEO는 기업의 총지휘자이기에 능력 여부에 상관없이 기업 발전에 직접적으로 영향을 끼치게 된다. CEO는 오케스트라의 지휘자와 같다. 모든 악기가 각자 따로 연주된다면 매우 시끄럽겠지만 지휘자가 통제하고 지도하면 생명력 있는 연즈가 된다. 지휘자의 수중에 있는 것이 작곡가의 악보이고 지휘자는 그 악보를 해석하는 사람일 뿐인데 반해, CEO는 작곡가이자 동시에 지휘자라는 점이 다를 것이다. 이런 특수한 신분 때문에 CEO는 경영관리에서 자신이 맡아야 하는 역할에 대해 명확히 알고 있어야 한다.

CEO 역할이란 도대체 무엇인가? 헨리 민츠버그는 우리에게 명확한 답을 알려주었다. 10개의 역할 중 하나라도 소홀해진다면 전체 업무가 완벽해질 수 없다. 만일 자신이 맡은 역할을 자세히 관찰해 본다면 각 역할에 투자하는 시간의 비율을 알게 될 것이고 그것으로 맡은 역할의 시간 배분을 조절하여 가장 합리적인 조합을 만들어 낼 수 있을 것이다.

Chapter 08

경영전략의 혁명

톰 피터스 (1942~)

미 해군 복역을 마치고 코넬대학에서 화학공학 학사와 석사 학위를 받았으며 스탠포드대학 경영학 석사와 철학 박사학위를 취득하였다. 톰 피터스는 80년대와 90년대에 가장 환영받았던 박식한 경영학 '리더'였다. 그와 동시대인인 마이클 포터, 피터 드러커 등과 다른 점은 피터스에게는 확실한 학술적 배경이 없다는 것이다. 그의 경영 이론은 개인적인 경험에서 나온 것이다. 주요저서는 『카오스 속의 번창』, 『초우량기업의 조건』 등이 있다. 그의 저서는 시종일관 그가 얕은 방법이라고 생각한 것들에 대해 비판적인 태도를 취하고 있다.

핵심사상

> ■ 경영전략혁명의 경영사상 :
> 많은 기업이 경영전략에 의존하게 될 것이다. 현재의 전략이 상대적으로 안정적이고 유효하다고 생각하면 전략을 수정할 때에도 간략화 방법으로 기존의 것과 비슷한 결과만을 만들어낼 뿐이다. 실제로 전략혁명은 기업 혹은 조직이 번성할 수 있는 보증으로, 전략혁명을 기층 조직의 모든 직원의 사상 속에 심어주어야 한다. 경영자는 직원이 개혁을 지탱하는 것이 아니라 그들 스스로가 개혁의 책임을 맡도록 해주어야 한다.

톰 피터스는 비즈니스 서적의 붐을 일으켰으며, 경영학 대가의 부흥을 부추긴 사람이자 그로 인해 이익을 본 사람이었다. 영향력으로 말하자면 그는 최고의 경영학 대가이다. 선배들은 모두 능력이 있어도 겸손한 자세로 임했으나 피터스는 고자세를 취하면서 매스컴에도 상당히 적극적이었다. 『초우량기업의 조건』은 예상을 뛰어넘고 베스트셀러에 올랐으며, 위트 넘치는 필치와 경영에 대한 해박한 이해로 수많은 경영자들을 정복하였다.

■■■ 기존의 경영전략에 의문을 갖는 사람

"경쟁상대가 사업 전체를 새롭게 개조하고 있을 때 당신은 부분을 조금씩 개선해 나가고 있다면 이는 당신의 앞마당에 불이 났는데 당신은 뒷마당 손질만 하고 있는 것과 같다. 그런 상황에서 당신은 계속 뒷마당 손질에만 신경을 쓸 수 있겠는가?" 피터스의 이 질문은 기존의 경영전략에 복지부동하고 있는 경영자들을 향한 것이다.

그는 어떤 업계든 세 종류의 기업이 있다고 지적하였다. 첫 번째는 게임의 법칙 창시자로서 그들은 업계 전체를 창조한다. IBM, 유나이티드 항공, 코카콜라 등이 모두 업계의 창조자이며 정통 수호자이다. 두 번째 기업은 게임 법칙의 추종자로 후지쯔, 아메리카 에어라인 및 무수한 기업들이 있으며 모두 정통의 순례자이다. 순례자의 생활은 매우 고생스러워 다른 사람들이 게임의 법칙을 개정하고 있을 때에도 기존의 법칙을 따르려고 노력하니 그들의 미래는 어떠하겠는가? 세 번째는 업계 법칙의 파괴자로 델 컴퓨터, 시난(西南)항공 등이 있다. 그들은 정통의 존엄을 건드리는 것을 두려워하지 않고 현재 게임의 법칙에 속박받지 않는다. 이러한 기업들은 일부러 기존 산업 질서를 뒤집어 놓기 때문에 '업계의 혁명가' 라고 부른다.

산업 전통이 오늘날처럼 위협을 받은 적이 없었고, 산업혁명가가 오늘날처럼 세인들의 추대를 받은 적도 없었다. 글로벌화, 과학 기술의 새로운 진전, 빠른 사회 변혁 속도는 기존 산업이 지켜오던 성벽을 무너뜨렸다. 그러나 진정으로 기존의 산업 구조를 뒤집은 것은 이러한 변혁의 역량이 아니라 변혁의 역량을 포용하고 열정적으로 혁명을 진행하는 기업이다. 지식 경제의 도전을 받았을 때 현재의 산업을 이끌어 오던 지도자는 도전해 오는 혁명가에게 순순히 미래를 양보할 수 있으며, 자신의 전략기획 모델에 혁명적인 변화를 가져올 수 있다. 그러나 혁명은 전통적인 전략기획의 과정을 수정하는 것이 아니라 완전히 새로운 사고 모델을 세우는 것이어야 한다. 지식 경제 시대 전략의 정의는 바로 혁명이다.

경영자는 전략기획이 전략을 창조할 수 없음을 분명히 알아야 한다. 절대다수의 기업에 있어서 전략기획은 매년 한 차례씩 있는 형식적인 일일 뿐 잠재력을 발휘할 수 있는 것이 아니다. 전략이 만들어지는 과정은 일반적으로 간단한 한두 개의 원칙을 근거로 간소화 방법을 사용하여 결론을 도출하는 것이다. 미래의 상황은 다르겠지만, 통상적으로 아직까지는 현재를 기초로 미래를 계획하지, 미래를 예견하여 과거를 연역하지는 않는다. 전략기획 과정에서 산업의 수많은 전통 규범에 대해 진지하게 의문을 품지 않는다면 소위 전략기획이라는 것은 기존 방법의 보충 수단에 불과하게 될 것이다.

오늘날 많은 조직의 기본적인 문제는 바로 업무 기획과 전략 창조를 혼동한다는 것이다. 업무 기획은 조정, 분배이지 능력의 발휘나 탐험이 아니다. 어떤 기업이 기획으로 전략을 창조할 수 있다고 생각한다면 개선의 소용돌이를 피하기 어려울 것이고, 그저 두 눈 뜨고 새로운 경쟁자들이 공격해 오는 것을 보고만 있어야 할 것이다.

경영자는 전략 창조의 본질이 전복이라는 것을 반드시 알아야 한다. 메리 케이 화장품 회사의 창업자인 메리 케이 여사는 이 방면의 모범 케이스이다. 당시 화장품업계는 여성은 자신감이 부족한 존재이며 매우 간단한 미용의 신 배합기술에도 많은 대가를 지불한다는 것이 전통적인 사고방식이었다. 그녀는 이것을 인정하지 않았다. 여성은 사실상 매우 자신감 있는 존재이며 그들은 간단하고 자연스러우며 친환경적인 제품을 원하고 있다고 케이는 주장하였다. 로딕은 "나는 화장품업계의 동향을 관찰한 다음 그와 반대 방향으로 일을 진행한다."라고 말하였다.

모든 경영자들이 당신의 제품에서 10~20개의 전통 규범을 열거하는 것을 한 번 상상해보자. 만일 이러한 전통 방법을 타파한다면 새로운 기회가 나타날 것인가? 숙박업을 예로 들면, 숙박업계의 종래의 규정은 손님이 몇 시에 들어오고 나가는지 상관없이 다음날 정오가 될 때 하루치 숙박비를 받는다. 당신이 여행길에 지쳐 새벽 2시에서야 비로소 여관에 들어갔는데 전날 오후 2시에 들어온 여행객과 같은 비용을 지불해야 하며 또 정오에 방을 비워야 한다면 기분이 어떻겠는가? 숙박업계는 왜 24시간의 효율적인 객실 운영을 하지 못하는가?

게임의 법칙 창조자 및 추종자가 오늘날의 산업을 정의하였으나, 게임의 법칙을 개조하는 자의 목표는 현재의 산업을 새롭게 다시 정의하는 것이고 낡은 규칙을 파괴하여 새로운 규칙을 만들어내는 것이다. 당신 자신에게 물어보라. 당신의 회사는 생산업계의 어떤 전통방법을 타파하였는가? 그러지 못하였다면 무엇 때문인가?

대다수 기업에서 경력이 풍부한 관리자는 항상 전통 전략의 막강한 수호자이다. 피라미드 조직에서 볼 때(현재 수많은 기업들의 경향은 피라미드를 거꾸로 세운다. 고객을 가장 상부에 위치하게 하고 경영자를 맨 밑에 위치하게 하는 것이다. 하지만 경영자들은 여전히 화려한 사무실에 앉아 있고 비행기 특등석을 이용하고 있으니 경영자들이 금자탑 꼭대기에 위치하는 것이 합당할지도 모른다.) 전통 산업에 대한 신앙이 가장 경건한 자는 어떤 사람인가? 경력이 풍부한 관리자이다. 누가 기업 전략의 기획을 책임지는가? 경력이 풍부한 관리자이다. 피라미드 조직은 경험을 표준으로 하는 조직이지만 환경의 급속한 변화로 인해 경험은 갈수록 덜 중요해지고 있을 뿐만 아니라 위험을 초래할 수도 있다. 전략 창조 과정이 경험의 굴레를 벗어나지 못한다면 산업혁명의 기회를 창조하는 것 역시 까마득한 일이 될 것이다.

경력이 풍부한 관리자는 반드시 자문해 보아야 한다. 과거 수년간의 경험이 나로 하여금 산업의 전통 규범에 도전을 원하도록 하였는가 아니면 도전을 원하지 않게 하였는가? 현재 산업의 중심 밖에서 일어나는 일들에 대해 나는 호기심을 가지고 있는가 아니면 점점 흥미를 잃고 있는가? 미국의 저명한 작가 이머슨은 일찍이 말하였다. "세상 사람들을 두 가지로 나눌 수 있는데 하나는 과거에 살고 있는 사람이고 다른 하나는 미래 지향적인 사람이다. 한 종류의 사람이 역사를 창조하였다면 나머지 한 종류의 사람은 미래를 창조한다." 당신은 어떤 사람인가?

■■■ 전략혁명에서 없어서는 안 되는 것

"실제로 전략혁명을 진행하는 것은 어렵지 않다. 혁명가는 당신의 기업 안에 있다." 피터스는 적당한 인물을 찾아 혁명을 이루지 못하는 경영자들에게 이렇게 말하였다. 모든 기업에는 혁명가가 있기 마련이다. 조직의 하부 계층에 들어가 보면 '입만 열면 독설을 퍼붓는' 부하 직원들이 산업의 전통 규범을 헐뜯는 소리를 적잖이 들을 수 있을 것이다. 이러한 혁명지사들의 목소리는 상부까지 전달되지 못한다. '반동 언론'은 보통 중간 관료들에 의해 상부계층과 격리되고 여과된다. 이러한 혁명지사들은 고립되어 있어서 다른 사람을 선동하지 못한다. 결국 이 산업계의 혁명가들은 다른 방법을 모색하기로 결정하고 더욱 안목 있고 패기 있는 고용주에게 의탁하게 되는 것이다.

당연히 대부분 변화가 문제가 아니라 참여가 문제이다. 관리자는 항상 두 종류의 잘못된 사고방식 때문에 혁명 승리 전략에 걸림돌을 만든다. 첫째는 중간 관리자 및 기타 직원들이 기본적으로 변화에 맞서는 것이고, 둘째는 영명한 지도자 한 사람에게만 기대어 조직을 끌고 가는 것이다.

때때로 관리자는 변화를 제시하면서 직원들에게 겁을 준다. 왜냐하면 직원들이 마음의 준비가 조금도 되어 있지 않으며 적응 능력이 없는 상태이기 때문에 갑작스런 변화를 받아들이지 못한다고 생각하기 때문이다. 이런 경우 변화는 재앙이 다가온다는 대명사—처참한 조직의 재정비, 기업의 개조—일 뿐이다. 이러한 '변화'는 그 어떤 생기도 가져오지 못하고 관리자가 과거에 저지른 잘못의 대가를 치르는 것에 불과하다.

관리자의 임무는 직원들로 하여금 변화를 견디게 하는 것이 아니라 직원 스스로가 변화의 책임을 지도록 하여 자신들의 운명을 결정지을 권리를 가지게 하는 것이다. 관리자는 반드시 조직 내의 혁명가를 찾아내어 회사의 미래를 논의해야 한다. 관리자가 조직 전체를 전략 창조의 과정에 참여시키면 회사 내에 열정적으로 개혁을 옹호하는 혁명 지사들이 많아질 것이다.

한 평범한 직원이 어떻게 자신의 회사가 산업혁명의 선봉이 되도록 도울 수 있을까? 자신을 전략 행동가로 변화시키면 된다. 오늘날 제1선의 직원과 중간계층의 관리자들이 자신들을 피해자로 생각하여 비행동가(非行動家)가 되고 있다. 그들은 회사에서의 미래에 대해 자신감을 상실한 것이다.

한 대기업의 소수 중간계층 관리자들은 경쟁사와 맞붙었을 때 거의 모든 분야에서 타격을 입을 것을 발견하였다. 이로 인해 발생한 위기감은 그들을 단결하게 하였으며, 수개월 동안 계속 다른 부서의 중간 관리자들을 설득하여 모두에게 회사의 곤경을 알게 했다. 모두가 알게 된 후에 그들은 상부 관리자들에게 예민한 문제들을 제기하였다. 회사는 미래에 대비하여 어떤 계획을 가지고 있는가? 다른 회사들이 힘을 합해 산업 변혁을 추진하고 있는 때에 우리 회사는 핵심을 파악하고 있는가 아니면 방관하고 있는가? 산업이 급속도로 변화하고 있는 상황에서 회사는 선두에 서 있는가 아니면 낙후되어 있는가? 이에 대해 회사의 고위층 관리자는 아무런 답안도 가지고 있지 않다는 것을 솔직하게 시인하였다. 회사는 위아래가 한마음이 되어 행동을 전개하였고 수개월 동안 수백 명의 인원을 동원하여 각종 산업혁명 창조의 기회를 찾아 나섰다. 결국 이 회사는 기업의 사명을 전체적으로 변경하였으며 새로운 성장의 기회도 찾게 되었다. 그 후 5년 동안 회사 매출액은 계속하여 갱신되었다.

전략혁명의 관건은 반드시 민주적으로 진행되어야 한다는 것이다. 혁신, 전략 사고의 가능성은 기업 전체에 흩어져 있으며 그 누구도 창의적인 혁명 아이디어가 어디에서 나올지 예측할 수 없다. 그렇기 때문에 참여망은 더욱 넓고 크게 펼쳐져야 한다. 수많은 회사의 전략 과정에 참여하는 직원의 수가 수백에 달하고 심지어는 수천 명에 이르기도 한다. 그들은 회사를 도와 산업에서 어떠한 개혁이 가능한지를 깊이 생각하고, 회사의 핵심 경쟁력을 정하고, 기업 내 쓸모없는 전통 규범을 제거하고, 새로운 전략 방법을 모색한다.

혁명적 전략을 창조하기 위해 기업은 반드시 기초적인 경험 외에 상상력을 더해야 한다. 방법은, 기업 전략 과정에서 세 종류의 직원 참여를 강화하는 것이다. 첫째는 젊은이 혹은 생각이 젊은 사람이다. 대다수 젊은이들의 생활이 미래와 비교적 가깝기 때문이다. 둘째는 외부에 머물러 있는 사람이다. 그들은 기업 전략에 참여해야 하는 중요 인물이다. 본사와 거리가 멀수록 전략 창조의 능력 역시 높다. 중국에는 "하늘은 높고 황제는 멀리 있다"라는 속담이 있다. 조직 바깥에 있는 사람은 총사령부의 간섭을 비교적 적게 받기 때문에 항상 창조력을 발휘하게 되는 동시에 언제나 창의와 발전 추세와 가까이 있다. 생각하는 데 있어서도 기업 전통으로부터 속박을 덜 받는다. 셋째는 새로운 직원이다. 그들은 산업의 전통 규범에 물들지 않은 사람이다. 많은 회사들이 기업 외부나 다른 업계로부터 고급 관리자를 스카우트하여 회사에 더욱 다원화된 사고와 업무 모델을 가져오게 한다.

서로 다른 목소리가 전략 과정에 반영되고 그것이 충분하지 못하다 하여도 관리자는 혁명지사의 큰 뜻을 져버리지 않겠다고 반드시 자기와 약속을 해야 한다. 피터스는 한 가지 예를 들었다. 어떤 기업에서 전략팀의 창의적인 한 젊은이를 불러서 회사 관리자에게 보고를 하라고 하였다. 그를 대회의실에 들여보내고 경력이 풍부한 관리자 12명이 초대형 회의 탁자 뒤 가죽 의자에 둥그렇게 앉아서 그가 보고를 시작한 지 5분도 지나지 않아 불신임의 눈초리와 어조로 그를 공격하였다. 그는 고통스럽게 4시간을 버티어야 했다.

이를 교훈삼아 전략기획 경영자는 방법을 바꾸게 된다.

① 회의를 회사 밖에서 진행함으로써 관리자들의 권위에서 벗어나게 한다.

② 창의적인 전략팀의 구성원 24명 전부가 회의에 참가하여 인원수로 절대 우위를 차지하게 한다.

③관리자 12명을 보통 의자에 앉혀 반원형의 대형을 만들어 놓아 그들의 전면 보호막인 대형 탁자를 없앤다.

④관리자들에게 의견 제시를 보류하여 보고를 중간에 끊지 못하도록 요구한다.

보고가 끝난 후 각 관리자들은 4시간에 걸쳐 전략팀원 두 명과 깊이 토론하여 전략팀이 어떻게 이러한 결론을 내게 되었는지 이해하게 한다. 다음날 아침 거의 모든 관리자들이 승인하게 되면 그들은 수확을 거두게 되는 것이며, 그들 역시 전략팀에게 매우 유용한 기회를 제공한 것이다.

■■■ **전략혁명 중의 '상'과 '하'**

모두가 알다시피, 전략기획은 위에서 아래가 아닌 아래에서 위로 이루어진다. 3M의 포스트잇을 발명한 사원처럼 기업의 가장 낮은 계층에서 회사에 중요한 발전 기회를 제공하거나, GE 회장인 웰치의 그 유명한 '세 개의 원' 전략이 GE 미래의 발전 방향을 결정지은 것처럼 말이다. 위에서 아래로 내려오는 전략은 목표의 통일성에 효과가 있고, 아래에서 위로 올라가는 전략은 시야의 다원화라는 장점이 있다. 통일성은 높으나 다원화된 시야가 부족하면 교조적이 되기 쉽고, 반대로 통일성이 부족한 다원화된 시야는 자원의 분산을 쉽게 한다. 따라서 전략 창조 과정에는 피라미드의 상층, 중간층, 하층이 모두 참여해야 한다.

혁명은 반드시 기업 최상부의 승인과 지지를 받아야 한다. 사람들 대부분은 전략 창조의 사상가는 조직의 최상부에 위치하고 집행자는 하부층에 위치해야 한다고 알고 있다. 그러나 사실상 전략 사상가의 절반 이상이 하부층에서 나오고 관리자들은 전략 집행에 필요한 자원을 통제하는 역할만 한다. 기업의 위 아래로 창의적인 전략이 원활히 소통되게 해주는 많은 방법들이 있다. 경력이 오래된 관리자는 부서를 초월한 단체를 만들어 자신 역시 단체의 구성원이 되어 회사 내의 비서, 행정직, 하층 기술자들과 더불어 같이 고민한다. 즉 산업 내의 중요한 변화 및 회사의 핵심경쟁력 등의 문제를 함께 고민하며 산업혁명을 창조할 기회를 찾아낸다. 관리자들은 매달 일주일은 조직 하층의 혁명가들을 따른다.

관리자가 절대 해서는 안 되는 것은 엘리트 직원을 파견하거나 전통적인 전략 고문에게 위탁하여 미래를 설계하는 것이다. 자원 관리자 및 상·하층 동료의 광범위한 참여가 결여된 전략 산물은 그들 자신 말고는 그 어떤 사람도 열심히 참여하지 않을 것이다. 지도자는 회사의 전략기획팀이 상사에게 제시한 전략이 옳다는 것을 증명해야 할 책임이 있다고 여기는데, 이러한 태도에는 문제가 있다. 전략을 창조하는 과정에서 경력 많은 관리자의 역할은 동반자이지 주인이 아니다.

■■■ 전략혁명의 새로운 시야를 확장함

산업혁명을 창조하고자 한다면 경영자는 반드시 새로운 각도에서 새로운 방법으로 세상을 보아야 한다고 피터스는 지적하였다. 우리는 다른 사람을 총명하게 변화시킬 수는 없지만 새로운 안목으로 사건을 볼 수 있게 가르칠 수는 있다. 환경의 변화를 기존 사업에 대한 위협으로 보지 않고 개혁의 기회로 보는 것이 일종의 새로운 시야라고 할 수 있다. 상상력으로 자금을 대체하여 조직 능력의 기준을 평가하는 것 역시 일종의 새로운 시야이며, 핵심 경쟁력과 비사업 부문으로 기업의 실력을 평가하는 것도 새로운 시야이다.

기업이 산업혁명을 창조하고자 한다면 반드시 아래 네 가지 일을 진행해야 한다.

1. 산업에서 가장 고질적인 전통 규범을 찾아낸다.
2. 그 속에는 무수히 많은 중요한 점과 새로운 산업 규범의 기회가 숨어 있기 때문에 과학 기술, 생활 형태, 업무 습관 혹은 정치 경제 제도상의 중요 변화를 찾아내야 한다.
3. 자신의 핵심 경쟁력을 깊이 이해한다.
4. 이상의 지식을 이용하여 자기 경쟁 영역 내에서 전통의 돌파, 혁명의 잠재력, 실제 사용 가능한 창의적인 전략을 찾아낸다.

산의 정상에서 바라보는 풍경은 산기슭에서 보는 것과 크게 다르다. 새로운 시야가 없이는 전통을 타파하는 새로운 전략을 창조해낼 수가 없다. 조직을 뛰어넘어 참여하고, 산업 변동을 깊이 파고들며, 기업 경쟁력을 향상시키고, 직원들이 산업 전통의 전략 창조 과정에 도전할 수 있도록 격려한다면 반드시 생각지도 못했던 결과를 얻어낼 수 있을 것이다. 관리자가 개방적인 전략 창조 과정이 어떠한 결과를 가져올지 예측할 수 없다하여 중간에 손을 놓게 되면 혁명을 이루어낼 수 없게 된다.

경력 많은 관리자들은 어리석은 건의사항에 고민하지 말고 훌륭한 창의적 능력을 발휘할 수 있도록 어떻게 기회를 주느냐에 더욱 관심을 기울여야 한다. 개방적이고 참여적인 전략 창조 과정이 비록 결과를 예측하기 어렵긴 하지만 전략 집행의 불편함을 크게 줄여줄 수 있다. 전략을 집행할 때 최대의 도전은 바로 인식의 일치이다. 수많은 전략 모델 중에서 관리자의 최대 임무는 더 이상 '판로 확장' 전략이 아니라 전략에 대한 인식의 일치를 이루는 것이다.

새로운 목소리를 전략 창조 과정에 담는 것, 조직을 뛰어 넘는 소통의 추진, 새로운 시야를 위한 격려, 창조적 능력이 기업 발전의 새로운 방향으로 향하도록 협조하는 것 등이 '전략은 혁명이다.' 라는 믿음에 대한 기업의 가장 중요한 도전이다. 톰 피터스가 서술한 전략혁명 사상은 과거의 경영전략 위에서 복지부동하며 안정적인 이익을 누리고 있는 경영자들에게 경종을 울렸다.

37

피터 센지 · *Peter M. Senge*

학습하는 조직의 구축

피터 센지 (1947~)

　시카고에서 태어나 1970년에 스탠포드대학 항공우주공학 학사학위를 받은 후 MIT 공학 대학원에서 박사과정에 들어갔다. 그 과정에서 포레스터 교수에게 가르침을 받아 사회 시스템 모델링과 전체 동태 결합의 경영이념에 대해 연구하였다. 1978년에 박사학위를 취득한 후 슬론에 머물러 있으면서 계속하여 시스템 동역학과 조직학, 창조원리, 인지과학, 모의 훈련 게임 융합에 대해 연구하였으며 '학습조직' 이론을 발전시켰다.

　연구 성과의 결정체인 대표작 『제5의 훈련-학습조직의 기술과 실무』가 1990년 미국에서 출판되었다. 이 책은 1992년 세계 기업 학회 최고 영예에 빛나는 개척자 상을 받았으며 센지 자신도 같은 해에 미국 《비즈니스 위크》에서 당대 최고의 신경영 거장 중 한 명으로 추앙받았다.

핵심사상

- 학습조직 사상의 구축 :
  학습은 기업 발전의 근본 동력이다. 조직이 구성원 전체의
  바람을 이루기 위해서는 시스템적 사고방식으로 전략 문제를
  사고하는 방법을 학습해야 한다.

미국 MIT 공대 슬론 경영 대학원의 강사인 피터 센지는 그의 저서 『제5의 훈련-학습조직의 기술과 실무』에서 처음으로 학습조직이라는 새로운 개념을 체계적으로 제시하였다. 이 개념이 나오자마자 기업계의 열렬한 반향을 일으켰으며 '21세기를 향한 경영 바이블' 로 찬양 받았다. 학습조직은 '21세기의 금광이다' 라는 명성도 얻었다. 센지가 연구한 과제는 갈수록 복잡해지고 변화가 더욱 빨라지는 세상에서 기업과 조직의 적응 능력을 어떻게 발전시키느냐에 대한 것이다. 『제5의 훈련-학습조직의 기술과 실무』에서 그는 경영자들에게 도구와 개념적 모델을 제공하여 조직 문제 아래에 잠재되어 있는 구조와 상호작용 문제에 대한 이해를 도왔다.

■■■ 학습조직의 핵심은 시스템적 사고

'학습조직' 이란 무엇인가? 서로 다른 사람은 서로 다른 각도에서 그것을 이해하고 묘사한다. 본질적으로 말하자면 학습의 진정한 목적

은 창조력을 개척하는 것이고, 학습조직이란 창조 능력을 지속적으로 보유하여 끊임없이 미래를 창조해 나가는 조직을 말한다. 그것은 마치 생명을 가진 유기체와 같다. 내부에서 완전한 학습 메커니즘을 구축하여 구성원과 업무를 지속적으로 결합하여 조직을 개인과 업무부서 및 전체 시스템의 세 개 층에서 공동으로 발전시킴으로 '학습—지속적 개선—경쟁우위 구축'이라는 양성 순환을 형성한다.

체계적 사고는 센지의 다섯 가지 훈련의 핵심이며 다른 네 가지 항목의 기초가 된다. 센지는 그 저서의 명칭을 『제5의 훈련』이라고 하여 시스템적 사고를 얼마나 중시했는가를 보여준다. 시스템적 사고란 체계적이고 전체적이며 전면적인 사유 방식으로 사고하는 것이다. 시스템적 사고가 이와 같은 높은 지의를 부여받는 데에는 두 가지 원인이 있다.

① 현실 세계의 정보가 사람들을 어지럽게 하며 도처에 변화가 빠르고 복잡한 문제들이 있어 시스템적 사고를 하지 않으면 복잡한 변화의 틈에서 방향을 잃어버릴 수 있다.

② 전통적 사고 모델은 사람들에게 깊고 큰 영향을 미쳐 새로운 환경에서 난관에 봉착하여 패배하도록 한다. 협조하여 해결할 수 있는 문제를 사고의 한계 때문에 제대로 살피지 못하여 실패하게 한다.

한 판매 회사의 이번 분기 판매량이 감소하였는데, 그 원인이 지난 분기에 성공한 할인 판촉활동에 있었다. 당시 많은 고객들이 앞당겨 구매하여 이번 분기 시장의 수요가 떨어진 것이다. 그런데 새로 부임한 경영자가 상황을 파악하지 못하고 비용을 절감하기 위해 재고를 줄여나갔다. 아마도 시간이 흐르면 판매사원들은 고객들에게 물품인도가 늦어지는 까닭을 해명하는 데 많은 시간을 들여야 할 것이다. 시스템이 복잡하여 정책 결정과 그에 따른 영향이 시간과 공간상 불연속적이거나 불일치하기 때문에 한 부문에서만 문제를 고려하면 오늘의 문제가 어제의 행위에서 온 것임을 미처 보지 못할 수도 있다.

'장님 코끼리 만지기' 이야기에서 장님 세 명은 제조, 판매, 개발 부문의 관리자와 비슷한 점이 있다. 각 관리자들은 모두 회사의 문제는 명확하게 보지만 자기 부서의 의사결정이 어떻게 기타 부서와 서로 연관되는지를 발견하지 못한다. 이러한 사고방식으로 그들은 '코끼리' 의 전체 모습을 영원히 알지 못하게 된다. 시스템은 본디 나눌 수 없는 총체적인 것으로 절대적인 내외 구분이 없다. 그러므로 우리는 문제를 고찰할 때 문제와 관련된 모든 요소를 함께 연구해야 한다. 이것이 바로 '시스템 경계의 원칙' 이다.

많은 고위급 관리자들은 '강하게 밀수록 시스템이 되받아 치는 힘이 더욱 커진다.' 고 느꼈다. 이러한 현상을 '보상성 피드백' 이라고 부른다. 즉 선의의 관여가 시스템의 반응을 일으키지만 이러한 반응은 오히려 창조적인 이익을 상쇄시킨다는 것이다.

자연적으로 형성된 모든 시스템, 즉 생태 시스템에서부터 인류의 조직까지 모두 적당한 성장 속도가 있다. 기업가들은 보통 자신의 기업이 좀 더 빨리 성장하기를 바란다. 하지만 성장이 지나치게 빠르면 시스템 자체가 속도를 늦추도록 조정한다. 이러한 조정은 조직을 붕괴의 위험에 빠뜨릴 수 있다. 이것이 바로 '욕속부달(너무 빨리 하려고 서두르면 도리어 일을 이루지 못한다는 말)' 의 원리이다.

때때로 이도 저도 아닌 모순이 생길 때가 있으나 시스템의 관점에서 보면 그것들 역시 완전히 조화된 것일 수 있다. 수년간 제조업계에서는 낮은 비용과 높은 품질 사이에서 하나를 선택해야 한다고 인식되어 왔다. 그러나 장기적으로 봤을 때 기본적인 업무 프로세스를 개선해야지만 불합격품 수량, 품질검사 요원, 고객 불만, A/S 및 광고 등의 비용을 줄일 수 있다. 이럴 경우에 비용과 제품 품질은 충돌을 일으키지 않게 된다.

시스템적 사고는 사람들의 견해와 정면으로 대립한다. 그것은 가장 분명하고 쉬운 해결 방안은 통상적으로 무효하다고 말한다. 단기적인 효과가 좋았다 할지라도 장기적으로 볼 때에는 일을 그르치게 할 뿐이라는 것이다. 점점 나빠지기 전에 먼저 잠깐 좋아지는 것처럼 보이는 위장전술이 사람들의 눈을 흐리게 하는 것이다. 그러나 이것 역시 시사하는 바가 있다. 비록 작고 집중된 행동은 사람의 눈길을 끌 수가 없지만 상황에 맞기만 하면 오래 지속되는 큰 작용을 불러일으킬 수 있다. 이것을 '지렛대 작용의 원리'라고 한다.

분명한 것은 시스템적 사고를 소홀히 하여 생긴 불완전성은 우리가 정책을 결정할 때 후환을 생각하지 않고 눈앞의 위기만 모면하는 상황을 불러온다는 점이다. 게다가 근본적으로 동태적인 최선의 방안을 찾아내지 못하게 되어 일이 뜻대로 될 수가 없다.

■■■ 시스템적 사고로 일보전진

그렇다면 어떻게 해야 효과적인 시스템적 사고를 할 수 있는가? 대답은 사실 매우 간단하다. 즉, 처음부터 끝까지 통합적이고 체계적이며 활동적인 관점으로 문제를 분석하여 해결하는 것이다. 어떠한 조직의 행위 시스템이든 피드백이 존재하기 마련이다. 조직은 환경에 근거한 의사결정으로 기업의 행위를 변화시키고자 하지만 이 행위 자체는 오히려 조직에 반대로 작용하거나 환경의 변화를 가져오고, 나아가 행위의 효과에 더욱 영향을 준다. 피드백 과정에서 인과관계가 다름에 따라 피드백도 강화와 조절의 두 가지 종류로 나눌 수 있다. 피드백을 강화시키는 인과는 서로 강해지는 것으로 마치 '지불청구 쇄도'의 현상과 같다. 피드백을 조절하는 인과는 반대로 작용하는 것으로 마치 단진자같이 최종적으로는 평형상태를 유지하게 된다.

사물의 복잡성은 행동과 결과 사이에 종종 시간상의 차이, 즉 '시간의 지연'이 존재하게 되는데 이는 사람들로 하여금 잘못된 것을 바로잡으려다 오히려 일을 그르치게 한다. '체계적 사고'를 수련할 때 지도자는 참가자들에게 일종의 '맥주게임' 같은 활동을 하도록 한다. 그들이 각자 맥주 소매상, 도매상 그리고 생산자 등의 역할 분담을 한다. 소매상이 발주한 후 짧은 시간 내에 물건을 받지 못하면 그는 고객들의 재촉으로 인해 심리적인 압박을 느낄 것이고 계속하여 주문 수량을 늘리게 된다. 많은 소매상들이 모두 이와 같이 행동하면 처음에 조금 모자랐던 제품이 막대한 공급의 '부족' 현상으로 번져 거짓 수요만 무성해진다. 이는 생산의 지나친 확장을 가져와 경제 시스템 전체가 불필요하게 동요된다. 이러한 시간의 지연은 도처에 존재한다.

강화된 피드백, 조절된 피드백 및 시간의 지연은 체계적 사고의 세 가지 기본 요소로 체계적 사고가 진행되는 출발점이자 모델의 기초이다. 기업이 이것을 이해하지 못하면 학습을 효과적으로 진행하기 힘들다.

■■■ 현대 기업의 근본은 학습

센지는 경영자들에게 현대 기업의 근본은 학습이라고 역설한다. 경영 환경의 급격한 변화로 인해 전통적인 역할과 방식 역시 커다란 시험을 거쳐야 했다. 많은 기업 및 경영자들은 기업이 더 이상 견고한 보루가 아니라 언제든지 무너질 수 있는 취약한 것임을 알게 되었다. 피터스가 『초우량 기업의 조건』에서 '최고의 경영' 으로 뽑았던 미국의 43개 기업들 중 14개의 기업이 이 책이 출판된 2년 후에 '경영 악화' 로 심각한 재무 문제에 부딪치게 되었다. 1970년 《포춘》이 선정한 '세계 500대 기업' 의 대열에 들었던 기업들이 80년대 초가 되자 1/3 정도가 행방을 감췄다. 통계에 의하면 대부분 고속 성장 기업의 평균 수명이 40년을 넘지 않는다고 한다.

도대체 어떤 힘이 기업을 이렇게 단명하게 하는가? 답은 여러 방면에서 찾을 수 있다. 기업의 수명은 기업 내부에서 결정되는 것임은 의심할 여지가 없다. 기업을 하나의 생명체로 본다면 내부 기능의 생리 상태, 각 조직의 건강지표, 기업 전체의 환경 적응 능력 등이 모두 기업의 수명에 영향을 줄 수 있다.

환경의 각도에서 보았을 때 기업은 내부의 여러 요소가 필연적으로 조합되어 이루어진 하나의 시스템 총체이다. 이 시스템 총체는 대외적으로 분리되어 활동할 수 없다. 이 치명적인 결함은 모두 전통적 모델이 뛰어넘을 수 없는 심각한 장애물이다. 조사에 의하면, 기업의 경영 계층 각 구성원의 개별 지능지수가 120 이상이라고 해도 기업 전체의 지능지수는 62 정도에 불과한 매우 우둔한 경우가 종종 발생한다.

기업 내부에 깊숙이 들어가 현황을 분석할 때 불가사의한 현상들은 오히려 쉽게 답을 찾아낼 수 있다. 사람들은 오랫동안 직분에 충실하고 본직을 고수해야 한다는 관념을 주입당했기 때문에, 자신의 직무에만 집중하고 다른 사람이나 다른 부서와의 연계에는 무관심하다. 때문에 문제가 발생해도 사건의 단편적인 면에만 착안하고 전체 모습을 보지 못하여 근본 원인을 찾아내지 못하는 것이다. 또 개인이나 소속 부서의 이익에만 눈이 어두워 사실의 진상을 덮어놓고 서로 책임을 전가시키기도 한다. 경영자가 아무리 적극적으로 해결 방법을 찾고자 해도 상황을 파악하지 못하여 일을 그르치는 경우가 많다. 일반 직원은 간절하게 경영층에 희망을 걸지만 경영자들은 오히려 내부 마찰이나 알력 싸움, 정권 다툼으로 시간과 정력을 낭비하고 있다.

이러한 현상의 원인은 기업 내부에 존재하는 '학습정신박약' 때문이다. 이러한 장애는 기업의 성장과 발전을 저해한다. 한계에 다다른 사고나 개별적 사건에만 몰두하는 것, 책임 회피, 종합적 관념의 부족, 완만한 변화에 대한 무감각 및 잘못된 경험 등은 기업 조직이 무형의 힘에 의해 천천히 잠식당하는 상태를 조성하여 결국에는 소멸되고 마는 것이다.

그렇기 때문에 센지가 이 학습형 기업 조직 관념을 제시한 것이다. 그는 학습 능력이 떨어지는 아동이 건강하게 성장하지 못하는 것처럼 학습하지 않는 기업은 치열한 경쟁 속에서 치명적인 위험에 처해질 수 있다고 주장하였다. 기업이 학습 능력을 향상시키기 위해서는 '학습 조직'으로 개조시켜야만 가능하다. 여기에 현대 기업의 근본이 존재한다. 미래는 예측하기 어려우므로 학습만이 참고 포인트와 미래를 개척하는 도약판을 제공해줄 수 있다.

■■■ 구조적 충돌의 돌파, 비전의 실현

학습조직은 사람들이 자신을 뛰어넘을 수 있게 함으로써 인력 자본의 가치를 향상시켰다. 사람들이 부단히 극한을 돌파하여 자아가치의 실현을 추구할 수 있는 것은 마음속에 아름답고 강렬한 이상, 목표, 염원과 전망 즉 소위 '개인비전'이 있기 때문이다. 이러한 염원은 있을 수도 없을 수도 있는 것이 아니라, 기본적인 가치를 선택한 후 미래에 대해 내린 일종의 승인이다. 그것은 아름다운 구상일 뿐 아니라 사람들을 앞으로 나아가게 하는 사명이다. 이는 사람들이 현재에 안주하지 않고, 용기를 내어 갖가지 고난을 극복하도록 노력하면서 인생의 최고봉에 오르도록 한다.

직원의 '개인비전'은 조직 창조력의 원천이자 기업이 새로운 발전을 할 수 있는 기초이다. 그렇기 때문에 '학습조직'을 향한 매진의 과정에서 기업은 직원들을 독려하여 자신의 개인비전을 정립하고 소유하도록 해야 한다.

그러나 개인비전을 실현하고자 할 때 '구조적 충돌'이라 불리는 장애물을 만나게 된다. 사람들이 이상과 현실의 차이에 부딪칠 때 한편으로는 이상을 실현하는 비전과 동력이 생길 수도 있고 다른 한편으로는 좌절하여 목표 실현이 가능하지 않을 것이라 느낄 수도 있다. 전자의 이러한 긍정적인 역량을 '창조적 장력'이라 부르고, 후자가 만들어내는 근심, 긴장, 우려, 의기소침, 심지어는 절망 등 부정적인 정서를 '우울한 장력'이라 한다. 이 두 가지는 거의 공존한다. 예를 들면, 당신이 목표를 향해 매진할 때 동시에 두 개의 고무밴드의 힘을 받을 수 있는데, 하나는 창조적 장력을 대표하는 것으로 당신을 비전으로 이끌며 하나는 우울한 장력을 대표하는 것으로 당신을 출발점으로 되돌리려 한다. 그것들은 함께 충돌하는 구조를 형성하게 되는데 이를 '구조적 충돌' 이라고 한다.

상반되는 작용으로 어떠한 결과가 나타날까? 하나는 '실시 후 후퇴' 하는 힘이 우세하여 사람들이 애석해 하며 기점으로 돌아가거나 목표가 하락하여 심리적 안정을 얻을 수도 있다.(이때는 '목표 침식' 이 나타난다.) 다른 하나는 동력이 사람을 통제하여 사람들이 목표로 향하는 것을 전혀 원하지 않게 할 수 있다. 그러나 마치 고무밴드가 잡아당길수록 원래 자리로 돌아가려는 회복력이 커지는 것과 같이 목표에 접근할수록 반작용력이 더욱 커진다. 우리가 비전의 중요성에 의심을 품기 시작하고 앞으로 나아가는 것에 곤란함을 느끼며 주위 사람에게 실망감을 느끼게 되면, 이는 곧 '100리 길을 갈 때, 처음 90리와 나머지 10리가 서로 맞먹는다.' 라는 비극이 생기는 것이다. 따라서 우리는 끊임없이 전진하는 동력을 강화시켜야 하는데, 이 동력은 개인비전에서 오는 것이다.

개인비전은 개인의 마음 깊숙한 곳에서 일어나는 갈망이다. 일단 이것을 발견하고 직시하여 명확히 하면 무궁한 힘이 자극되어 '창조적 장력' 이 비할 데 없이 강해진다. 이것은 사람들이 과감하게 창조하고 대담하게 모험하며 마지막에 가서는 '구조적 충돌' 을 타파할 수 있게 하여 사람의 본성을 승화시켜준다.

기업이 학습적인 조직이 되려면 공동의 비전을 구축해야 한다. 공동비전은 조직 내부의 다양한 개인비전을 교류하고 종합하는 과정을 거친 최종 산물이다. 이것이 최초로 나온 곳이 조직의 상층, 중층 아니면 하층 어디든 상관없다. 중요한 것은 공동비전을 확립하는 과정에서 조직이 중요한 매개체 역할을 맡아서 적극적으로 개인이 각자의 비전을 구축하도록 독려해야 한다는 것이다. 개인의 비전은 자발적이어야 하며 그렇지 않으면 그 진정한 의의를 상실하는 것이기 때문에, 조직은 조심스럽게 상황을 파악하여야 하며 절대 개인 자유의 방식을 협박하거나 침범해서는 안 된다. 조직은 민주적이고 개방적인 분위기를 만들어 구성원들이 스스로의 비전을 고찰하고 대담히 표현할 수 있도록 해야 한다. 이때에야 비로소 조직 공동의 비전을 구축하는 첫 발을 내디딜 수 있다.

지도자는 이 과정에서 매우 중요한 역할을 한다. 고위 경영자는 먼저 상당한 결심과 자신감 그리고 인내심을 가져야 한다. 처음 시작할 때는 많은 사람들이 불신하고 의심하며 심지어는 온갖 조소와 풍자로 괴롭힐 것이다. 경영자는 업무에 대한 방대한 해석을 해야 할 뿐 아니라 흔들리지 않는 행동으로 사람들의 지지와 이해를 구해야 한다. 지도자는 솔선수범하여 비전 구축에 앞장서야 하는 동시에 이전보다 훨씬 넓은 마음으로 자신과 다른 견해를 경청하고 받아들일 수도 있어야 한다. 왜냐하면 각종 다양한 의견 속에는 이전에 생각지도 못했던 것들이 숨어 있다가 앞으로 조직이 발전하게 될 계기를 제공하는 것이 있을 수도 있기 때문이다. 경영자는 모든 사상의 불꽃을 발견하고 잡는 데 능해야 한다. 또한 그것들을 부딪치게 하고 융합시키고 제련시키며 승화시켜서 최종적으로 조직의 공동비전과 미래 공동의 목표를 구축하게 해야 한다.

■■■ 학습조직의 요소

학습조직은 갈수록 관심의 대상이 되고 있다. 미래로 가는 길목에서 학습은 기업이 영원히 쉬지 않고 가야 하는 여정이 될 것이며, 이 방면의 저서 및 인터넷상의 정보 발표와 토론 역시 바야흐로 힘차게 발전하고 있다. 경영자들이 기업을 학습조직으로 변화시키고자 한다면 아래의 몇 가지 기본 요소를 수시로 검토해 보아야 한다.

1. **적합한 조직구조.** 가장 이상적인 조직구조는 작고 간소한 구조이다. 이 구조는 제한적인 직위, 과도한 통제의 조직틀 및 업무 처리의 번거로운 과정 등을 배제한다.
2. **학습형 기업문화.** 학습을 매우 중시한다. 학습만 한다면 어떠한 시험도 실패하지 않을 것이다.
3. **권한 부여.** 회사는 의존성을 줄일 것을 요구한다. 최종집행자가 가능한 한 책임을 진다.
4. **환경.** 개혁에 능한 기업은 환경에 가장 잘 적응하는 회사이다.
5. **지식의 창조와 전달.** 정보 전달이 우수한 기업은 지식의 수집과 전파 역시 막힘이 없다.
6. **학습 기술.** 기술은 정보의 수집과 분석 및 전파 수준을 촉진시킨다.
7. **품질.** 종합적 품질 경영을 생존방식으로 삼으면 실제로는 학습 기업이 된다.
8. **전략.** 학습은 기업의 기초 업무이다.
9. **협력하는 분위기.** 기업의 성취 근원은 즐겁고 창조력이 있는 직원이다.

10. **단체**. 인간관계는 단체가 진행하는 업무에 의해 각종 지식과 다양한 자원을 최대한도로 이용할 수 있다.
11. **미래의 전망**. 사람들은 다음이 내키는 일에 종사해야지만 성과를 올리고 창조력을 발휘하게 된다.

경영자는 상술한 표준과 자신이 만들어낸 표준을 비교하여 그 조직이 학습조직의 특성을 구비하고 있는지를 대략 알 수가 있다. 경영자는 조직이 학습조직으로 발전하도록 끊임없이 지도해야 한다.

학습조직은 서로 다른 작용과 의의를 가지며 그것의 의미는 다음과 같다. 학습은 기업의 생존을 위해 조직에 개선 능력을 끊임없이 부여하여 경쟁력을 높이는 것이다. 또한 개인과 업무의 진정한 융합을 위해 직원들이 활기차게 업무를 수행하게 하는 것이다.

학습조직의 앞날이 매우 매력적이긴 하지만 이것을 만병통치약으로 보는 것은 매우 위험하다. 사실, 학습조직의 창건은 최종 목적이 되어서는 안 되며 학습조직을 향한 갖가지 노력을 통해 끊임없는 창조와 진보의 신관념을 이끌어 내어 조직을 새롭게 하고 미래를 창조해 나아가는 것이 중요하다. 학습조직의 기본 이념은 기업의 개혁과 발전에 도움이 될 뿐 아니라 다른 조직의 혁신과 발전에도 시사하는 바가 크다. 사람들은 학습조직의 기본 원리를 운용하여 각자 몸담고 있는 조직의 미래를 창조할 잠재능력을 개발하고, 현 사회에 존재하는 갖가지 학습 장애를 돌이켜 보아 어떻게 하면 전체 사회를 학습 사회로 나아가게 할 것인지를 생각할 수 있는데, 이것이야말로 학습조직이 만들어 낸 영향이다.

38 마이클 포터 · *Michael E. Porter*

기업의 내부전략과 대외전략

마이클 포터 (1947~)

미국 미시건 주 출생으로 청년시절은 세계 여러 곳을 돌아다니며 지냈다. 후에 미국 예비부대에 복무하면서 대위까지 지냈다. 1969년 포터는 프린스턴대학을 졸업하고 우주항공학 및 기계공학 학위를 취득하였다. 포터는 하버드의 MBA 학위를 받은 후, 비즈니스 경제 박사학위도 취득하였다. 박사학위 기간이 끝나자 포터는 나중에 스승이 되는 경제학자 리차드 케이브스의 영향을 받기 시작하였다. 그는 26세 때 하버드대학 최연소 교수가 되었다.

주요저서로는 『경쟁우위』, 『경쟁전략』 그리고 『국가의 경쟁우위』가 있다. 사람들은 포터의 연구방법이 마치 외과수술과 같아서 기업과 산업의 정곡을 정확히 해부한다고 말한다. 그의 저서는 많지 않지만 그 영향력은 막대하다.

핵심사상

- 기업에는 '비용 우선 전략', '차별화 전략' 그리고 '집중 전략'의 세 가지 기본 전략이 있다.
- 기업의 글로벌화는 국가의 중요성을 강화시켰다.

피터 드러커를 경영학 사상의 지혜형 천재라 하고, 톰 피터스를 가장 매력적인 대중 지향적 인물이라고 한다면, 마이클 포터는 가장 영향력 있는 사상가라고 할 수 있다. 그는 하버드대학에서 10억 달러의 자산을 가진 회사의 신진 경영자들을 위해 워크샵을 진행하였으며, 포르투갈과 인도 등 여러 나라의 고문으로 활동하기도 하였다. 포터의 매력은 그의 전문 영역이 비즈니스 전략이지 도박이 아니라는 데에 있다.

포터는 수많은 미국의 일류 기업과 다국적기업의 경쟁전략 고문이며, 미국 의회와 기업 단체가 경제정책을 제정하는 과정에 적극적인 역할을 하였으며, 동시에 몇몇 외국 정부의 고문을 맡기도 하였다. 그는 현재 경쟁력 위원회의 집행위원으로 있는데, 이 위원회는 업계, 노동계 그리고 학계 지도자들이 1936년에 세운 민간조직이다.

80년대 이후 상업계의 경쟁력이 한층 격렬해지면서 기업의 형태가 새로운 형식으로 나타나기 시작했고, 국제 경제 형세의 변화가 기업의 국제화와 대형화 발전을 더욱 촉진시켰다. 여기에 사회의 분화가 더해져 새로운 시장의 기회가 더욱 많이 제공됨으로써 소형 기업이 급속한 발전을 이룰 수 있게 되었다. 이렇듯 모든 기업들이 생존과 발전을 위해 스스로의 길을 찾게 되고, 자신에게 합당한 발전 전략을 찾게 되었다. 전략을 세우는 것은 이제 기업 발전을 위해 가장 먼저 고려해야 할 문제가 되었다. 이렇게 되자 포터는 그의 전략 3부작을 발표하였다. 그중 기업 발전에 영향이 비교적 큰 것이『경쟁우위』와『경쟁전략』이다. 이 두 권의 책은 기업 발전전략의 이론 방면에서 경전과 같은 저서이다.

■■■ 경쟁 요인

『경쟁우위』에서 포터는 그의 가장 유명한 모델을 제시하였다. 5F, 즉 이것은 '국내와 국제를 막론하고 어떤 업계에서든 제품 혹은 서비스를 제공함에 있어서, 경쟁 규칙은 항상 5가지 요인으로 나타난다.'는 것이다. 이 5가지 경쟁 작용력의 총화는 기업이 취하는 초과 자본 비용과 평균 투자 수익률의 능력을 결정한다. 포터는 이 5가지 작용력이 업계의 구조를 결정하고 이윤 획득 능력을 결정하기 때문에 그것들은 가격, 비용 그리고 기업에 필요한 투자, 즉 투자 수익에 영향을 주는 모든 요소에 영향을 미친다고 하였다.

구체적으로 이 5가지 경쟁 요인은 다음과 같다.

1. 새로운 경쟁자의 진입. 새로운 경쟁자가 만들어 내는 경쟁성에 초점을 맞추어야 한다. 이는 부분적인 자원 소모를 피할 수 없게 하기 때문에 이윤이 감소하게 된다.

2. **대체상품의 위협**. 시장에서 당신의 제품이나 서비스를 대용할 만한 대체품이 있다면 당신이 받는 가격이 제한될 것이다.

3. **구매자의 교섭력**. 구매자가 교섭력을 가지고 있다면 반드시 그것을 사용할 것이다. 그렇게 되면 한계 이윤이 낮아지고 결국 수익률에 영향을 주게 된다.

4. **공급자의 교섭력**. 당신보다 더 나은 교섭력을 가진 공급자는 당연히 가격을 상승시킬 것이고, 당신의 수익률을 불리하게 만들 것이다.

5. **기존 경쟁업체의 저항력**. 경쟁은 항상 마케팅과 연구에 투자할 필요성을 동반하기도 하고, 가격의 하락세를 보이기도 한다. 이는 모두 이윤을 낮추는 결과를 가져온다.

■■■ 경쟁 요인에 대응 가능한 전략

『경쟁우위』에서 보여준 5가지 요인은 업계의 분석 체계를 구축하였다. 포터는 모든 작용력이 동일한 비중을 가지는 것은 아니며, 이러한 요인들이 중요한지 그렇지 않은지는 구조에 따라 달라진다고 하였다. 각각의 기업은 모두 개성적이며, 또한 독특한 구조를 가지고 있다. 업계 구조에 대한 5가지 작용력을 심도 있게 분석한 후 포터는 기업의 3가지 '일반적 전략—경쟁 요인에 대응할 수 있는 방법' 을 제시하였다.

첫 번째 기본 전략은 비용우위의 전략이다. 이는 낮은 비용으로 제품과 서비스를 제공하는 것이다. 결코 품질과 서비스를 무시하지는 않으며, 비용을 낮추는데 초점을 두는 것뿐이다. 비용우위의 전략은 세 가지 전략 중에서 가장 명확한 것이다. 주로 규모의 경제성, 기술 숙련, 저렴한 원재료 및 다른 요소의 추구를 통해 제품 비용을 업계 평균 수준 이하로 낮추어 이윤과 시장 점유율을 획득하는 것이다. 비용우위 전략은 기술과 경영에 크게 의존하고 있으나 기업의 특성을 포기하여서는 안 된다.

두 번째는 차별화 전략이다. 이 전략은 기업이 업계 내부에 특별한 자취를 남기고자 함이며 업계 내에서 한 가지 혹은 여러 가지 특징을 가지고 협정 가격의 보상을 받으려는 것이다. 그 경쟁의 기초는 고객에게 제공하는 부가가치(품질, 서비스, 차별화)에 있으며 고객 역시 부가가치에 대한 충분한 대가를 치르며 이로써 높은 비용을 만회할 수 있다.

포터가 서술한 세 번째는 바로 집중 전략이다. 뚜렷한 전략을 가지고 있는 기업은 전략이 모호하거나, 이제 막 차별화하려고 하거나, 비용우위를 차지하려고 하는 기업들을 뛰어넘을 수 있다. 이 전략은 다른 두 전략과 달리 기업이 업계 안에서 한 가지 세분화된 시장을 선택하여 일을 하는 것이다. 오로지 목표 시장을 위해서만 일한다.

■■■ 가치사슬이 보여주는 기업 내부 활동의 비밀

이러한 전략들을 분석하고 실시하기 위해 포터는 독특한 가치 사슬의 관점을 제시했다. 기업의 이윤 획득의 관건은 기업이 고객을 위해 가치를 창조할 수 있느냐와 이러한 가치가 다른 사람 수중에 놓이지 않게 확보할 수 있느냐에 달려 있다는 것이다. 가치는 기업이 제공하는 제품에 대해 고객이 지불하는 대가이다. 가치는 총수입으로 평가한다. 총수입은 제품이 받는 가격과 판매 수량을 반영한 것이다. 기업이 얻은 가치가 제품을 만드는 데 들어간 각종 비용을 초과하면 그 기업은 이윤을 남긴 것이다. 경쟁위치를 분석할 때는 반드시 비용이 아닌 가치를 사용해야 하므로 가치사슬의 방법을 취해야 한다.

일정 수준의 가치사슬은 기업이 한 특정한 업계 내에서 활동한 것들의 조합이며 이 활동은 기본활동과 보조활동 두 가지로 나뉜다. 기본활동은 제품의 물리적 창조 판매를 포함하여 고객에게 전달하는 것과 애프터서비스 등의 활동을 말한다. 보조 활동은 구매, 기술, 인력 자원 및 기업의 기초설비의 제공을 통해 기업의 기본활동을 돕는 것이다.

가치 활동과 경제 효과의 결합이 어떻게 진행되는가는 한 기업이 비용 면에서 상대적 경쟁 능력의 높고 낮음을 결정한다. 각각의 가치 활동의 진행 역시 그것의 고객에 대한 수요 및 특이한 방면의 공헌을 결정짓는다. 경쟁상대의 가치사슬과의 비교는 경쟁우위를 결정하는 차이가 어디 있는지 보여준다.

포터는 가치사슬의 분석방법으로 기업 내부 활동의 비밀을 보여주었다. 기업 경쟁 속에 내포된 것을 가치사슬로 반영한 것이다. 그는 가치사슬을 통해 각 활동의 가치와 다른 활동에 대한 영향 등을 심도 있게 분석하였다. 이것을 기초로 포터는 몇 가지 전략 개념을 제시하였는데, 경쟁업체를 상대하는 것으로서 방어성 전략과 공격성 전략이 있다.

포터의 경쟁전략의 이론 체계는 비교적 완벽하다고 볼 수 있다. 경쟁에서 가장 기본적인 요인은 업계가 구체적인 전략 구상을 수립하여 전면적인 분석을 하는 것이다. 이것을 미국 기업들이 광범위하게 응용함으로써 포터의 경쟁전략 사상은 80년대 서양의 기업 경쟁 방면에 유력한 사상적 무기를 제공하였고, 현재 경쟁전략 방면에서 경전이 되었다.

『경쟁전략』이 1980년에 출판되었을 때 포터의 기본전략은 짙은 안개 속에서부터 몸을 빼내고자 몸부림치던 기업들에게 합리적이고 단순 명쾌한 해결 방법을 제시해 주었다. 10년 후 기업들은 모든 전선에서 전쟁을 하지 않을 수 없게 되었다. 그들은 차별화를 통해 이상적인 서비스와 빠른 발전을 해야 했고 비용우위를 차지해 다른 경쟁상대보다 가격이 저렴해야 했다.

그러나 몇몇 서양 학자들은 포터가 제시한 세 가지 경쟁우위전략(비용우위, 차별화, 집중전략) 사상에 이의를 제기하였다. 포터의 경쟁전략 사상이 주로 전쟁과 스포츠 방면에서 기인한 것인데 전쟁과 스포츠는 기업 경쟁과 분명히 다르다는 것이다. 전쟁과 스포츠에서는 적 혹은 상대가 분명하지만 기업경영에서는 경쟁상대를 알아내기가 결코 쉽지 않기 때문이다. 비록 경쟁상대의 사상으로 문제를 분석한다고 하더라도 실제로는 경쟁상대가 매우 불분명하기 때문에 손을 댈 수가 없다. 기업경영이 전쟁 및 스포츠와 또 다른 점은 제로섬게임이 아니라는 점이다. 경쟁상대가 완전한 승리를 거두었다 하더라도 이것이 당신이 대패한 것을 의미하지는 않는다. 경영은 승리자가 여러 명이 나올 수도 있고 때로는 모두가 이익을 얻을 수도 있다. 이 밖에도 경쟁상대를 분석할 때, 멀리서 보게 되면 후광효과 때문에 경쟁상대를 종종 이상화하는 경우가 있다. 이런 잘못된 생각은 기업의 경영에 매우 해롭다.

비록 포터의 경쟁전략 이론이 기업 경쟁을 지도하는 효과적인 무기라 해도 응용을 할 때에는 국한적인 면에 주의해야 한다.

■■■ 국가의 경쟁우위

포터는 이미 이룬 성과에 만족하지 않고 계속하여 자신의 연구 영역을 개척해나갔다. 현재 그의 연구 대상은 국가와 기업이다. 실제로 포터가 1990년에 출판한 『국가의 경쟁우위』는 이 시대의 가장 야심찬 서적 중 하나임이 분명하다. 이 책의 핵심은 국가의 작용과 목표에 대한 완전히 새로운 투시이다.

이 책은 포터가 로널드 레이건의 경쟁력 위원회에서 행한 업무에서 비롯되었다. 유명한 잡지 《이코노미스트》는 이렇게 평론하였다. "이 책은 포터를 최고의 위치에 올려놓았다. 세계 각지의 격동하는 지식인과 낙담한 정치가들이 모두 이 책을 통독하였다. 이 책은 세 가지 측면에서 읽을 수 있다. 국가 경제 성공의 배후 원인에 대한 일반적인 탐구서로 보는 것, 현대 경제의 세계 100가지 실체에 대한 구체적인 연구서로 보는 것, 정부가 어떻게 국가경쟁력을 향상시켜야 하는지에 대한 지침서라고 보는 것이다."

실제로 포터의 연구는 영국, 덴마크, 이탈리아, 일본, 한국, 싱가포르, 스웨덴, 스위스, 미국 그리고 독일의 10개 국가에 초점이 맞춰져 있다. 포터는 한 국가의 기업이 세계 시장에서 경쟁력을 갖게 하는 것이 무엇인지, 또 국가 전체의 경제 발전을 추진하는 것이 무엇인지를 찾으려 하였다. "한 국가에 기반을 둔 기업이 어떻게 세계 최고의 경쟁 상대와 당당히 맞서면서 경쟁우위를 창조하고 유지할 수 있는가? 어떻게 한 나라가 특정 업계에서 수많은 세계적인 기업을 배출해낼 수 있는가? 어째서 작디작은 스위스가 제약, 초콜릿 그리고 무역에서 다른 나라들을 선두 지휘할 수 있는가? 어째서 대형 화물차와 채광설비업계의 최고는 모두 스웨덴에 있는 것인가?"

이것에 대해 포터가 내린 답은 "국가의 근본적인 경제 목표는 국민들의 생활수준을 끊임없이 향상시키는 것이다. 이 목표를 달성하는 능력은 결코 모호하고 불분명한 '경쟁력' 개념에 달려 있는 것이 아니다. 국가가 자체의 자원(노동력과 자본)으로 도달하는 생산력 수준에 달려 있는 것이다. 생산력은 국가의 장기적인 생활수준을 결정하는 기본 요소이다."라는 것이다.

■■■ 국가의 '다이아몬드 형' 모형

포터는 국내 경쟁의 치열함이 곧 글로벌이라는 무대 위에서 성공하는 동력이라고 말하였다. 국가 혹은 지역이 특정한 업계에서 보이는 강점의 원동력으로 포터는 국가의 '다이아몬드 형' 모형을 발전시켜 4개의 요인을 제시하였다.

1. 요인 조건

전에는 자연자원과 충분한 노동력 공급을 가리켰다. 그러나 현재는 데이터 교류, 대학의 연구, 특정한 영역의 과학자, 기술자 혹은 전문가를 가리킨다.

2. 수요 조건

만일 국내에서 어느 상품 혹은 서비스에 대한 수요가 많다면 이

업계는 세계 경쟁에서 앞 다투어 나아갈 수 있는 가능성이 크다. 예를 들어 미국이 보건 서비스업에서 선두 자리를 차지한 것도 국내의 왕성한 수요에서 나온 것이다.

3. 관련 및 지원 사업

한 국가가 하나의 사업에 있어서 특출함을 보여준다면 그 사업 주변에는 성공한 관련 사업들이 가득할 것이다.

4. 기업의 전략, 구조 및 경쟁상대

국내의 경쟁은 그 사업의 발전과 경쟁력을 뒷받침한다. 이는 쉽게 이해할 수 있는데, 만일 펩시콜라가 없었다면 코카콜라가 세계 음료시장의 거두가 될 수 있었을까?

현재, 기업과 업계는 경영 범위 및 포부에 있어서 이미 글로벌화되어 있고 이전의 어떤 때보다 더욱 국제화되었다. 표면적으로 보기에 국가는 이미 기업이 이룬 국제적 성공의 과정에서 그 작용을 상실한 것이다. 그러나 포터는 이에 대해 다음과 같이 말했다. "얼핏 보기에 기업은 이미 거의 국가를 초월한 듯이 보인다. 그러나 내가 이 연구에서 얻은 결론은 이것과 상반된다. 비록 기업의 글로벌화가 국가의 중요성을 약화하는 것처럼 보일지 코르나 오히려 국가의 중요성은 더욱 강해졌다는 점이다. 국내 경쟁력이 부족한 기업을 보호하거나 사업의 보호막이 갈수록 옅어질 때 조국의 역할은 더욱 강해지는데, 이는 국가가 경쟁우위를 뒷받침하는 기능과 기술의 생산 원천이기 때문이다."

마이클 포터의 주요 목표는 기업전략과 미시경제학 이 두 가지를 독립적 연구 영역으로 연결하는 것으로 분석된 모형과 도구를 창립하였다. 그의 저서『경쟁전략』은 기업전략의 연구 방법을 철저히 변화시켰다.『경쟁우위』는 그의 사유를 경쟁분석에서 우위의 지속으로 확장하였다. 최근 포터는 세계경쟁의 본질과 경쟁력을 결정하는 국가 요소를 포함하여 전세계적으로 그의 전략 원칙을 응용하는 데 힘을 쏟고 있다. 포터의 글로벌 경쟁전략 사상은 여전히 발전하고 있다.

포터의 사상은 지나치게 학술화되었다.《경제학자》에서는 "포터의 이론화는 거의 유감의 지경까지 이르렀다. 그가 강연을 할 때는 마치 브래지어를 입고 스타킹을 신은 것 같았고 기이한 이야기와 어설픈 언어로 가득 찬 거대한 폭탄과 같았다."고 평하였다. 그러나 그의 '기본전략'의 틀은 경영자들에게 아직 설득력과 흡인력이 있으며 명확하고 논리적으로 논박할 여지가 없다.

39

마이클 해머 · *Michael Hammer*

기업 프로세스의 개조

마이클 해머 (1948~)

미국의 저명한 경영학자로 MIT 공대에서 학사, 석사 및 박사학위를 취득하였다. IBM의 소프트웨어 엔지니어, MIT 공대의 컴퓨터 전공 교수, 인덱스 컨설팅 회사의 프리즘(PRISM) 연구 프로젝트 책임자 등을 맡았었다.

1980년대 말 '리엔지니어링' 이라는 단어를 탄생시키고, 정보 기술을 기업 업무 프로세스 개조에 철저히 응용하여 비약적인 발전을 이루었다. 이 개념은《하버드 비즈니스 리뷰》에 의해서 처음으로 관심을 받게 되었으며 후에 해머를 90년대 초기 영향력 있는 경영사상가로 만들었다. 해머는 '리엔지니어링' 의 성공을 이 개념의 새로움과 그 효과 창출 능력에 돌린다고 하였다. 그러나 다른 사람들은 그것의 성공을 '리엔지니어링' 이 시대의 정신에 부합한 것과 해머의 언어 기술 효력에 있다고 주장한다. 해머의 주요저서로는 『리엔지니어링』 등이 있다.

핵심사상

> ■ BPR(Business Process Reengineering)사상 :
> 새로운 경쟁 환경에 적응하기 위해서 기업의 업무 프로세스
> 에 대한 근본적인 재사고와 철저한 재설계가 필요하다. 경
> 영, 관리 및 운영 유형을 새롭게 설계하여 기업의 효율을 현
> 저히 향상시켜야 한다.

과학기술의 급속한 발전, 특히 마이크로 전자와 컴퓨터의 광범위한 응용으로 인해 전통적인 기업 운행 메커니즘과 조직 체제는 엄청난 타격을 받았다. 작업 효율은 저하되고, 전 과정을 감독하는 사람도 전 과정을 책임지는 사람도 없다. 경직된 조직, 비대해진 구조, 결핍된 유연성, 높은 판매비용, 경시되는 고객만족도 등과 같은 상황에서 선진기술은 더 이상 이러한 폐단을 근본적으로 해결하지 못했고, 선진 기술의 거대한 잠재력을 충분히 발휘할 수도 없었다. 이는 현재의 기업들이 직면한 도전과제이자 기회가 되었고, 혁명적인 현대 경영의 출현을 불러왔다.

■■■ 리엔지니어링의 여파가 나타나다

1990년대 이래 서양의 선진 국가들은 기업 개조 혁명을 일으켰다. '애벌레에서 나비가 된' 혁명으로 비유되는 이것은 종합적 품질관리

운동을 이어가는 제2차 경영혁명으로 알려졌다.

기업 개조는 1993년 미국에서 나타난 기업경영 관리 방법에 관한 일종의 새로운 이론방법에서 비롯된 것이다. '리엔지니어링' 이라는 것은 간단히 말해 업무 프로세스를 중심으로 경영, 관리 및 운영방식을 새롭게 설계하는 것이다. 이 이론의 창시자인 미국 MIT 공대 교수인 마이클 해머의 정의에 의하면, "리엔지니어링이란 현대 기업의 중요한 운영기준인 비용, 품질, 서비스, 속도 등의 비약적인 개선을 위해, 업무 프로세스에 대해 새롭게 고찰하고 철저히 개혁하며 다시 설계하는 것이다." 새로운 세계 경쟁 환경에 적응하려면 기업은 과거의 운영 방식과 작업방법을 버리고 업무 프로세스를 중심으로 기업의 경영, 관리방식을 새롭게 설계해야 한다.

이 사상의 주요 노선은 업무 프로세스에 대한 근본적인 재고찰과 철저한 재설계이며, 이로써 효율을 현저히 높일 수 있다. 리엔지니어링은 기업 내부의 혁명이다. 리엔지니어링의 실시는 오랫동안 중시했던 규칙, 방법, 과정에서부터 탈피하여 완전히 새로운 사유방법으로 돌변하는 것이다. 또한 리엔지니어링에는 가치관, 격려 메커니즘, 인간관계, 행위규범, 심리상태 등 일련의 문화적 분위기에 대한 전면적인 조정, 나아가 근본적인 변화가 필요하다.

1960~70년대 이래 기술혁명은 기업의 경영환경과 운영방식에 커다란 변화를 가져왔다. 서양 국가 경제의 장기적인 저성장도 시장경쟁을 날로 치열하게 만들어 기업은 엄청난 도전에 직면하게 되었다. 몇몇 경영 전문가들은 3C 이론을 이용하여 이러한 새로운 도전을 묘사하였다.

① 고객(Customer) : 물건을 사고 파는 쌍방향 관계에서 주도권이 고객으로 넘어갔다. 경쟁은 고객에게 제품의 선택권을 넓혀주었는데, 생활수준이 높아짐에 따라 고객은 각종 제품이나 서비스에 대해 더 많은 것을 요구하게 되었다.

② 경쟁(Competition) : 기술 진보는 경쟁의 방식과 수단을 끊임없이 발전시켜 근본적인 변화를 가져왔다. 점점 많아지는 다국적 기업이 국경을 넘어 글로벌 시장에서 각종 형식의 경쟁을 전개하여 미국의 기업은 일본, 유럽 기업의 경쟁 위협을 받게 되었다.

③ 변화(Change) : 시장의 수요가 날로 변화하고, 제품 수명의 주기가 이미 '년' 에서 '월' 로 넘어갔다. 기술 진보로 기업의 생산과 서비스 시스템이 변화를 거듭하게 되었다. 따라서 대량생산, 대량소비의 환경에서 발전하기 시작한 기업경영 관리모델은 급속한 변화를 일으키는 시장에서 더 이상 적응하지 못하게 되었다. 이러한 도전에 직면한 기업은 근본적인 개혁을 해야만 저속성장 시대에 자신의 경쟁력을 키울 수 있게 된다.

이러한 배경에서 1993년 해머와 챔피는 『리엔지니어링』을 출판하였다. 그들은 이 책을 통하여 "20년 동안 어떠한 경영사상도 미국의 경쟁력을 뒤집어 놓지 못하였다. 목표경영, 다양화, Z이론, 제로베이스 예산, 가치분석, 분권, 품질 서클, 구조조정, 내부혁신 및 1분 의사결정 등이 그 예이다." 고 주장하였다. 해머는 새로운 기업 운영 공간 조건에서 원래의 업무 프로세스를 개조하여 기업이 미래의 발전 공간에 더욱 잘 적응하게 해야 한다고 주장하였다. 이 새로운 사상은 경영학계를 뒤흔들었으며 '기업개조' , '리엔지니어링' 이 한순간에 담론의 뜨거운

주제가 되었다. 해머와 챔피의 저서는 급속도로 대량 번역되어 전파되었다. 이와 관련 있는 각종 간행굴, 강연회 역시 성행하였고 짧은 시간 안에 이 이론은 전세계 기업 및 학술계의 핫 이슈가 되었다. IBM 신용사가 리엔지니어링을 통해 다재다능한 대출 담당 직원으로 하여금 과거의 많은 전문 인력을 대신하거 하여 90%의 작업시간을 줄였다는 이야기는 유명하다.

■■■ 기업 리엔지니어링의 본질

기업 리엔지니어링은 기업 프로세스에 대한 보충이 아니라 일종의 근본적인 개혁으로 아래와 같은 몇 가지 본질적인 특징을 가진다.

첫째, 구동력은 기업전략과 프로세스의 이상적인 모델 구동과 고객 수요 구동을 포함한다. 기업경영 프로세스의 재구성에서 기업전략과 기업프로세스를 연결하는 교량이 프로세스의 이상 모델이다. 기업전략이란 어떤 의사결정이나 활동에서 하나의 시스템을 관통하는 지도사상을 가리킨다. 이러한 전략 아래 전면적 발전을 이루어낸다. 이상적인 프로세스 모델은 프로세스가 어떻게 운행되어야 하는지 얼마나 운행되어야 하는지에 대한 구처적인 묘사와 프로세스의 측량 가능한 목표와 미래 프로세스의 구체적인 상태를 포괄한다.

기업 리엔지니어링의 또 다른 구동력은 고객 수요이다. 다변하는 시장에서 새로운 품질이란 고갂이 제품과 서비스에 대하여 만족하는 것을 의미한다. 따라서 지금처럼 소비자가 흐름을 유도하는 시대에는 급변하는 시장에 빠르게 반응하고 고객이 만족할 만한 제품과 서비스를 효과적으로 제공하는 것이 기업 리엔지니어링의 또 다른 구동력이 된다.

둘째, 목표는 기업의 기능과 효과에 비약적인 발전을 가져왔다. 기업 리엔지니어링이 추구하는 목표는 점진적이고 국부적인 개선이 아니다. 단순히 몇 퍼센트의 향상도 아니며 성능과 효과의 거대한 비약이다. 어떤 이는 BPR을 "현대 기업경영의 일대 혁명"이라고 칭하는 바, 기업 프로세스의 재정비는 기업경영에 질적인 변화를 가져다주었다.

셋째, 개조 대상은 기업의 프로세스이다. 기업 프로세스는 목표 혹은 임무를 완성하기 위하여 진행하는 일련의 시공간을 뛰어넘는, 그러면서도 논리적이고 순차적인 집합이다. 이것이 강조하는 것은 작업이 무엇이냐가 아닌 작업을 어떻게 진행하느냐이다. 프로세스를 핵심으로 하는 것은 기업 리엔지니어링 이론의 정수이며 전통적인 노동 분업 이론의 틀을 철저히 깨는 기초라고 할 수 있다.

넷째, 주요 임무는 기업 프로세스에 대한 근본적인 반성과 철저한 재설계이다. 근본적인 반성이라는 것은 기업 리엔지니어링이 기존 메커니즘을 어떻게 개선할까를 고찰하는 데에 있지 않다. 기존 메커니즘에 '회의'를 느끼는 것을 기초로, 전략목표와 프로세스의 이상 모델 및 고객의 수요를 최대한 만족시키면서 기존 메커니즘에 대한 비판적인 흡수와 혁명적인 창조를 구축하는 것이다. 기존 메커니즘의 필요성을 분석하면서 스스로 물어볼 필요가 있다. 왜 이 일을 해야 하는가? 이 일을 하는 것이 제품의 가치를 높이는 것일까? 우리는 왜 이러한 방식으로 일을 처리해야 하는가?

철저한 재설계는 기존 시스템을 표면적으로 개선한다든지 약간 손보는 정도를 말하는 것이 아니다. 고객 만족도 향상을 향해 방향을 잡고 오래된 운행 메커니즘을 근본적으로 폐기하고 부적합한 원칙과 절차를 버리는 것을 말한다. 철저한 재설계는 완전히 새로운 프로세스 및 그에 상응하는 조직구조와 운행 메커니즘을 구축하는 것이다. 일반적으로 기업 리엔지니어링 원칙에는 다음과 같은 것들이 있다. 횡적으로 여러 활동을 모아서 집단 작업 방식을 실행하는 것, 종적으로 조직을 압축하여 평준화하는 것, 의사결정 권한을 분산하여 하급 직원에게도 권한을 나누어 주는 것, 프로세스 진행을 추진하는 것, 심의·검사·통제 등을 감소하는 것, 정보기술의 잠재력을 이용하여 완전히 새로운 프로세스와 운영 메커니즘을 구축하는 것 등이다.

다섯째, 발동기는 정보기술 및 사람과 조직의 관리이다. 기업 리엔지니어링은 기업 프로세스에 철저한 혁신을 진행하는 것이다. 이 변화의 발동기는 정보기술 및 사람과 조직의 관리이며 그 둘은 상호보완적으로 하나라도 없어서는 안 되는 것들이다. 이 두 가지가 기업 리엔지니어링 혁신의 원천이다.

성공한 기업 리엔지니어링의 예를 보면 정보기술은 기업 프로세스 변화의 발동기인 동시에 프로세스 변화의 집행자이다. 그것은 분산과 집중을 할 수 있는 모순적인 것이며, 동일한 프로세스 활동 사이 연결 방식에 변화를 가져올 수 있다. 또한 각각의 활동이 집행을 병행하게 할 수도 있고, 비규범화된 처리를 규범 처리하도록 할 수도 있으며, 프로세스 중간의 매개체를 없앨 수도 있다. 요컨대 정보기술의 잠재능력을 충분히 인식하고, 연역적이지 않고 귀납적인 사고방식을 사용하여 창조적으로 정보기술을 이용하는 것이 기업 리엔지니어링의 관건이다.

정보기술은 변화된 프로세스 운영에 유력한 도구가 되었다. 이 기술이 거대한 효과와 이익을 만들어 내게 하는 것은 조직과 인력자원의 관리에 있으며, 정보기술이 인력자원 및 조직 관리와 상호협조적이 되도록 해야 한다. 따라서 새로운 정보기술을 이용하면서 인력을 어떻게 조직하고 어떻게 관리하며 어떠한 기업문화를 세워 나갈지는 프로세스 변화에 매우 중요하다.

기업 리엔지니어링에서 조직 발동기는 두 가지 방면에서 작용한다. 하나는 조직구조 방면으로, 신기술에 적응하고 직능을 뛰어넘는 자아 경영 집단을 구축하는 것이다. 관리 단계를 줄여서 평준화된 조직구조를 세워야 한다. 조직구조의 변화는 필연적으로 운행 메커니즘의 변화를 수반하는데 운영 수준, 구속 메커니즘, 격려 메커니즘 등을 포괄한다. 다른 하나는 기업문화 방면이다. 신기술과 새로운 조직운영 메커니즘에 적응하는 문화와 가치관을 세워야 하고, 직원의 '지위'를 변화시켜 통제를 받는 것에서 권한을 받는 것으로 방향을 바꾸어야 한다. 직원들을 프로세스 운영의 의사결정에 참가하도록 하면 더욱 개방적이고 더욱 직접적인 교류 보고 시스템을 구축할 수 있다. 직원들이 '고객 지상주의'를 수립하여 상급자가 아닌 고객을 만족시킨다는 관념과 작업 분위기를 만들 수 있도록 해야 한다.

■■■ 리엔지니어링의 순서

해머는 기업의 리엔지니어링을 고찰한 후 리엔지니어링의 순서를 제시하였다. 새로운 설계와 기업의 전체생산, 서비스 및 경영프로세스의 적절한 배치는 그것을 합리화시킨다. 생산경영 프로세스의 각 방면, 각 부분에 대한 조사연구와 세밀한 분석을 통해 그중 불합리하고 불필요한 부분을 철저히 변혁하는 것이다. 구체적인 순서는 다음과 같다.

1. 기존 프로세스의 기능과 효율에 대한 분석을 통해 산재해 있는 문제점을 찾아낸다. 현행 기업 업무 프로세스에 근거하여 세밀하고 명료한 업무 공정도를 제작한다. 일반적으로 기존업무 프로세스는 과거의 시장수요와 기술조건에 맞춘 것이다. 시장수요와 기술조건의 변화를 기존 업무 프로세스가 따라잡기 어려울 때 효율이나 조직구조의 효과는 바로 저하된다. 따라서 아래의 방법으로 현행 업무 프로세스의 문제를 분석해야 한다.

A. **기능장애.** 기술이 발전함에 따라 불가분의 관계에 있는 집단 작업과 개인이 완성할 수 있는 작업량에도 변화가 생긴다. 이는 기존 업무를 사분오열시켜 경영비용을 증가시킬 수 있고, 혹은 단위가 너무 커서 권리와 책임이 이탈될 수 있으며, 불합리한 조직기구의 설계를 조성할 수 있으며, 기업 발전의 슬럼프를 가져올 수도 있다.

B. **중요성.** 업무 프로세스가 다르면 기업에 주는 영향도 각기 다르다. 시장이 발전함에 따라 제품과 서비스에 대한 수요도 변화하여 업무 프로세스에서 관건이 되는 부분 및 각 부분의 중요성 역시 변화하고 있다.

C. **실행 가능성.** 시장과 기술 변화의 특징 및 기업의 현실적 상황에 근거하여 문제의 경중과 완급을 분석하여 리엔지니어링의 돌파구를 찾는다. 위에서 언급한 문제에 대한 인식을 더욱 확실히 하기 위해서는 현장에 깊숙이 들어가 현재의 업무 프로세스 기능, 제약요인 및 드러난 중요한 문제를 구체적으로 관측하고 분석한다.

2. 새로운 리엔지니어링 방안을 설계하여 평가한다. 과학적이고 합리적인 업무 프로세스를 설계하기 위해서는 지혜와 힘을 모아 혁신을 장려해야 한다. 새로운 리엔지니어링 방안을 설계할 때 고려할 점은 다음과 같다.

A. 현재의 여러 가지 업무 혹은 작업 조합을 하나로 합친다.

B. 업무 프로세스의 각 절차는 자연스러운 순서대로 진행한다.

C. 직원들에게 의사결정에 참여할 권리를 부여한다.

D. 같은 종류의 업무 프로세스에 몇 가지의 진행 방식을 배치한다.

E. 작업은 조직의 한계를 뛰어넘어 가장 적당한 장소에서 진행한다.

F. 검사, 통제, 조정 등의 관리 작업을 적당량 줄인다.

G. 프로젝트 책임자를 배치한다.

이상 제시한 여러 가지 리엔지니어링 방안에 대해 비용, 효과, 이익, 기술조건 및 위험 정도 등의 측면에서 평가를 하여 실행 가능성이 강한 방안을 선택하여야 한다.

3. 프로세스 개선방안과 부합하는 조직구조, 인력자원 및 업무 규범 등을 기획하여 체계적인 리엔지니어링 방안을 마련한다. 기업 업무 프로세스의 실시는 조직구조에 상응하는 인력자원의 배치 방식, 업무 규범, 소통 루트, 기업문화에 의해서 보장된다. 리엔지니어링을 핵심으로 체계적인 리엔지니어링 방안을 마련하여야 예기했던 목적에 도달할 수 있다.

4. 조직은 지속적으로 개선되어야 한다. 리엔지니어링 방안을 실시하면 필연적으로 기존의 이익구조를 건드리게 되기 때문에 세심

히 조직하고 신중히 추진해야 한다. 즉 단호한 태도, 장애 극복, 적극적인 선전, 공동의식 형성 등이 리엔지니어링의 순조로운 진행을 보장한다.

리엔지니어링 방안의 실시가 곧 리엔지니어링의 종결을 의미하지는 않는다. 사회의 발전이 날로 가속화되는 시대에 기업은 끊임없이 새로운 도전에 맞서게 되므로 기업은 부단히 리엔지니어링을 진행하여 새로운 수요에 적응해야 한다.

■■■ 리엔지니어링의 예

이 사상으로 포드는 리엔지니어링을 성공적으로 완성하였다. 1990년대 중기 포드 자동차는 다른 기업들과 마찬가지로 직·간접비용과 경영비용을 줄이려고 노력하였다. 포드는 경비를 절감하기 위해서 먼저 재무 회계부문에 손을 댈 필요를 느꼈다. 당시 포드는 북미에 있는 회사로, 재무 회계부에 500명이 넘는 직원이 있었다. 포드는 경비 지출을 줄이기 위해 사무 자동화의 힘을 빌려 간접비용을 20% 감소시켰으며 직원을 400명으로 감축하였다. 그러나 일본 마쓰다의 재무 회계 직원이 5명에 불과하다는 사실을 알았을 때 포드는 이 일에 대해 다시 생각할 수밖에 없었다. 재무 회계부는 하나의 부서에 불과하고 전체 프로세스가 아니기 때문에 재무 회계부만 개선한다고 해서 리엔지니어링에 결정적인 변화를 가져올 수 없었다. 따라서 포드는 전체 구매 프로세스를 개조하기로 결정하였다.

전체 프로세스를 분석해 보니 재무 회계부 직원의 대부분이 구매부가 제조업자에게 보내는 주문서와 창고의 검수표 및 제조업자가 발행한 계산서 이 세 가지가 일치하는지 않는지를 검사하는 데에 정력을 쏟고 있음을 발견하였다. 문제의 원인은 경영 규칙에 있었다. 만일 '계산서를 받은 후 대금을 지급한다.' 를 '물품 검수 후 대금을 지급한다.' 로 바꾼다면 새로운 프로세스에 극적인 변화가 일어나게 된다. 구매부가 제조업자에게 주문서를 제출함과 동시에 구매 정보를 데이터베이스에 입력하고, 제조업자가 화물을 창고에 운송한 후에 입고 정보를 데이터베이스에 입력하면, 컴퓨터가 화물 검수 정보를 받은 후 적당한 시간 내에 제조업자에게 수표를 서명 발급한다. 화물이 주문서상의 요구와 부합하지 않으면 검수원이 바로 화물 수취를 거부하여 제조업자에게 반품시킨다. 이런 방식으로 포드는 인력을 대폭 감소하고 효율을 높일 수 있었다.

이상의 예에서 살펴본 바와 같이, 리엔지니어링을 성공적으로 실시하려면 기업의 세 단계에서 변화가 필요하다는 것을 어렵지 않게 볼 수 있다. 우선은 기업 프로세스 및 그 운영방식의 변화로, 정보기술 응용이 가져오는 작업방식의 변화이다. 다음은 조직의 변화이다. 조직구조, 운영 메커니즘 및 인력자원 관리를 포함한다. 조직의 변화는 첫 번째 변화에 적응하기 위한 것이며, 또한 첫 번째 단계에 반작용을 일으키기도 한다. 마지막으로 기업경영 관념상의 변화로 경영사상, 기업문화, 가치관념 등을 포함한다. 이는 적응 프로세스로 조직층의 변화이며 또한 이러한 변화를 더욱 효과적으로 촉진하기도 한다.

기업 리엔지니어링은 하나의 시스템 공정이다. 이는 인력, 기술 및 조직의 새로운 조합이고 사회 기술 시스템의 새로운 설계이다. 인력의 새로운 조합은 주로 재직훈련, 조직설비, 경영방법을 강화함으로써 실행한다. 기술의 새로운 조합에서는 제품 구조의 새로운 조합이 더욱 중요하다. 이는 제조 시스템의 복잡성이 주로 제품의 다양화, 제품 구조의 복잡화 및 제조 기술의 복잡화에서 기인하기 때문이다. 간소화된 새로운 조직이 리엔지니어링의 관건이 된다.

마이클 해머가 제시한 기업 리엔지니어링 사상은 일대 혁명으로, 기업의 기존 격식을 무너뜨린 새로운 설계이다. 정보 네트워크가 기업 내부의 각 부서에 깔려 있어서 내부 직원은 자기와 관련된 정보는 어떠한 것이라도 얻을 수 있다. 따라서 정보 전달과정에서 생기는 시간 손실을 크게 줄여 효율이 향상되었다. 인원도 간소화되었을 뿐만 아니라 직원들이 모두 기업을 총체적으로 이해할 수 있게 되었다. 이 사상은 발전이 침체되고 뒷심이 부족한 기업이나 급속한 발전 후에 발전의 완만기에 들어선 기업들이 고려할 만한 가치가 있는 것이다.

40

마이클 델 · *Michael S. Dell*

공급망 관리를 통한
가치혁신

마이클 델 (1965~)

마이클 델은 미국의 유명한 기업가이다. 휴스턴의 중상류층에서 성장하였으며 고등학교 시절에 컴퓨터에 심취하였다. 후에 부모가 바라는 대로 텍사스대학 의대에 입학하였지만 2학년이 되던 해에 컴퓨터에 대한 미련이 너무 커 PC 사업에 뜻을 세우고 자퇴하였다. 창업 초기에 델은 자신의 이름인 'Dell' 자를 새긴 조립 컴퓨터를 판매하였다. 갖은 고생 끝에 1988년 델의 이름이 월스트리트에서 주목을 받게 되고, 1997년에는 이미 텍사스 주의 갑부가 되었다. 그때 나이 32세로 순수 자산 43억 달러를 소유하였다.

앤디 그로브와 빌게이츠는 델의 사업 태도를 평가하면서 그의 머릿속에는 경쟁상대와 고객, 두 가지만 있다고 말하기도 하였다. 그는 직접 경영을 하면서 성장한 기업가이자 경영학자이다. 공급망 관리 모델은 현대의 기업 생산 활동을 새롭게 정의함으로써 그는 경영사상계의 신예가 되었다.

핵심사상

> ■ 공급망 관리 사상 :
> 재고 부담을 생산라인의 다른 참여자에게 넘기고 기업의 비
> 핵심 업무는 외주를 주어 본 기업은 핵심기술 연구와 제품
> 보급에만 힘쓴다. 그렇게 함으로써 기업은 경쟁에서 신속하
> 게 반응할 수 있고, 처리 과정을 간결하게 하는 장점을 충분
> 히 발휘할 수 있다.

인터넷의 발전에 따라 제조업자들이 점차 직접적으로 사용자들을 상대하게 되었다. 그 예로 미국의 델 컴퓨터는 전화와 인터넷으로 고객에게서 직접 주문을 받아 일주일 내에 제품을 공급하는 방식으로 컴퓨터업계의 신 경영모델의 효시가 되었다. 이 경영모델은 제조업자, 중간 판매상 및 소매상의 구별이 없기 때문에 업계 평균 수준보다 3~4배나 빠른 속도로 발전할 수 있었다.

■■■ 역사의 회고

1970년대 일본은 '정확한 시간' 이라는 생산방법을 창안함으로써 재고 없는 경영이 가능하다는 것을 보여줬다. 그러나 오늘날 새로운 방법이 사람들의 시선을 끌고 있다. 즉 '다른 사람의 시간을 이용하라' 는 방법이다. 제조업자들은 날이 갈수록 진정한 제조업자에서 멀

어지고 있다. 그들의 업무는 제품을 설계하고 브랜드를 광고하는 것에 국한되고 제조와 조립은 다른 업자에게 위탁하는 형식으로 점점 변하고 있는 것이다. 이 새로운 방법은 재고 부담을 생산라인의 다른 참여자에게 맡길 수 있다. 21세기의 상품 개발업자, 제조업자 및 중개업자들은 데이터 네트워크를 집약적으로 연계시켜 재고를 크게 감소시켰다.

델 컴퓨터의 마이클 델은 공급망 관리 사상을 제시하고 스스로가 실천하여 물류의 의미를 새롭게 정의하였다. 물류라는 것은 생산활동과 소비활동의 시간과 공간적 거리를 단축하는 물리적인 요소를 지칭한다. 물류의 기본요건은 서로 모순적인 두 가지 측면을 최상의 상태에 놓는 것으로, '품절'을 방지하는 동시에 '재고'를 줄이는 것이다. 이전 방식의 속박을 받지 않고 새로운 각도에서 출발한 물류에 대한 새로운 연구가 이미 시작되었다.

경쟁이 치열한 오늘날의 전장에서 기업의 가장 근본적이고 가장 핵심적인 경쟁력은 공급망의 설계에 있다. 이것이 델이 독자에게 전달하고자 하는 핵심적인 정보이다. 그는 개별적인 연구 성과와 직접 조사를 기초로 철저한 계획을 세워 기업이 업무 외의 경쟁우위와 잠복해 있는 폐해를 측량할 수 있도록 도와주었다.

역사적 사건이 보여주듯, 똑같은 외주라도 결과는 천차만별이다. 만일 크라이슬러가 1980년대에 전체 자동차 시스템의 공정을 물품 공급자에게 외주하지 않았더라면 이미 없어지고 말았을 것이며 다임러 벤츠와 합병 파트너가 되지 못했을 것이다. 첫 번째 PC를 발 빠르게 시장에 내어 놓은 IBM은 사용자들의 열렬한 환영으로 놀랄 만큼 높은 이윤을 얻었다. 오늘날 수많은 PC 구매자들은 컴퓨터 케이스를 제조한 기업보다 제조상의 상징인 'Intel inside' 와 'Windows95' 에 더 많은 관심을 두고 있다.

■■■ 현실에 대한 고찰

1980년대 초기 델은 "외주 풍조가 원치 않는 결과를 낳을 수도 있다."고 걱정하였다. 그리하여 그는 공급망의 의사결정이 어떻게 세 가지 업종, 즉 자동차와 기계 및 반도체 제조 설비업에 영향을 미치는지 연구하기 시작하였다. 그러나 연구는 별 진전 없이 끝나고 말았다. 이들 업종의 생산 주기가 길어서 변화가 느리기 때문이었다. 이에 델은 "내가 직접 빙하가 어떻게 앞으로 나아가는지 관찰하는 편이 낫겠다." 라고 말할 정도였다.

1990년대 초기 그는 크라이슬러와 컴팩에 관심을 보였다. 표준화된 생산과 공급망 전략을 통해 컴팩은 IBM 공급상으로부터 부품을 구매하여 IBM과 호환식의 PC를 조립 생산했으며 매우 빠른 속도로 IBM을 뛰어 넘었다. 비록 자동차 산업 제품의 표준화 정도가 낮긴 했지만 크라이슬러도 1990년대에 유사한 방식으로 포드와 GM에 맞섰다.

1980년대에 크라이슬러는 자금회전과 공급상과의 관계에 있어 곤경에 빠지게 되었다. 종적인 구조의 경영을 주로 하던 시대의 미국 자동차 제조업자들은 종종 주요 부품이나 하위 시스템 중의 지능적인 업무, 제품 개발 업무를 자체적으로 완성하고, 일반적으로 상세한 규격에 의해 제조되는 하부 단계의 개별 부품 생산은 외주하였다. 또한 제조업자들은 외주업주끼리의 경쟁을 통하여 저가로 공급받으려고 노력하기도 했다. 크라이슬러는 공급자와 협상하여 철저한 혁신을 이루었다. 크라이슬러는 공급자에게 명령을 내리지도 그들 서로가 경쟁하도록 선동하지도 않았다. 그들과 장기적인 관계를 유지하면서 하위 시스템 전체를 육성하여 비용 절감이 가져오는 이익을 같이 누렸다. 크라이슬러의 전략적 혁신은 매우 성공적이었다. 새로운 디자인의 자동차를 개발하고 출시하는 데 걸리는 시간을 크게 단축시키고 비용 역시 대폭 절감하였다. 크라이슬러는 파산 위기에서 3대 자동차업계 중 비용 구조가 가장 낮은 기업이 되었다.

그러나 하락 추세가 이미 나타나기 시작했다. 크라이슬러는 생산 프로세스 개발에 대한 관심이 상대적으로 낮았기 때문에 자동차 시스템의 신뢰성 등 모든 방면에 있어서 불리하였다. 신뢰도와 소음 및 진동 등의 특성은 공급자에게 외주를 하기 힘든 것들이다. 다시 말하면 그것과 자동차의 전체 시스템 공정은 분리할 수 없는 관계인 것이다. 크라이슬러는 다임러 벤츠와 합병 후 가장 탄탄한 자동차 시스템 공정 기술의 파트너를 얻었다. 새롭게 성립된 다임러 크라이슬러는 생산 속도 향상의 표준화 영역과 품질 향상의 생산 프로세스의 전체 영역에서 우수해질 것이라는 가능성이 매우 커졌다.

늘 외주의 범위가 광범위했던 도요타는 '간판 시스템(Kanban System)'을 개발하였고 그 공급망을 나고야 도요타 시 공업지구 내에 집중하였다. 그러나 해외 공장에서 글로벌 3D 실시와 프로세스를 병행하면서 수많은 어려움을 만나게 되었다.

초기 시장진출 과정에서 일본 공급상과 달리 도요타의 북미 공급상은 전체 개발 프로세스 중에 부족함을 많이 드러내었다. 공급망에 혼란이 오자 도요타는 북미에서 생산한 '캠리'와 '아발론' 두 가지 차종의 출시를 10개월 늦추고 개발비용을 늘렸다. 도요타는 몇 가지 중요

조립부품은 일본의 공급상을 지원하는 등 전에 없던 행동을 취했고, 이에 따라 늘어난 항공 운송 비용이 매월 100만 달러에 달하였다.

이러한 문제는 우선 북미 공급상이 도요타의 생산 시스템 관리에 대해 상대적으로 경험이 부족했고 또한 일본과 북미의 공급상이 거래할 때 절차가 복잡했기 때문이었다. 도요타의 간판 시스템이 일본 현지의 3-DCE 영역에서 이룬 기준처럼 글로벌 3-DCE 영역에서 세계적인 기준이 될 수 있는지는 시간이 증명해줄 것이다.

도요타가 우려할 일은 한 가지 더 있었다. 도요타의 수많은 전자부품과 전자 시스템은 모두 전자 조립 회사인 댄소에 의지하고 있었다. 고객들이 자동차를 고를 때는 자동차에 "내부 부품은 댄소가 제조한 것임" 혹은 "내부 부품은 보쉬가 제조한 것임" 이라는 표시를 보고 구매 여부를 결정하지, 금속판을 용접하고 성형한 회사의 이름을 보고 선택하지 않는다. 가장 기준이 되는 이 회사에 사람들이 거는 기대에 따라, 도요타는 가만히 앉아 다가올 날을 기다리는 것이 아니라 자체 전자 설비의 생산 능력을 향상시키는 데에 투자를 늘렸고 상황을 개선하여 곤경을 벗어났다.

■■■ 공급망 관리의 내포된 의미

델은 공급망 관리가 과거보다 더욱 중요하다고 강조하였다. 경쟁 압력이 증가함에 따라 회사는 어떻게, 어느 방면에서 공급 과정의 비용을 줄일 수 있을지에 대해 새롭게 고민해야 했다. 그러나 델은 공급망 관리를 단순히 비용을 낮추는 수단으로 보아서는 안 되며, 수익을 높이는 수단이자 경쟁우위를 차지하는 방법으로 보아야 한다고 일깨

위주었다.

한 의료보건 회사가 전날 저녁 소매상에 물건을 보내고 다음날 고객에게 서비스를 제공하는 시스템을 도입하여 경쟁상대를 밀어내고 매우 높은 시장 점유율을 획득하였다. KPMC 유럽 공급망 업무주임인 게리는 "회사는 인적 공급망에 투자를 하여 수익을 남기지 비용을 낮춰서 수익을 남기지 않는다. 공급망에서 1파운드를 소비하는 것이 판매에서 1파운드를 버는 것보다 더 많은 가치가 있다. 공급망은 서비스 공급의 일부분이다."라고 말하였다.

최근 공급망 관리는 모건스탠리, 딘워터 회사의 은행가들에 의해 "원료, 증빙서류, 정보 및 자금 등의 융합이며 최적화된 화물 운송이다."라고 정의되었다. 이 정의는 공급망 관리가 끊임없이 변화한다는 내용을 완전히 표현하지는 못한다. 공급망 관리는 소매업자에게서 얻은 제품에 대한 매일 매일의 판매 정보가 제조업자에게 피드백되어 설계, 원료구매 및 생산량 부문의 의사결정에 영향을 주어야 한다.

공급망 관리는 전에는 분리된 공급 과정의 각 부분이라고 인식되던 것을 연결하는 작업이다. 기업의 원료구매 계획 소프트웨어는 정보를 종합해 낼 수는 있지만 성공 여부는 사람들이 이 시스템을 운영하도록 설득하는 데에 달려있다. 자동차, 전자제품 등의 영역 회사들이 가장 먼저 공급망 방법을 채용했다. 그들은 이미 경쟁에서 선두를 차지했을지도 모르지만 시장 변화에 따라 그들 역시 기능을 더욱 향상시키지 않으면 안 된다.

■■■ 공급망 관리의 발전 추세

신속한 반응과 과정의 간결함은 고문들이 공급망 후방 관리의 다음 순서로 내건 슬로건이다. 선두의 위치에 있는 회사는 고객의 요구대로 포장하고, 라벨을 붙이고, 가격을 정하고, 직원을 늘리는 등 고객과 교류하는 방향으로 발전하고 있다. 기술 방면에서 그들은 바코드 사용을 늘려 컴퓨터 시스템을 통해 제품을 추적하는 동시에 인터넷을 통해 판매량을 늘리고자 한다.

'납품 연기'는 물품 인도의 마지막 단계에서 특정한 시장과 개별 고객의 요구에 따라 제품을 생산하여 재고의 수요를 최대한으로 줄인다는 중요한 개념이다. 콘래드는 "생산과 판매의 경계가 모호하게 변하고 있다. 최후의 생산과정을 연장시키면 재고를 감소시킬 수 있다."고 말하였다.

외주는 어느 정도 현대 기업 성공의 핵심 동력이 되었다. 외주는 현대 산업 구조에 근본적인 변화를 가져왔으며 이는 10년 전까지만 해도 상상할 수 없는 일이었다. 외주로 지식과 혁신 역량을 충분히 동원할 수 있어 우리 주위에, 또 세계 각지에 수많은 새로운 비즈니스 방식을 선보였다.

경영자들의 보고에 따르면, 1998년 외주 지출이 27% 상승함으로 인해 1997년 23%의 증가 폭보다 더욱 향상되어 전세계 외주의 총 지출이 2350억 달러까지 증가하였다고 한다. 가장 중요한 것은 외주를 실행하는 회사는 그렇지 않은 회사보다 재무의 번거로움이 1/3 정도로만 나타난다는 점이다. 외주 속도가 지속적으로 가속화되고 있다. 북미에서 외주활동은 약 60%에 이른다. 1998년 이 지역의 외주 지출은

21%, 즉 250억 달러가 증가하여 1410억 달러가 되었다. 참고로 1997년의 증가율은 15%였다.

유럽의 외주 활동 역시 증가 추세에 있다. 그중 활약이 가장 뛰어난 국가는 영국, 프랑스, 이탈리아 및 독일이다. 사실상 유럽은 외주 지출 증가 속도가 미국보다 빨라 그 증가율이 34%에 달한다. 1997년 초 유럽의 외주 지출이 920억 달러에 가깝게 증가하였다.

아 · 태 지역 역시 외주 활동이 매우 활발해 북미와 유럽 회사들이 중국, 일본 및 오스트레일리아를 이 지역의 주요 외주 시장으로 보고 있다. 외주 활동 증가의 원인 중 하나는 여러 회사들이 이 방법을 채용하고 있다는 것이다. 그러나 일찍 외주를 실행한 회사들이 사들인 것이 전체의 88%를 차지하며, 이 회사들은 이 방면에서 지출을 약 15% 늘릴 예정이다.

통계에 따르면 정보기술이 차지하는 외주 서비스가 지출의 약 28%를 차지한다고 한다. 외주를 실행하는 회사들은 거의가 정보 파트 부분을 외주하였다. 1998년 정보기술 방면에서 외주 지출이 1997년보다 12% 증가하였다. 외주에 있어 정보기술의 직능은 재무와 인력자원 관리 다음으로 중요하다. 그런데 이 두 가지 직능의 연 평균 지출은 아직 정보기술 부문의 1/3에 못 미치고 있다. 기타 영역의 외주활동 역시 증가 추세에 있다.

외주의 실행은 경영자에게 새로운 사고방식을 요구한다. 어떤 작업이 중요하지 않아서 외부에 맡기는 것이라는 사고에서 벗어나야 한다. 외주를 효과적으로 실행하려면 이것을 책임의 방치로 보아서는 안 되고, 인재 초빙과 자원의 수집으로 보아야 한다. 회사가 외부의 특수 인재와 능력을 이용하는 데에 능하다는 것은 가치를 가장 잘 창조할 수 있는 요소가 된다.

그렇기 때문에 전략의 각도에서 외주 문제를 처리해야 한다. 그 목표는 가장 유리한 거래를 확보하는 데에 있는 것이 아니라 가장 훌륭한 파트너를 얻는 데에 있다. 이 파트너와의 관계 수립을 중심으로 건전한 경영 체계를 구축해야 한다. 운영, 전술 및 전략 방면의 조직적 연계는 반드시 필요하다. 성과를 예측, 설명해 놓은 문건도 반드시 필요하다. 이와 함께 발생 가능성이 있는 변화와 문제도 고려해야 하며 이러한 변화와 문제의 처리 순서도 정해야 한다.

마지막으로, 각 기업은 새로운 지도 역량을 지닌 인재를 육성하여 외주 활동이 활발하게 일어나는 상황에 적응할 수 있게 해야 한다. 이러한 관계의 처리를 책임지는 경영자는 변화를 제창하는 사람이 되어야 한다. 스스로가 신임할 수 있는 능력을 가졌음을 증명하여 의사소통, 협상, 전략기획, 프로젝트 경영, 조직 리드 더 나아가서는 영업 방면에서 성실한 기량을 구비해야 한다.

외주의 효과는 관계구조, 경영구조 및 지도능력을 종합적으로 중시할 때 나타나는 것이다. 외주는 노력하지 않고 얻어지는 해결방법이 아니다. 외주에 대한 관심의 정도는 다른 중요한 비즈니스 활동이 필요로 하는 것과 다르지 않다.

오늘날 글로벌 경제에서 성공한 사람은 세심한 선택을 통해 소수의 핵심적 기량에 온 정력을 집중해야 하며, 경쟁상대와 구별되는 기능과 지식에 집중해야 한다는 것을 이미 아는 사람들이다. 핵심 분야가 아니라면 아무리 중요한 업무라도 외부 전문가에게 넘기는 방식을 통해 경영자들은 회사를 세계 최고 수준으로 끌어올릴 수 있다. 필요한 비용은 현재의 지출과 비슷하거나 다소 감소하며 거액의 투자는 없앨 수 있다. 이처럼 여러 회사의 우수한 인재를 자신이 필요로 하는 곳에 집중시키는 것이 바로 외주의 핵심이다. 마이클 델의 공급망 사상 및 그 실천 결과는 경영에 있어서 역사상 유래 없는 변혁을 가져왔다.

선진적인 공급망 관리는 '회사로 하여금 더 빠르게 제조하고, 더 빠르게 판매하도록' 만들었고, 델은 새로운 공급망 관리 및 소매 수단을 창조하여 업계의 고전이 되었다. 마이클 델의 성공 가운데 가장 뛰어난 점은 일반 회사와 달랐다는 사실이다. 델이 신속하게 일어난 것은 결코 앞선 기술이 아닌 관념과 새로운 비즈니스 모델에 의한 것이다. 실제로 델은 계속해서 각종 흐름 속에 포위되어 있었으나 그 흐름에 휘말리지 않았다. 시장의 새로운 실마리를 포착하여 시장 변화를 예측하고 새로운 요구를 이끌어 사람들이 버린 것을 취해 이익을 얻은 것이다.

선진적인 공급망 관리사상은 마이클 델을 키워냈으며 37세인 회사의 총재 마이클 델은 시장에 대한 초인적인 통찰력과 새로운 스타일로 델 신화의 장을 계속 써 내려가고 있다.

지은이

자오원밍(趙文明) 1968년생. 중국 인민대학 경제학과를 졸업했다. 저작으로
『경영인이 알아야 할 48가지 경영사상』『직장에서의 지혜 168』등이 있다.

황청루(黃成儒) 1966년생. 동북 사범대학을 졸업했다. 편저로『경영 100년
논평』『고어의 경영 명저 시리즈』가 있다.

옮긴이

최정희 고려대학교 중어중문학과 박사과정을 수료하고 고려대학교 강사로
재직 중이다.

20세기 최고 CEO들의 **경영철학 산책 ❷**

첫판 1쇄 펴낸날 2007년 4월 6일

지은이 자오원밍, 황청루
옮긴이 최정희
펴낸이 강수걸
펴낸곳 산지니
등록 2005년 2월 7일 제14-49호
주소 부산광역시 연제구 거제1동 1493-2 효경빌딩 601호
전화 051-504-7070 | **팩스** 051-507-7543
sanzini@sanzinibook.com
www.sanzinibook.com
편집 김은경·권경옥 | **제작** 권문경
인쇄 대정인쇄

ISBN 978-89-92235-15-0 04320
　　　978-89-92235-13-6 (세트)

값 12,000원